LES MYSTÈRES DU FAR WEST

2

QUI A TUÉ SALLY SAMPSON ?

CAROLINE LAWRENCE

LES MYSTÈRES DU FAR WEST

2

QUI A TUÉ SALLY SAMPSON ?

Traduit de l'anglais (États-Unis)
par Christophe Rosson

hachette

L'édition originale de cet ouvrage a paru chez Orion Children's Books,
a division of the Orion Publishing Group Ltd,
an Hachette UK company,
sous le titre :

THE P.K. PINKERTON MYSTERIES
BOOK 2
THE CASE OF THE GOOD-LOOKING CORPSE

Conception graphique : Lorette Mayon.

La Maison d'Âpre-Vent : édition française du *Bleak House* de Charles
Dickens, traduit par Mme H. Loreau, Hachette, 1857.

Traduit de l'anglais (Royaume-Uni)
par Christophe Rosson.

Hachette Livre, 43 quai de Grenelle, 75015 Paris.

À Carolyn Eichin,
historienne du Nevada
et propriétaire du Bed & Breakfast de B. Street,
qui m'a fait découvrir les Journaux d'Alfred Doten
— un filon que je vais pouvoir exploiter
pendant des années.

Virginia City en 1862

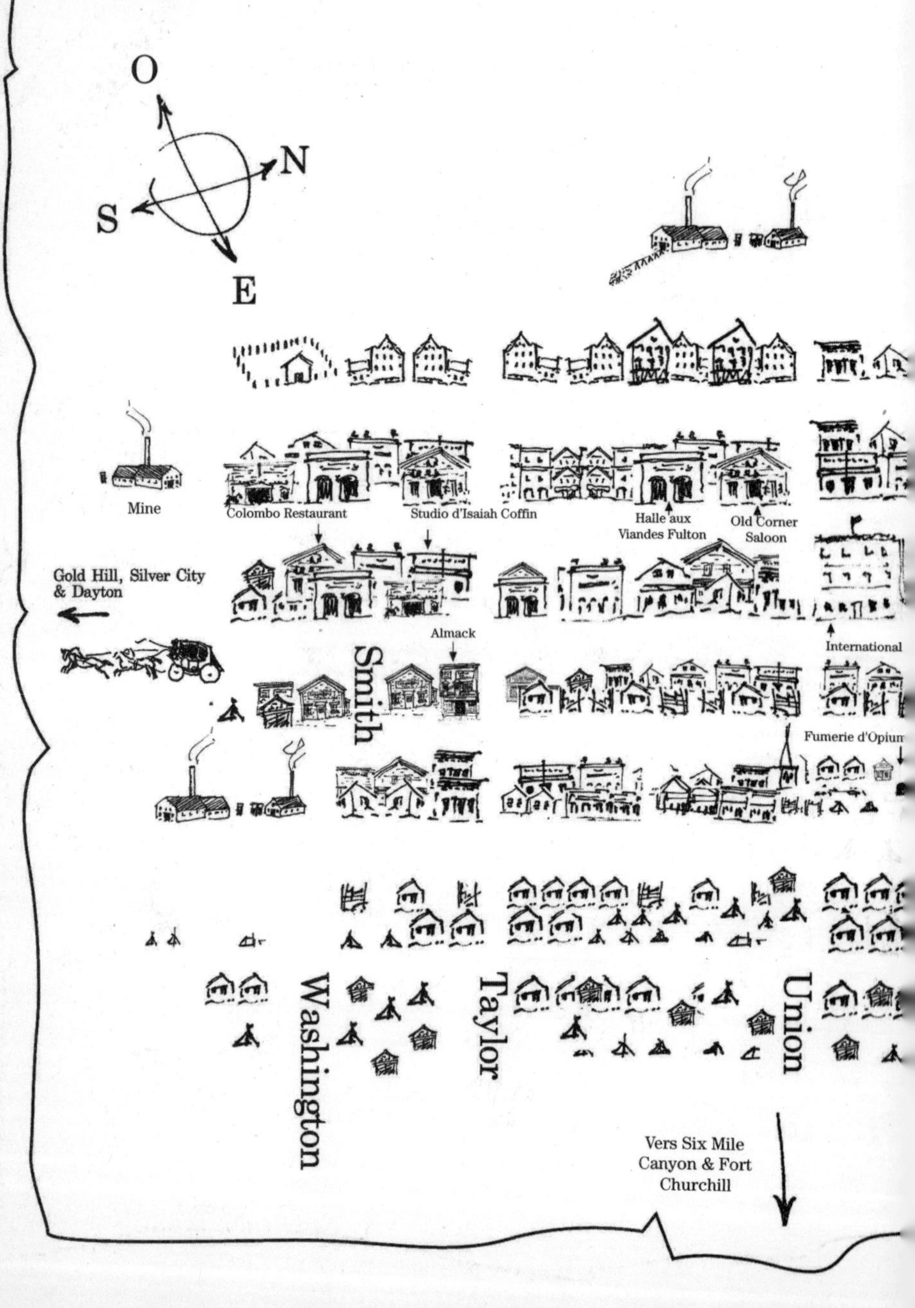

Mont Davidson
Vers le sommet
du Mont Davidson
Mine mexicaine
Territorial
Enterprise
Bureau du Juge
A St.
Virginia
City Hotel
B St.
Notaire
C St.
Maison en construction
D St.
(Chinatown)
E St.
F St.
Sutton
Mill
Carson
Mine
Mine

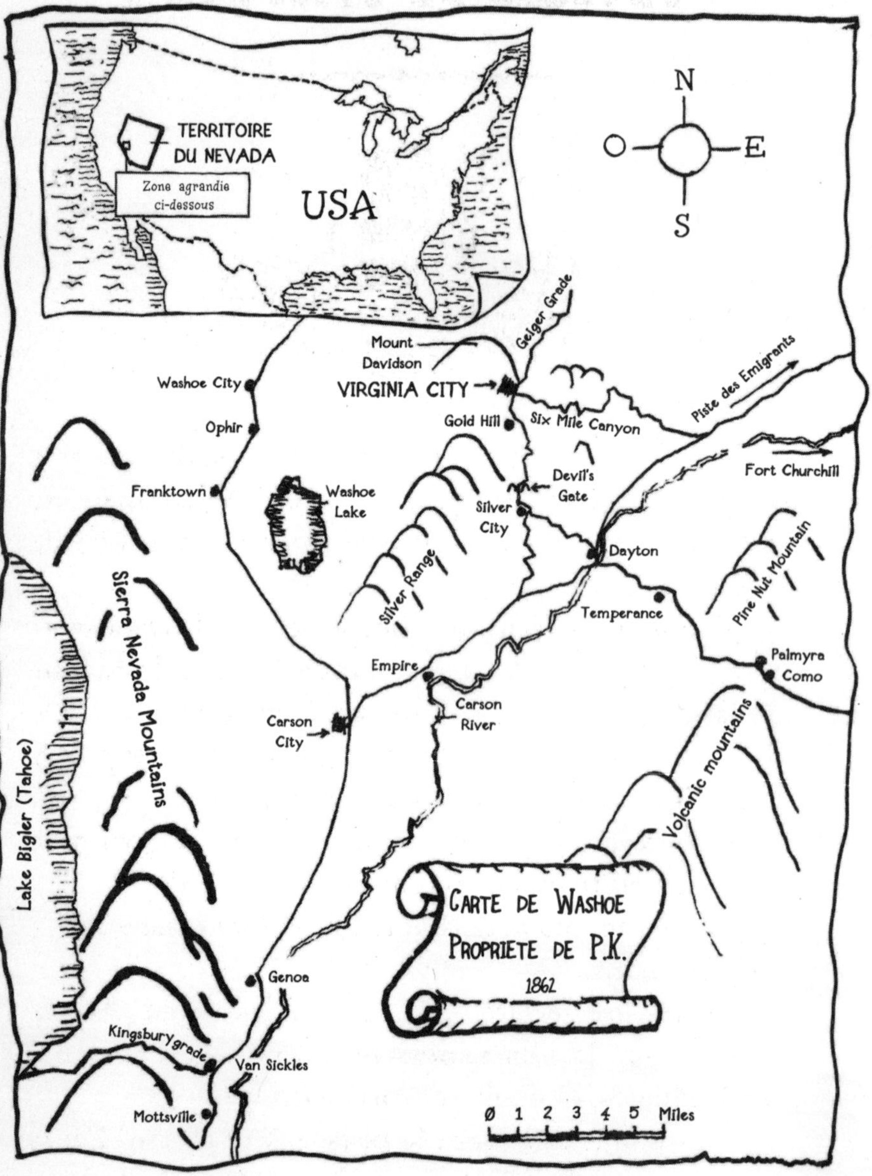
TERRITOIRE
DU NEVADA
Zone agrandie
ci-dessous
USA
N
O
E
S
Geiger Grade
Mount
Davidson
Washoe City
VIRGINIA CITY
Pistes des Emigrants
Gold Hill
Six Mile Canyon
Ophir
Fort Churchill
Devil's
Gate
Franktown
Washoe
Lake
Silver
City
Dayton
Silver Range
Sierra Nevada Mountains
Pine Nut Mountain
Temperance
Empire
Palmyra
Como
Carson
River
Carson
City
Volcanic mountains
Lake Bigler (Tahoe)
Carte de Washoe
Propriete de P.K.
1862
Genoa
Kingsbury grade
Van Sickles
Mottsville
0 1 2 3 4 5 Miles

FEUILLE DE COMPTES 1

Mon nom est P.K. Pinkerton & je suis Détective Privé à Virginia City (Territoire du Nevada). Je me trouve actuellement en Prison, sous l'inculpation de Meurtre.

J'écris ce Journal parce que je veux rédiger ma version de l'histoire. Mon avocat est d'accord. Il veut que je fasse comme si je m'adressais à un jury de « douze hommes parfaitement intègres » ou à un gentil Juge aux « cheveux blancs et au regard compatissant ».

D'après lui, je devrais commencer par indiquer mon nom, mon âge et mes qualifications.

Mon nom, je l'ai déjà noté : P.K. Pinkerton.

J'ai 12 ans.

Je sais lire, écrire & je parle le lakota en plus de l'américain. Je connais aussi quelques mots d'espagnol et de chinois, et deux ou trois de français.

Mes points forts sont le pistage & la chasse. J'ai la vue perçante de l'aigle, l'ouïe fine du lapin & l'odorat subtil de l'ours – ou presque.

Pour être honnête, je dois confesser que j'ai une Épine.

Mon Épine, c'est que les gens m'embrouillent. Je n'arrive jamais bien à lire leurs expressions & j'ai parfois du mal à dire s'ils mentent ou non.

En plus de mon Épine, j'ai aussi mes Manies & mes Excentricités.

Une de mes Manies, c'est que j'entre facilement dans une Sale Transe.

Une de mes Excentricités, c'est que j'aime faire des Collections.

C'est à cause de mes Manies & de mes Excentricités – en plus de mon Épine – que je me retrouve aujourd'hui en prison. Et que je risque la corde.

FEUILLE DE COMPTES 2

PK PINKERTON
Détective privé

“ NOUS NE FERMONS PRESQUE JAMAIS L'ŒIL ”

Voilà ce qui s'est passé.

Lundi dernier, après avoir échappé à Trois Desperados qui me pourchassaient, j'ai touché une Récompense pour avoir tué Walt-Les-Copeaux. J'ai utilisé 300 $ de cette somme pour acheter les locaux de mon agence.

M. Sol Bloomfield était alors en train de regrouper ses deux petites Boutiques de Tabac dans un même établissement, plus grand, dans C. Street. Je lui ai acheté la plus petite des deux, celle de B. Street. C'est plutôt un long couloir, mais elle me convient parce qu'elle est située à côté d'un Studio de Photographies (où je peux trouver à me déguiser) et à deux pas du Colombo Restaurant (où je prends mes repas).

M. Bloomfield a emporté ses derniers cigares, blagues de tabac à priser & boîtes de tabac à pipe mardi à 17 heures.

J'ai emménagé à 18 heures.

J'ai ouvert mon agence à 9 heures le lendemain matin, mercredi 1er octobre.

À ma porte, j'avais accroché une enseigne qui disait :

P.K. PINKERTON, DÉTECTIVE PRIVÉ.
NOUS NE FERMONS PRESQUE JAMAIS L'ŒIL.

Et sur la vitre de la porte, j'avais fixé un petit écriteau indiquant que le bureau était **OUVERT**.

Les gens de Virginia City étaient tous derrière moi, depuis que j'avais tué Walt-les-Copeaux, et j'étais sûr que les clients allaient bientôt se bousculer à mon agence. Mon père adoptif, Pa Emmet, me disait toujours qu'il fallait « battre le fer pendant qu'il est chaud ».

Sauf que, ce matin-là, personne ne venait frapper à ma porte.

C'était peut-être la faute au Zéphyr de Washoe qui soufflait depuis la veille au soir. Je ne l'avais pas remarqué jusqu'alors, étant occupé à terminer le compte rendu de ma première Affaire, mais comme je n'avais plus rien à faire qu'attendre les clients, j'avais à présent l'impression que ce vent se moquait de moi. Les gens d'ici ont beau l'appeler « zéphyr », ça ne l'empêchait pas de hurler, de gémir & de projeter du gravier sur la porte de mon agence. Mon bras gauche commençait à me lancer, là où, deux jours auparavant, j'avais pris une balle de calibre .22.

Ça n'allait pas très fort.

J'avais le moral tellement bas que je risquais d'entrer dans une Sale Transe.

C'est comme ça que ma mère adoptive, Ma Evangeline, appelait l'état dans lequel je tombais en cas de déprime. Ça peut durer des heures. Je me balance d'avant en arrière, je gémis & on a du mal à me faire sortir de la Transe. Des fois, ensuite, j'ai la tête comme bourrée de boules de coton.

Ma Evangeline – que Dieu ait son âme – m'a appris un moyen pour échapper aux Sales Transes. Si je me concentre sur une de mes Collections, ça me distrait et j'oublie ma déprime. Quand je vivais avec elle et Pa Emmet, à Temperance, ils me faisaient faire la Collection des Bestioles & celle des Boutons.

Mais je n'avais pu emporter ni l'une ni l'autre à Virginia City. Du coup, je me suis mis à farfouiller dans mes locaux, à la recherche d'une idée de Collection.

M. Sol Bloomfield avait laissé toutes les étiquettes sur les étagères, en plus de quelques miettes de tabac qui donnaient à l'endroit son odeur caractéristique.

Je suis retourné à ma table, où j'ai trouvé un sachet de papier à rouler. Je m'en suis servi pour noter les noms des différents tabacs existants. Puis j'ai récupéré des miettes sur les étagères et j'ai déposé un échantillon sur chaque papier.

M'aidant d'une vieille brochure abandonnée par M. Bloomfield, j'ai répertorié plus de 50 Cigares cubains, 32 Cigares américains, 17 sortes de Feuilles de Tabac, 12 de Chiques & 6 variétés de Tabac à priser.

Ça me faisait plus de 100 sortes de tabac à fumer ou à mâcher, et de feuilles de tabac. J'ai décidé d'appeler cette collection la Collection des Bons Tabacs, pour rappeler la première lettre de mes deux autres sujets : Bestioles & Boutons.

Des fois, quand je levais les yeux en direction de ma porte, que ne franchissait toujours pas le moindre Client, j'avais comme des papillons dans l'estomac. Mais dès que je retournais à ma nouvelle occupation, ça allait mieux.

C'est donc comme ça que je combattais la déprime et le risque de tomber dans une Sale Transe. Il m'arrivait même d'oublier mon bras qui me lançait, le vent qui hurlait & même le souvenir des horreurs que j'avais vues dans notre cabane, à Temperance.

Il était un peu plus de 17 heures et le soleil venait de disparaître derrière le mont Davidson, quand un mineur barbu a poussé la porte de mon agence. J'étais tellement concentré sur ma Collection des Bons Tabacs que j'en suis presque tombé de ma chaise. Le Zéphyr qui s'engouffrait dans le local menaçait de disperser mes précieux échantillons, alors je les ai protégés de mon bras tout en demandant à l'homme de refermer la porte.

Il a obéi puis est resté planté là, le souffle court.

Comme je disais, je n'arrive pas trop bien à lire les expressions des gens. C'est mon Épine.

Ma Evangeline m'avait appris à rechercher cinq Expressions.

1. Si la personne fait un sourire en forme de U & plisse les yeux, c'est un Vrai Sourire.

2. Si le sourire est en forme de trait, & que les yeux ne se plissent pas, c'est un Faux Sourire.

3. Si les lèvres de la personne sont en forme de cloche & qu'elle fronce le nez, elle est dégoûtée.

4. Si la personne ouvre les yeux en grand, elle est surprise ou effrayée.

5. Si juste elle plisse les yeux, c'est qu'elle en a après vous, ou bien qu'elle réfléchit, ou qu'elle soupçonne quelque chose.

Le mineur barbu qui venait de faire irruption dans mon agence avait les yeux grands ouverts.

Expression n° 4, pas de doute.

Il avait peur.

Je me suis dit : « Enfin quelqu'un qui m'apporte un mystère à résoudre. »

FEUILLE DE COMPTES 3

— C'est bien toi le Détective ? a demandé le mineur barbu en s'avançant.

Je ne lui ai rien montré de l'excitation que me causait ce premier Client.

— Oui, lui ai-je répondu d'une voix calme et professionnelle. Je suis P.K. Pinkerton, Détective Privé. Aucun problème n'est trop important, aucune Affaire n'est trop insignifiante.

— Viens vite ! L'a disparu ! L'était là il y a une minute, et maintenant il a disparu ! Viens voir !

Je me suis levé, j'ai empoigné mon chapeau souple que j'avais accroché à une patère à côté de la porte, puis j'ai retourné l'écriteau **OUVERT** pour qu'il affiche **FERMÉ** & j'ai suivi le mineur en refermant derrière moi aussi vite que possible. Sur le trottoir, le Zéphyr hurlant essayait de m'arracher mon chapeau & le manteau en laine bleue que j'avais sur le dos. Deux autres hommes se tenaient là. Le vent fouettait leurs chapeaux mous, leurs barbes, leurs chemises de flanelle & jusqu'aux pantalons dont ils fourraient le bas des jambes dans leurs bottes hautes. À leur accoutrement, j'ai déduit qu'ils étaient eux aussi des mineurs.

J'étais à peine sorti de mon bureau qu'ils se sont tous mis à crier « Il a disparu ! Il a disparu ! »

— Mais qu'est-ce qui a disparu ? leur ai-je demandé.

J'étais obligé de hurler pour me faire entendre.

— Viens, m'a répondu le premier bonhomme. On va te montrer !

J'ai donc suivi ces trois mineurs, direction le nord dans B. Street, puis à gauche dans Sutton vers A. Street. Leurs longues barbes flottaient derrière eux comme des fanions.

Le vent soufflait si fort qu'il faisait trembler les planches du trottoir. Nous devions nous pencher à 45 degrés pour réussir à avancer. La plupart des habitants de la ville restaient chez eux à cause de ce fichu Zéphyr, mais j'ai quand même vu passer une femme qui poussait de grands cris parce que le vent lui avait retourné sa robe à cerceaux, exposant ainsi sa culotte bouffante à dentelle. Un petit chien se faisait traîner dans la direction inverse de celle qu'il suivait. Des bœufs et des mules restaient tête basse, les yeux plissés et les mâchoires serrées.

Devant moi, les trois mineurs discutaient :

— Où que vous croyez qu'il est allé ?

— Qui qu'aurait pu l'embarquer ?

J'ai décidé d'intervenir :

— Mais qui a disparu ?

— Là ! s'est écrié le premier mineur en tendant le bras. L'était là !

Je me suis arrêté à l'angle nord-ouest de Sutton et A. Street. Je n'en croyais pas mes yeux. À travers un nuage de poussière, je ne distinguais qu'un Trou Béant.

— Le bâtiment du *Territorial Enterprise* ! me suis-je exclamé. Le local du journal a disparu !

Deux jours plus tôt, on m'avait transporté au cabanon attenant à ce bâtiment, et dans lequel logeaient les reporters. C'est là qu'on m'avait retiré du bras une balle de calibre .22. Ces deux constructions avaient Complètement Disparu.

Il n'en restait pas même une planche. Le vent a chassé un virevoltant par ce Trou Béant – il devait souffler à plus de 100 kilomètres à l'heure.

— L'était là hier ! a hurlé le Mineur n° 2.

— Et l'a disparu ! a ajouté le Mineur n° 3.

— Qui que c'est qui l'a pris ? a demandé le premier mineur. T'es le Détective. Cherches-y donc des indices !

Je regardais autour de moi.

Une ombrelle est passée en coup de vent.

— Viens donc voir là, a repris le Mineur n° 2. Y'en aura peut-être dans le journal de ce matin, des indices.

Disant ça, il tenait à la main le journal plié en deux. Le vent battait violemment les feuilles, mais l'homme m'indiquait du doigt un passage. J'ai lu :

GRAND VENT.

Hier mardi, à 19 heures environ, un brusque coup de vent a arraché de leurs pilotis un stand de tir, deux bâtiments d'habitation et une épicerie, et les a transportés à plus de trois mètres de leur emplacement initial. Et ce avec une telle violence que l'intérieur des constructions en a été tout chamboulé. De nombreuses personnes se trouvaient dans les bâtiments d'habitation à l'heure de l'accident, mais elles ont fort heureusement pu s'enfuir à temps. Aucun blessé n'est à déplorer.

— Tu crois que c'est un coup du Zéphyr de Washoe ? m'a demandé le premier mineur. Tu crois que c'est ce vent-là qu'aura déraciné le bâtiment pour l'envoyer ailleurs ?

— Ce vent-là, a indiqué un de ses collègues, c'est un *Vent Biblique*, vu que personne y sait d'où c'est qu'y vient.

J'ai relu l'article et, quand j'ai relevé les yeux, j'ai vu les trois mineurs qui rigolaient en se tapant les cuisses & me montrant du doigt.

— Y nous a crus ! s'est exclamé l'un d'eux.

— Y cherchait déjà des indices ! s'est esclaffé l'autre.

— Et ça se prend pour un « Détective » ! a hurlé le troisième.

C'est là que j'ai compris l'Atroce Vérité.

Ces hommes ne m'avaient pas apporté ma première Affaire. Ils étaient venus se payer ma tête.

Les poings serrés, j'avais bien envie de botter les tibias du premier mineur venu. Mais Pa Emmet m'avait appris à ne pas faire ce genre de choses. Il m'avait conseillé de compter jusqu'à dix et de citer l'Épître de Paul aux Philippiens, chapitre 4, verset 5, « Que votre sérénité apparaisse aux yeux de tout le monde ».

Du coup, je n'ai botté aucun tibia. Ni ne leur ai collé sous le nez le Smith & Wesson à sept coups que j'avais dans ma poche.

Au contraire, j'ai pris une grande inspiration, j'ai baissé la tête, compté jusqu'à dix et cité l'Épître de Paul aux Philippiens, chapitre 4, verset 5.

— Amen, ai-je ensuite conclu.

Au moment où je relevais la tête, le vent semblait se calmer un peu. J'ai constaté que les mineurs étaient repartis & qu'un homme se tenait à côté de moi. Il était grand, avait la figure ronde, une moustache foncée et le menton rasé de frais. Il portait un costume gris et fumait le cigare. Je l'avais déjà vu quelque part...

— Bonjour, P.K., m'a-t-il alors lancé. Tu recherches le *Territorial Enterprise* ?

— Oui. Des mineurs m'ont raconté que le vent avait emporté le local. Je pense qu'ils se payaient ma tête.

— Tu as raison. Nous avons emménagé dans nos nouveaux locaux de C. Street hier. J'imagine qu'un marchand de bois chinois est venu se servir entre-temps. (Sur ce, il a aspiré une bouffée de son cigare, puis l'a recrachée & la fumée est partie avec le vent.) Je suis passé voir ce qu'il restait à faire, mais la chose me semble réglée. Je n'aurais jamais pu trouver d'ouvriers aussi efficaces.

Indiquant le fameux article de journal, *GRAND VENT*, j'ai repris :

— Les mineurs ont utilisé cet article pour tenter de me convaincre.

L'homme s'est penché pour mieux examiner le texte en question.

— Oh ! ça... a-t-il fait ensuite. C'est une petite farce signée M. Sam Clemens, notre nouveau Reporter Local. Il se cherche encore un peu, comme on dit.

C'est là que je me suis rappelé qui était cet homme : M. Joe Goodman, l'un des copropriétaires du *Daily Territorial Enterprise*. L'homme qui avait promis de m'enseigner quelques formules latines.

— Vous aviez promis de m'enseigner quelques formules latines, lui ai-je rappelé.

— Exact. Passe donc nous voir, un de ces jours. Tu nous trouveras désormais dans C. Street, au numéro 27.

— Je n'y manquerai pas, ai-je acquiescé en repliant le journal & le fourrant dans la poche de mon manteau.

Sur ce, j'ai tourné les talons pour rentrer à mon bureau.

— Au fait, P.K. ? m'a crié Joe Goodman pour se faire entendre malgré le vent.

— Oui ?

— Ne te décourage pas. *Fortes fortuna iuvat*.

— Pardon ?

L'homme a alors sorti un crayon de sa poche et noté la formule dans la marge de mon journal.

— C'est du latin, m'a-t-il expliqué. Cela signifie : « La Chance aide les courageux. »

FEUILLE DE COMPTES 4

DAILY TERRITORIAL ENTERPRISE

De retour à mon bureau, j'ai ouvert le journal et l'ai posé par-dessus ma Collection des Bons Tabacs pour étudier l'article de Sam Clemens qui avait inspiré leur farce aux trois mineurs.

C'était de toute évidence un tissu de mensonges... mais un tissu de mensonges imprimé sur papier.

Ça me rendait dingue.

Au même instant, j'ai repéré d'autres articles signés du même Sam Clemens, *alias* « Josh », qui m'ont rendu encore plus dingue. En échange du sept-coups qu'il m'avait offert, j'avais donné à ce reporter la permission de rédiger un papier inspiré du massacre auquel j'avais réchappé – l'attaque d'un convoi de chariots. Sitôt que j'ai découvert le titre *LES INDIENS SÈMENT LA PANIQUE SUR LA PISTE*, j'ai su que l'article était de lui.

Le lisant, j'enrageais carrément. M. Sam Clemens avait grossi douze ou quinze fois mon histoire. Il avait déformé plusieurs Faits.

Par exemple, il attribuait l'attaque à des Indiens Serpents. Ça m'a énervé, parce que je suis à moitié lakota et que nos ennemis nous traitent de « Serpents ». C'était donc une Insulte. En plus, c'est des Shoshone qui nous avaient attaqués, et pas des Lakota. C'était donc un Mensonge.

Il racontait ensuite que ces Indiens avaient attaqué un « Convoi Méthodiste », dont tous les occupants s'étaient aussitôt « agenouillés et mis à prier ». Malgré ça, les fameux Serpents avaient tué tous les hommes et emmené les femmes & les enfants. Ça aussi c'était un Mensonge et une Insulte envers les Méthodistes.

Mais ce qui m'a vraiment mis hors de moi, c'est sa description des chariots « transformés en gigantesques râpes à muscade » à cause des trous laissés par les flèches des Indiens. Il devait sûrement croire que certaines personnes allaient trouver ça marrant. Moi ça ne m'a pas fait rire. Ma mère s'était fait tuer au cours de l'attaque que je lui avais racontée, de même que son ami Tommy Three & notre cuisinier chinois Hang Sung.

J'étais tellement furieux que j'ai arraché plusieurs pages du journal et suis allé m'asseoir sur mon pot de chambre, dans la remise – je comptais bien m'essuyer avec ce torchon.

Assis sur mon pot de chambre, je ruminais encore tous ces mensonges quand soudain j'ai repéré les Annonces illustrées.

Ces Annonces m'ont donné une idée si riche que j'en ai oublié ma colère contre l'autre Reporter.

J'ai terminé ma petite affaire & suis retourné à ma table. J'ai alors ouvert la page des Annonces puis, armé d'un crayon et d'une feuille de comptes vierge, j'ai noté ce qui suit :

PREMIÈRE AGENCE DE DÉTECTIVE PRIVÉ DE VIRGINIA CITY

P.K. PINKERTON, DÉTECTIVE PRIVÉ
B. Street, près Taylor

Aucune Affaire trop Petite, Aucun Défi trop Grand
Tarifs raisonnables

Spécialités : Recherche Animaux Disparus, Résolution Mystères, Filature Suspects

Puis, j'ai dessiné un œil ouvert et inscrit en dessous :

Nous Ne Fermons Presque Jamais L'Œil.

Mon œil ressemblait un peu à une patate, mais j'étais sûr que les imprimeurs sauraient l'améliorer.

Ensuite, je suis ressorti braver le vent pour apporter mon Annonce aux nouveaux locaux du *Territorial Enterprise*, dans C. Street. J'ai payé pour qu'ils la passent dans l'édition du lendemain, et j'ai pris un abonnement de trois mois, livraison comprise.

Placer cette Annonce m'a remonté le moral.

Mon bras ne me lançait plus et j'avais retrouvé l'appétit.

« *Fortes fortuna iuvat*, me suis-je alors dit. La Chance aide les courageux. »

Après ça, j'ai regagné B. Street & me suis offert un bon repas au Colombo Restaurant.

Cette nuit-là, j'ai dormi à poings fermés, certain que j'étais de rencontrer le lendemain mon premier vrai Client, qui m'apporterait ma première vraie Affaire.

J'étais à cent lieues de penser que cette Affaire causerait ma Perte.

FEUILLE DE COMPTES 5

Pour ma deuxième journée de travail – le jeudi 2 octobre – je me suis levé à l'aube, ai récité mes prières & nettoyé mon sept-coups Smith & Wesson. Puis je suis allé au Colombo Restaurant où j'ai pris un bon Petit Déjeuner de Détective : deux côtelettes de mouton, des œufs & un toast beurré avec de la marmelade. (J'appelle ça un « Petit Déjeuner de Détective » parce que c'est celui que prend l'Inspecteur Bucket dans le roman *La Maison d'Âpre-Vent* de Charles Dickens.)

Titus Jepson m'a permis d'emporter un pot de café et une tasse à mon bureau.

C'était une belle matinée. Le vent de la veille avait cessé & la poussière ne volait plus dans tous les sens. Les gens ressortaient de chez eux et des chariots passaient dans la rue. Dans un buisson d'armoise, une caille a lancé « Chicago ! Chicago ! » Ça m'a rappelé que je m'étais juré d'aller un jour à Chicago, pour travailler dans l'Agence Nationale des Détectives de mon oncle Allan.

Un nouveau saloon avait ouvert de l'autre côté de la rue & même s'il n'était que 7 heures et demie, j'entendais son piano qui martelait la chanson qui me suivait tout le temps depuis mon arrivée en ville. Si Virginia City avait eu un hymne, ç'aurait sûrement été « Camptown Races ». Quand j'entends certaines musiques, j'entre en Transe ; mais cette chanson-là, à force, je pouvais la fredonner sans risquer de perdre les pédales.

L'édition du jour du *Territorial Enterprise* m'attendait sur le trottoir, devant mon bureau. J'ai dû poser un instant le pot de café & la tasse pour pouvoir ouvrir ma porte. (Je ne l'avais pas fermée à clé, vu qu'il n'y avait pas grand-chose à voler à l'intérieur.) Puis je l'ai laissée grande ouverte de sorte à inciter les clients à venir et, mon journal sous le bras, j'ai récupéré mes autres affaires & suis entré.

Sitôt dans mon bureau, les petits poils de ma nuque se sont dressés.

Chaque fois que je regagne mon agence, je sens l'odeur du tabac. Mais cette fois, j'ai également discerné une trace de fumier, d'ammoniaque & d'un autre parfum doux que je n'ai pas réussi à identifier. Lavande ? Clou de girofle ? Opium ?

— Bonjour, ai-je fait. Il y a quelqu'un ?

Rien.

J'ai de nouveau humé l'air, mais je ne repérais alors plus que ma Collection des Bons Tabacs.

Je ne me doutais pas que quelqu'un était tapi derrière le comptoir, au fond de mon bureau, à guetter mon retour. J'aurais dû écouter mon instinct, mais j'étais si excité à l'idée de voir mon Annonce dans le journal, que j'ai oublié cette prémonition, me suis versé une tasse de café & ai délicatement ouvert le journal pour en parcourir les pages.

La une évoquait une grande Bataille qui s'était déroulée dans l'Est, à Antietam, ainsi qu'une nouvelle « Proclamation » du président Lincoln.

Comme ces choses-là m'intéressaient peu, j'ai tourné la page.

Mon Annonce se trouvait en page 3.

Ils avaient copié mon dessin. L'Œil ressemblait toujours à une Patate, mais en dehors de ça je trouvais l'Annonce plutôt réussie. J'étais certain qu'elle m'amènerait sous peu mon Premier Client.

À côté de mon Annonce, j'ai lu un Avis qui m'a beaucoup intéressé. Il concernait un crime survenu la semaine précédente : le Meurtre Brutal d'une Colombe de Suie, Miss Sally Sampson.

Je n'ai pas le journal sous les yeux, mais je peux reproduire ci-dessous ce que disait cet avis. Moi, quand on me montre un truc, je ne l'oublie jamais.

VENTE DES EFFETS PERSONNELS DE SALLY SAMPSON

DÉCÉDÉE LE 26 SEPTEMBRE A.D. 1862

Avis est donné par la présente, sur ordre du Tribunal des Successions en date du 1er jour d'Octobre A.D. 1862, concernant les biens de feu SALLY SAMPSON alias « **LA PETITE SALLY** »

La soussignée Curatrice des biens de la défunte
mettra aux enchères les articles suivants
(règlement comptant)
le **SAMEDI 4e jour d'Octobre A.D. 1862** à **13 heures**,
dans la salle des ventes de **J.C. Currie & Co**,
en la ville de **Virginia** :

Divers bonnets, capes, robes et ombrelles de grande qualité ; 1 casque de pompier ; 2 corsets en baleine avec dessous assortis ; 1 Châlit Double ; 1 Matelas Double à Ressorts ; 1 Table de Salon ; 3 Chaises en Érable ; 1 Crédence Acaj. ; 2 Juments blanches ; 1 boghei avec boiseries rouges laquées noir. (Juments & Boghei à voir aux Écuries Flora Temple.)

Signé **Mme Zoe BROWN**
Curatrice des biens de Sally Sampson, décédée

Je venais de finir cette lecture intéressante lorsque quelqu'un est entré dans mon agence.

Non, ce n'était pas le Client dont l'Affaire allait causer ma Perte. Cette personne-là était accroupie derrière le comptoir, au fond de mon local, ce que je n'ai découvert que plus tard.

La personne qui venait de franchir la porte de mon agence, c'était Becky « Bee » Bloomfield, la fille de l'homme qui m'avait vendu ce local. Elle a 11 ans et affirme être la seule fille de sa classe à ne jamais s'être fait embrasser. Elle ne semble d'ailleurs attendre qu'une seule chose de moi : un baiser.

Sauf que mon travail ne consiste pas à donner des baisers.

Mon travail consiste à résoudre des Mystères.

— Qu'est-ce que tu veux ? lui ai-je demandé sans même me lever. Tu ne devrais pas être à l'école ?

— Bonjour à toi aussi, P.K. ! (Elle portait une robe en calicot vert et blanc, un bonnet sur sa tête et un paquet dans ses mains.) J'y vais, justement, à l'école. Qu'est-ce que c'est que ça ?

Elle regardait ma table.

— Le journal, lui ai-je répondu. Le *Daily Territorial Enterprise*.

— Non : ce qu'il y a dessous. Tous ces bouts de papier à rouler avec des écritures et des morceaux de tabac dessus.

— C'est ma Collection des Bons Tabacs.

— P.K., toi tu n'es vraiment pas banal, comme garçon. Mais j'accepte quand même que tu m'embrasses.

Là, j'ai croisé les bras sur ma poitrine & basculé ma chaise en arrière.

— Mon travail ne consiste pas à donner des Baisers, lui ai-je rétorqué. Mais à résoudre des Mystères. M'as-tu apporté un Mystère à résoudre ?

— Non, par contre j'ai un paquet pour toi.

Là, elle a posé son paquet sur ma table avec une telle force que ça a fait tomber par terre plusieurs échantillons de ma Collection des Bons Tabacs.

Ça m'a enragé & je me suis levé.

— Il était sur le trottoir devant ton bureau, m'a expliqué Bee. Tu ne l'avais pas vu ?

Le paquet était à peu près aussi gros qu'une boîte de cigares. Il était enveloppé dans du papier marron, ficelé & quelqu'un avait marqué POUR LE DÉTEKTIVE au crayon dessus.

Je l'ai ouvert.

C'était une boîte de cigares en bois. À l'intérieur, il y avait des cailloux disposés pour représenter un bébé, sur un lit de sciure.

Oui. Un Bébé, fait avec six cailloux de granite polis. Un ovale pour le corps, un rond pour la tête et quatre allongés pour les bras et les jambes. On reconnaissait que c'était un bébé parce que les traits du visage avaient été dessinés. Mais le pire, c'est les trois lettres rouge sang peintes sur son ventre : R.I.P.

— *Requiescat In Pace*, ça veut dire « Qu'il repose en paix », m'a expliqué Bee en se penchant pour mieux voir. C'est du vrai sang ?

— Non. De la peinture. Le sang vire au marron en séchant.

— Beurk ! a frissonné Bee. Horrible.

J'ai fait oui de la tête. Puis j'ai récupéré le petit papier enroulé qui se trouvait à côté du Bébé de Pierres. Une page arrachée d'un livre.

— Qu'est-ce qu'il y a d'écrit ? a voulu savoir Bee. Ça dit à qui ça s'adresse ?

J'ai fait non de la tête.

— C'est une page arrachée d'un livre. *Bercez-moi, maman, bercez-moi doucement*.

— Je connais cette chanson, a annoncé Bee.

— Quelle chanson ?

— Ta phrase, là, c'est le refrain d'une chanson. Elle parle d'un soldat en train de mourir et qui voudrait que sa mère soit là pour le réconforter. (Là, elle s'est mise à me la chanter :) *Ô Temps, reviens sur tes pas, Fais de moi à nouveau un enfant pour une nuit ; Maman, revenez du rivage sans écho, Portez-moi contre votre cœur comme avant*. À ton avis, ça veut dire quoi ?

— Aucune idée, ai-je répondu. C'est un Mystère.

— À moins que ce soit autre chose... Un *Avertissement*, par exemple ? R.I.P., normalement on le marque sur les *pierres tombales*. (Elle avait prononcé ces deux mots d'une voix effrayée.) Tu connais quelqu'un qui pourrait t'en vouloir ?

— Oui. Deux Desperados.

FEUILLE DE COMPTES 6

— Deux Desperados ? s'est étouffée Bee Bloomfield. Quelle horreur ! Au fait, c'est quoi, un Desperado ?

— Un Desperado, lui ai-je expliqué, c'est un hors-la-loi qui n'a plus d'espoir. Et ils me recherchent parce que j'ai supprimé leur chef.

— Oh ! P.K. (Disant ça, elle avait posé une main au bas de sa gorge. Puis, baissant la voix :) Et ils ressemblent à quoi ?

— Il y a Boz, qui est petit, a l'œil gauche de travers et qui parle d'une voix peureuse. Extra Dub, lui, il est grand et maigre, il a une pomme d'Adam énorme et parle d'une voix râpeuse. Je croyais qu'ils avaient quitté la ville, mais ils sont peut-être revenus se venger. À tous les coups ils veulent m'éventrer.

— Oh ! P.K., a répété Bee en contournant ma table pour venir me prendre dans ses bras.

Je me suis figé. Je n'aime pas qu'on me touche. Et puis, j'avais l'épaule gauche encore endolorie à cause de la balle de calibre .22 que j'avais prise.

— Tu es tellement courageux, a-t-elle ajouté en tendant les lèvres.

Elle les rapprochait doucement de moi au point que je sentais la pâte dentifrice mentholée Sozodont qu'elle utilisait.

J'ai alors compris que, horreur, elle s'apprêtait à m'embrasser.

Je me suis dégagé juste à temps & me suis jeté de l'autre côté de la table. Mais Bee m'a poursuivi.

Par chance, j'ai été sauvé par l'arrivée d'un homme portant une chemise de flanelle bleue. Il marchait d'un pas décidé et s'est écrié :

— Elle est où ? Qu'est-ce que tu en as fait, petit insolent ?

Bee s'est reculée d'un pas, moi je me suis avancé vers lui, soulagé.

C'était le nouveau reporter, Sam Clemens *alias* « Josh ». Je l'ai reconnu à ses énormes favoris ainsi qu'à la légère odeur de tabac et d'insecte mort qui ne le quittait jamais.

Il n'était ni grand ni petit, ni maigrichon ni costaud, avait les cheveux marron-roux et des yeux bleu verdâtre étincelants. En général, il parlait d'une voix traînante, mais pas ce jour-là.

— Purin de toi, Pinky ! m'a-t-il lancé. Je suis furieux.

Pas de doute, il affichait l'Expression n° 5 – les yeux plissés.

— Moi aussi je suis furieux après vous, ai-je répliqué. Et ne m'appelez pas Pinky.

Aussitôt, son expression a changé du tout au tout. Elle est passée direct de la n° 5 à la n° 4 : la Surprise. Ses yeux se sont ouverts en grand.

— *Toi* ? Toi, tu es furieux après *moi* ? Et comment voudrais-tu que je le sache si ton expression ne change jamais ? Tu es aussi indéchiffrable que la statue d'Indien du nouveau magasin des Tabacs Bloomfield.

J'ai croisé les bras sur ma poitrine avant de lui répondre :

— Je suis furieux à cause de deux articles que vous avez écrits. Le premier s'appelle « Grand Vent » et l'autre « Les Indiens Sèment la Panique sur la Piste ». L'un comme l'autre contiennent des éléments qui ne sont Pas Vrais.

— Pas vrais ? a-t-il répété. Pas VRAIS ? (Là-dessus, il a éclaté de rire.) Mais évidemment qu'ils ne sont pas vrais. Ça s'appelle du journalisme. J'avais deux colonnes à remplir. J'espérais que l'histoire des Indiens ferait la une... Tu imagines ma déception de la voir reléguée en page 3.

— Vous racontez que ce sont des Sioux qui ont attaqué notre convoi, alors que c'étaient des Shoshone.

— Ton convoi s'est fait attaquer par des Indiens ? a demandé Bee, ahurie.

J'ai fait oui de la tête & expliqué :

— Il y a de ça deux ans. Ils ont tué ma mère indienne et son ami Tommy Three ainsi que notre cuisinier chinois.

— Tu es à moitié indien ? s'est étonnée Bee.

Elle faisait une drôle de tête. Une expression que je n'arrivais pas à lire.

— Mais bien sûr, a confirmé Sam Clemens. Tu n'avais pas remarqué son teint foncé et ses yeux noirs tout minces. (Sans attendre que Bee réponde, il s'est retourné vers moi pour dire :) Les Sioux, tout le monde ne parle que d'eux dans la région, depuis qu'ils ont massacré un millier de pèlerins dans le Minnesota le mois dernier. Je me suis contenté d'amalgamer plusieurs histoires.

— Mais je croyais que vous étiez obligés d'imprimer la Vérité, ai-je protesté.

— Grands Dieux, non ! Notre unique obligation est d'imprimer des textes intéressants. Le public veut du sensationnel au petit déjeuner ! Le journalisme pépère et gnangnan, très peu pour moi.

Bee ne me lâchait pas du regard. Elle affichait une nouvelle expression. Une espèce de demi-sourire, les yeux écarquillés. Indéchiffrable, celle-là aussi.

Celle de Sam Clemens, par contre, je la reconnaissais bien. Il plissait de nouveau les yeux : Expression n° 5 – Colère ou Soupçon.

— Bon alors, elle est où ? a-t-il repris.

— De quoi parlez-vous ?

— Une lettre anonyme m'attendait ce matin au journal, a annoncé le reporter en agitant une feuille de papier. Elle prétend que mon bien le plus précieux se trouve chez le nouveau Détective de Virginia. C'est bien toi, ça, sauf erreur de ma part ?

— Vous ne vous trompez pas. Faites-moi voir cette lettre.

Il me l'a montrée. Une feuille toute simple, le texte rédigé au crayon.

VOTRE BIEN LE PLUS PRÉCIEUX EST CHEZ LE NOUVEAU DÉTEKTIVE DE VIRGINIA.

Pas de signature.

Mes facultés de déduction m'ont aussitôt indiqué que l'auteur de cette lettre était le même que celui du petit mot qui accompagnait mon bébé de pierres.

— Je crois que l'auteur de cette lettre est le même que celui du petit mot qui accompagnait mon bébé de pierres, ai-je dit.

— Ton Bébé de Pierres ? a répété Sam Clemens. De quoi parles-tu ?

— De ce bébé de pierres, ai-je répondu en lui montrant la boîte de cigares posée sur ma table.

— Je l'ai trouvée devant sa porte il y a même pas cinq minutes, a affirmé Bee en tremblant. Ça me fiche les chocottes. Nous pensons qu'il s'agit d'un avertissement adressé à P.K. par des Desperados qui cherchent à se *venger*.

Ce dernier mot, elle l'avait prononcé dans un murmure très théâtral.

Sam Clemens s'est alors approché & penché sur la boîte de cigares.

— Purin de purin... a-t-il dit. Un bébé pétrifié qui apporte un message sinistre.

— Pétri-quoi ? a demandé Bee.

— Pétrifié. Ça veut dire « transformé en pierre ». Plusieurs journaux de l'est ont évoqué des gens qui avaient été changés en pierres.

— Ce n'est pas un bébé pétrifié, l'ai-je contré. Mais des cailloux disposés pour ressembler à un bébé.

Sam Clemens m'a alors adressé un regard que je n'ai pas su déchiffrer.

— Il y avait un extrait de chanson avec, ai-je poursuivi en lui tendant le billet.

— Purin ! s'est-il encore exclamé. Ça, c'est quelqu'un qui veut se payer ma tête. Je déteste cette chanson.

— Vous la détestez ? est intervenue Bee. Pas possible. Elle est magnifique & *tellement* sentimentale.

— C'est bien pour ça que je la déteste.

Sur ce, il a enfoncé un doigt dans le lit de sciure du bébé & s'est mis à l'agiter.

— Eurêka ! s'est-il alors écrié. Elle était là ! Mon bien le plus précieux.

FEUILLE DE COMPTES 7

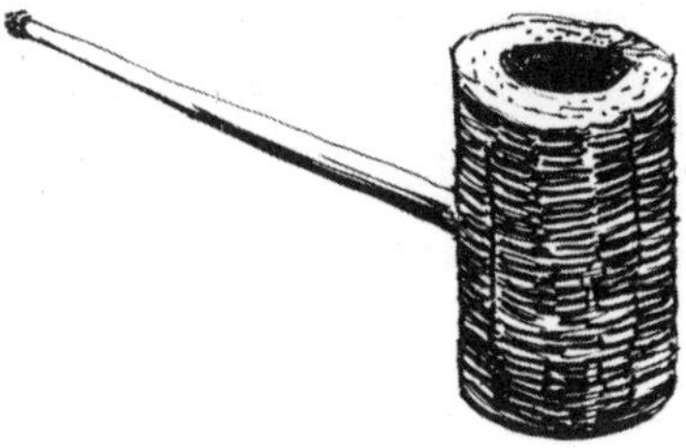

Sam Clemens a ressorti du lit de sciure une vieille pipe en épi de maïs dotée d'une tige en bambou.

— Je l'ai retrouvée ! Elle était enfouie dans la sciure.

— C'est *ça*, votre bien le plus précieux ? a demandé Bee en retroussant son nez comme dans l'Expression n° 3 – le Dégoût.

— Tout à fait, a répondu Sam Clemens. Les gars du *Territorial* l'ont surnommée « La Pipe aux Mille Odeurs ».

— Effectivement, ai-je confirmé, elle sent l'insecte mort.

— Ça, je crois qu'ils seraient bien d'accord avec toi. Ils l'ont sûrement cachée dans cette boîte pour me faire une farce, à moi le nouveau reporter de Virginia. (Là, il s'est tourné vers moi.) Et peut-être à toi aussi, le nouveau Détective de Virginia. Ils devaient vouloir faire d'une pierre deux coups – sans jeu de mots.

— En tout cas, moi je préfère une farce à une menace.

— D'un autre côté... a poursuivi Sam Clemens en observant la boîte, les yeux plissés. Ce bébé fait peur.

Si ça se trouve, c'est bien une menace. Avons-nous des ennemis ?

— Les acolytes de Walt-les-Copeaux, ai-je acquiescé.

— Exact. J'oubliais. J'espérais qu'ils avaient mis les bouts.

Sur ce, il a ouvert une blague à tabac en mousseline et en a pris une pincée qu'il a bourrée dans sa « Pipe aux Mille Odeurs ». Puis il l'a allumée & s'est mis à fumer, l'air pensif. Aussitôt, l'odeur d'insecte mort est devenue plus forte.

— Bah ! s'est écriée Bee en fronçant le nez (Expression n° 3).

— Quel tabac avez-vous pris ? ai-je demandé au reporter. Je n'en reconnais ni l'odeur ni la couleur.

— J'aimerais bien savoir, moi aussi, a glissé Bee. Pour pouvoir dire à mon père de ne *jamais* en vendre chez nous.

— Il s'appelle Killickinick, a répondu Sam Clemens. Mélange indien. Il se compose à parts égales de tiges de tabac, paille hachée, pain rassis, feuilles de chêne, eupatoire, spathes de maïs, pétales de tournesol, feuilles de chou et autres cochonneries qui brûlent et ne coûtent rien.

Bee le dévisageait, incrédule.

— Je sais bien qu'il pue, a ajouté le reporter, mais il me rappelle de bons souvenirs. Notamment le tabac que je fumais, tout gosse, à Hannibal, dans le Missouri. Il ne coûtait vraiment rien... Je me souviens, on l'échangeait contre des journaux. Il s'appelait « Purin de Garth ».

— Oh ! s'est exclamée Bee en se bouchant les oreilles. Je refuse de rester à écouter ce genre de langage.

Sur ce, elle est sortie de mon agence en martelant le plancher de ses talons.

Sam Clemens l'a regardée partir en fumant sa pipe du même air pensif.

— Cette pipe aussi, elle est spéciale, a-t-il repris ensuite. Comme tu vois, elle est taillée dans un épi de maïs. Cette pipe et l'odeur de mon tabac sont pour ainsi dire les seules choses qui me relient encore à mon passé.

— Moi, l'odeur du Green's Irish Flake me fait toujours penser à Pa Emmet.

— Eh oui... Le lien qui unit un homme à son tabac est sacré. Et le premier tabac auquel il goûte conserve à jamais une place à part dans son cœur. Comme son premier amour.

Là, je n'ai rien répondu. Je n'avais jamais été amoureux et comptais bien ne jamais l'être.

Sam Clemens a recraché une bouffée de fumée en l'air.

— Vois-tu, un homme changera peut-être de femme, mais il est moins probable qu'il soit infidèle à son tabac. (Se tournant vers moi, une lueur dans les yeux, il m'a demandé :) Tu fumes, P.K. ?

— Non. Mais je m'intéresse aux différentes variétés de tabac. (Disant ça, j'ai retiré le journal de ma table pour montrer au reporter la centaine d'échantillons étiquetés que je possédais.) C'est ma Collection des Bons Tabacs. Vous avez envie de me tester ?

— Plaît-il ?

— Je ferme les yeux et vous me passez un échantillon sous le nez. Ensuite je vous dis de quelle marque il s'agit.

Sam Clemens a pris une nouvelle bouffée & a secoué la tête.

— P.K., tu es quelqu'un de vraiment excentrique.

— Je sais. J'ai beaucoup de Manies et d'Excentricités. En plus de mon Épine.

— Quelle est-elle, ton Épine ?

— J'ai du mal à lire les expressions des gens. Des fois, je ne sais même pas s'ils se paient ma tête ou non.

— Tiens, pour te consoler, accepte ceci... a-t-il dit en me donnant une pincée de son Killickinick.

Il m'a même épelé le nom pour que je sache l'écrire.

Là-dessus, il est sorti en refermant la porte derrière lui.

J'ai alors noté KILLICKINICK sur un bout de papier à rouler, puis j'ai posé dessus la pincée de tabac du reporter. J'avais classé mes Échantillons par ordre Alphabétique, de « Aardvark » (tabac à priser) à « Zepeda » (cigares) : Killickinick se plaçait donc à peu près au milieu.

Mais tout à coup, une latte a craqué au fond de mon local. Les petits poils de ma nuque se sont tous dressés et moi je me suis figé. Pendant près d'une demi-heure, quelqu'un était resté caché derrière mon comptoir et je ne m'en étais pas aperçu. Là, c'était fait.

Était-ce la personne qui m'avait apporté le bébé de pierres ?

J'ai bondi de ma chaise, tiré de ma poche mon sept-coups Smith & Wesson et tourné les talons pour faire face au comptoir.

— Sortez les mains en l'air, ai-je ordonné. Ou bien je vous truffe de plomb.

FEUILLE DE COMPTES 8

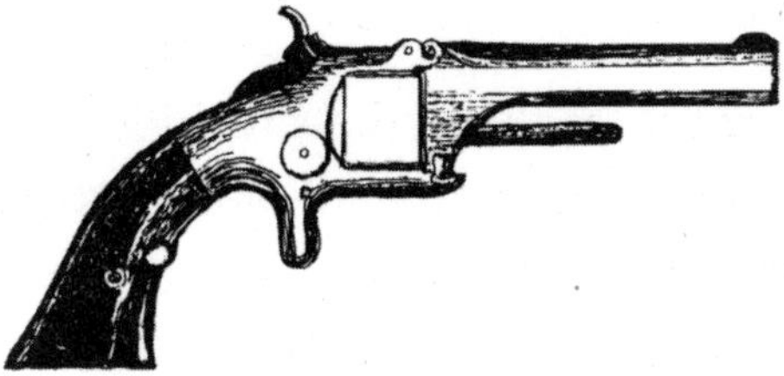

Au fond de mon local, il y a deux choses.

N° 1 – un comptoir derrière lequel Sol Bloomfield se tenait lorsqu'il vendait du tabac et autres.

N° 2 – une porte qui donne sur la petite remise qui me sert aujourd'hui de chambre.

Quelqu'un se cachait derrière le comptoir. Il avait dû entrer pendant que je prenais mon petit déjeuner au Colombo Restaurant. Comme il n'y avait rien à voler chez moi, je n'avais pas fermé la porte à clé. Je n'imaginais pas qu'on allait chercher à me tendre une embuscade.

Je me demandais : « Est-ce que c'est Boz ? »

Puis : « Ou bien Extra Dub ? »

Et enfin : « À moins que ce soit les deux ? »

La latte du plancher a de nouveau craqué.

J'ai armé mon sept-coups Smith & Wesson & répété mon avertissement.

— Lâchez votre arme. Sortez les mains en l'air !

J'avais beau parler d'une voix ferme, mon cœur cognait fort dans ma poitrine.

Une tête s'est levée derrière le comptoir, un instant. Juste le temps que je constate qu'il s'agissait d'une Noire d'à peu près mon âge. Elle avait les yeux écarquillés de terreur – expression que même moi je n'ai eu aucun mal à reconnaître.

J'ai désarmé mon sept-coups et annoncé :

— N'aie pas peur. Je range mon revolver.

J'ai rangé mon revolver dans ma poche.

Je n'avais plus peur, mais mes mains tremblaient encore un peu.

— Sors, je t'en prie, ai-je ajouté. Je suis désolé d'avoir braqué mon arme sur toi. Je ne te ferai aucun mal.

— C'est toi le détective ? m'a demandé cette fille d'une voix chevrotante. Çui-là qui retrouve les bêtes et les gens et qui résout les mystères ?

Je me suis dit qu'elle avait dû voir mon Annonce.

— C'est bien moi. P.K. Pinkerton, Détective Privé. N'aie pas peur.

Alors elle est sortie de derrière le comptoir : pieds nus, tremblotante dans sa mince chemise de nuit en coton avec bonnet assorti. Elle sentait fort une espèce de pommade – clou de girofle, lavande et ammoniaque – avec une petite touche de fumier & de paille.

— Faut que tu m'aides, a-t-elle ensuite murmuré. L'a d'jà tué Miss Sal' et matnant y va m'tuer moi.

Je n'avais jamais entendu un accent aussi marqué ; c'est tout juste si j'arrivais à la comprendre.

— Comment est-ce que tu t'appelles, et qui est cette Miss Sal'.

— Moi j'suis Martha, moi, a-t-elle chuchoté en s'approchant. La bonne à tout faire de Miss Sal'.

— Miss Sal' ? Tu veux parler de la Petite Sally, la Colombe de Suie qui s'est fait trancher la gorge la semaine passée ?

— L'était pas une colombe, a grimacé Martha. L'était une *vraie Dame*, l'était Miss Sal'. Et a s'est fait étrangler, pas gorger.

— Tu es sûre ? Je croyais qu'on lui avait tranché la gorge d'une oreille à l'autre.

Là, Martha a comme frémi.

— Oh ! non, m'sieur. J'étais là. L'ai entendu faire, c't'homme-là. L'ai vu aussi. A s'étouffait, Miss Sal', a s'étouffait. (Là, elle a serré les bras autour de ses côtes.) Ç'a été horrible. Après l'est venu pour moi.

— L'homme qui a étranglé Miss Sally sait que tu l'as vu ?

Elle a fait oui de la tête.

— M'a vu et m'a couru après. Mais j'ai trouvé à m'cacher là où c'est qu'y peut pas m'trouver. J'ai resté cachée un bout d'temps. Tôt c'matan, j'entends des hommes y parlent de toi. Y disent t'es un Détective qui retrouve les gens même si t'es qu'un gosse. Y disent t'es dans B. Street avec un Œil sur l'Enseigne. Alors je suis venue chercher l'Œil sur l'Enseigne, mais j'ai cru que l'homme y me suivait alors je me suis cachée. J'ai pas de sous. J'ai juste ça. (Elle a décroché la chaîne en or qu'elle avait au cou, avec en pendentif une petite croix noir et or. Sa main tremblait.) Faut que tu trouves çui-là qui l'a tuée et le dire à tout le monde.

— Ne t'en fais pas pour mes honoraires, l'ai-je rassurée. Dis-moi simplement le nom de cet homme.

— Je suis pas sûre… Miss Sal', elle y donnait tout plein de noms que je me rappelle pas bien matnant.

Sa lèvre inférieure palpitait. Martha a ensuite repéré la boîte de cigares sur ma table & elle a écarquillé les yeux au point que j'ai pu voir tout le blanc autour de l'iris.

— Qu'est-ce c'est qu'ça ? a-t-elle fait.

— Ne t'inquiète pas pour cet horrible bébé de pierres, ai-je dit en retirant la boîte de ma table et la déposant par terre. Ce n'était qu'une farce.

Mais elle ne m'écoutait pas. Elle avait vu autre chose. Dans la boîte d'huîtres qui me servait de poubelle. Elle a posé sa croix sur ma table puis s'est penchée pour récupérer un vieux trognon de pomme marron dans la boîte.

— Tu le manges pas ?

— Non. Mais il est tout sale et…

Je n'ai pas eu le temps de finir ma phrase qu'elle avait dévoré le trognon.

— Tu as faim ? lui ai-je demandé.

— Oui pas qu'un peu. J'ai rien mangé que de l'orge et de l'avoine crues pendant des jours et des jours.

— Viens donc avec moi au Colombo Restaurant. Je t'offre un petit déjeuner. Ou le déjeuner. Ou même les deux. Comme ça tu pourras me dire tout ce que tu sais sur le tueur.

— Oh ! non, a-t-elle murmuré. Y pourrait m'voir. Chaque fois je sors j'ai l'impression il me suit.

— Qui ça ? Le tueur ?

Elle a fait oui de la tête.

— Juste là, quand j'essayais de te trouver, j'ai cru il me suivait. Pour ça je suis rentrée me cacher.

— Et tu ne te rappelles pas son nom ?

Martha hochait la tête en se mordant la lèvre inférieure.

— Miss Sal' elle y donnait un nom. M'est revenu hier… mais pus matnant.

— Ne t'en fais pas. Ça te reviendra. Et tu es sûre que c'est bien le tueur qui te suivait ?

— Non pas sûre non. De loin j'y vois pas trop bien. Mais c'est ça j'ai senti. Je suis restée cachée tellement de temps j'croyais il était parti. Mais non. Et il en a après moi ça c'est sûr.

Là-dessus, elle s'est mise à pleurer.

Je lui ai passé un mouchoir en disant :

— *Fortes fortuna iuvat*. En latin, ça veut dire que la Chance aide les courageux.

— Moi je suis orpheline moi, a-t-elle répondu entre ses larmes. Moi j'ai personne moi. Comment tu veux je suis courageuse, après ?

— Et moi, je suis doublement orphelin. Et je n'ai personne non plus. C'est pour ça que nous devons être courageux.

Elle m'a regardé avec ses grands yeux. Je n'arrivais pas à déchiffrer son expression.

— Si tu ne te souviens pas de son nom, ai-je repris, tu peux peut-être me décrire cet homme ?

— Il était grand et mince, avec des cheveux jaunes et une barbe de bouc.

J'ai aussitôt noté dans mon Carnet de Détective :

Tueur Petite Sally : grand, mince, blond, bouc.

J'allais lui demander quels vêtements le tueur portait, quand plusieurs coups de feu ont retenti dans la rue.

Martha s'est pliée en deux en retenant son souffle, les mains crispées contre son ventre.

J'ai eu l'impression que le monde s'arrêtait de tourner & j'ai eu tout à coup froid partout.

Le Tueur de la Petite Sally avait dû suivre Martha jusqu'à mon agence.

Et il venait de la tuer.

FEUILLE DE COMPTES 9

— C'était des coups de feu ? a demandé Martha.

Elle me regardait toujours les yeux écarquillés, pliée en deux par la douleur.

— Oui. Où est-ce que tu es touchée ?

— Moi je suis pas touchée moi, a-t-elle gémi. Par contre j'ai faim. Mon ventre y dormait et ta pomme elle l'a réveillé. Oh !

— Merci Seigneur... Mais la personne qui a tiré, c'est peut-être l'homme qui te cherche. Retourne derrière le comptoir, je vais voir.

Je me suis aussitôt précipité vers la porte, que j'ai ouverte après avoir récupéré mon chapeau. Martha a prononcé une phrase, une histoire de Forêt et de Barque ou de Bar.

— Ne bouge pas ! lui ai-je ordonné. Je reviens tout de suite.

Elle a fait signe qu'elle obéirait puis a disparu derrière le comptoir.

Je suis sorti en refermant bien la porte à clé.

B. Street ressemblait à un Tableau Vivant, avec tous ces chariots, ces carrioles & ces bêtes immobilisés. Sans parler des gens qui regardaient la scène la bouche ouverte & les bras levés au ciel. Quand j'ai bondi sur le trottoir, tout le monde se dirigeait vers un corps étendu par terre.

Un homme roux, barbu, qui portait un pantalon foncé, un gilet marron et rouge vin à motifs & un manteau couleur rouille. À moins d'un mètre de lui, son chapeau melon avait été à moitié écrasé par la roue d'un chariot.

— Il m'a tiré dessus ! s'est-il écrié. Trois fois, il m'a tiré dessus.

— Pas eu le choix, a rétorqué un homme armé de deux revolvers fumants & qui parlait avec l'accent anglais.

Il était grand, mince, blond & portait le bouc !

Était-ce le Tueur de la Petite Sally ? Avait-il suivi Martha jusqu'ici ? Dans ce cas, pourquoi avait-il tiré sur le roux ?

Ce qu'il a dit ensuite a répondu à cette question :

— Je ne cherchais pas les ennuis. C'est toi qui me visais.

Sur ce, l'Anglais a rengainé ses revolvers – des Navy avec crosse en ivoire.

Le roux avait trois trous fumants dans son gilet, par lesquels je voyais sortir un peu de sang. Il a jeté un regard à sa poitrine avant de se retourner vers l'Anglais.

— Tu m'as tiré dessus trois fois, a-t-il répété avec un accent irlandais (ça m'a rappelé M. O'Malley, qui faisait la route dans le Convoi de Ma Evangeline & Pa Emmet). Mais moi est-ce que je t'ai ne serait-ce que *touché* ? Une de mes balles t'a-t-elle seulement effleuré ?

— Je crains que non, a répondu l'Anglais.

À ce moment-là, il a sorti une pipe de sa poche et en a tapoté la tête contre sa botte.

— Dis-moi au moins que c'est bien le célèbre Farmer Peel qui m'a tiré dessus. T'es Farmer Peel, toi, pas vrai ? J'ai vu la cicatrice d'une vieille blessure par balle sous ton œil.

Moi aussi j'ai noté que l'Anglais avait sous la pommette droite la cicatrice d'une vieille blessure par balle.

— Ne m'appelle pas « Farmer », a-t-il dit. Mon nom est Farner avec un « N ». Langford Farner Peel.

Il disait ça tout en bourrant sa pipe & j'ai vu, à l'étiquette de sa blague, qu'il fumait du tabac Red Lion. Ensuitc, il l'a allumée.

— Reculez ! a alors lancé quelqu'un. Faites place pour le docteur.

Un homme s'est extirpé de la foule pour s'agenouiller auprès du blessé.

C'était Doc Pinkerton – nous ne sommes pas parents –, l'homme qui avait soigné mon bras quelques jours plus tôt.

— Ô joie ! s'est exclamée une voix familière dans mon dos. Enfin un Scoop. Duel en pleine rue à midi.

La voix familière s'accompagnait d'une odeur encore plus familière – celle d'un insecte mort. Oui, c'était encore M. Sam Clemens.

— Pas midi, Sam, l'a corrigé une autre voix familière. Il est à peine 8 h 30, et cette histoire est pour moi.

Me retournant, j'ai constaté que M. Dan De Quille s'était joint à nous. Je l'ai reconnu à sa mine allongée, son bouc foncé et ses oreilles décollées. Il sentait l'encre.

— Comment ça, elle est pour toi ? a rétorqué Sam à voix basse. J'étais là le premier.

— Peut-être, mais j'ai plus d'ancienneté que toi. Les fusillades, c'est moi qui m'en charge. Bas les pattes.

Comme Sam Clemens, Dan De Quille était lui aussi reporter au *Daily Territorial Enterprise*, mais il y travaillait depuis plus longtemps. J'estimais aussi qu'il devait avoir environ cinq ans de plus que Clemens.

— C'est pas juste ! s'est insurgé ce dernier. J'ai encore deux colonnes à remplir, moi.

— Cela peut paraître injuste, mais c'est comme ça. Rien ne peut changer la chose. Si tu cherches des histoires de morts horribles, va donc faire un tour chez le Coroner.

— Et pourquoi pas, hein ? Pourquoi pas ?

Sam Clemens avait répondu ça les yeux plissés, et il recrachait la fumée de sa pipe vers le bas. J'en ai déduit qu'il était en colère.

À ce moment-là, Doc Pinkerton s'est relevé.

— Cet homme vivra peut-être, a-t-il déclaré, à condition qu'on le soigne sans tarder. Aidez-moi à le transporter à l'intérieur.

Quatre hommes se sont aussitôt avancés et ont pris le blessé chacun par un bras ou une jambe.

— Aïe ! Ouille ! Aaah ! s'est écrié celui-ci quand les autres l'ont soulevé.

Les quatre hommes se sont ensuite dirigés vers le Shamrock Saloon, qui avait récemment ouvert de l'autre côté de la rue.

Mais un grand gaillard est alors sorti de l'établissement & s'est planté sur le trottoir, leur bloquant le passage. Il avait un tablier autour de la taille et affichait l'Expression n° 5.

— Essayez même pas de faire entrer Murphy dans mon Saloon, a-t-il lancé aux quatre hommes. Pas question qu'il salisse mon parquet tout neuf avec son sang.

À son accent, il devait être irlandais.

— Nous n'allons tout de même pas le laisser couché au beau milieu de la rue... a dit Doc Pinkerton.

— Mais emmenez-le donc par ici ! s'est exclamé un homme à l'accent anglais. J'ai un canapé.

Nous nous sommes tous retournés vers la personne qui avait parlé. C'était Isaiah Coffin, mon voisin, du Studio d'Ambrotypes & de Photographies. Tête nue, il fumait sa pipe en écume de mer. Je me suis aperçu que lui aussi était *grand, mince, blond & qu'il portait le bouc* !

Observant la foule, j'ai repéré deux autres hommes qui correspondaient à la description du tueur de la Petite Sally.

Je me suis dit : « Retrouver le Tueur de la Petite Sally ne sera pas aussi facile que je le croyais. »

Puis : « Je ferais mieux de demander à Martha quels habits il portait. »

Et enfin : « Mais je dois d'abord lui apporter à manger ; elle meurt de faim. »

Je me suis donc dirigé vers le Colombo Restaurant en suivant les quatre hommes qui transportaient le blessé. Ils allaient dans la même direction que moi.

— Aïe ! Ouille ! Aaah ! a encore fait Murphy quand les autres sont montés sur le trottoir puis entrés dans le Studio de Photographies d'Isaiah Coffin.

Je suis resté un moment devant la porte ouverte, puis je me suis rappelé ma mission et j'ai foncé au Colombo Restaurant. Les clients étaient sortis voir ce qui se passait dans la rue. Là, ils rentraient tous à l'intérieur. Certains avaient encore leur serviette coincée dans le col de leur chemise, ou un journal sous le bras.

Gus, le serveur mexicain, m'a donné une assiette de haricots, bacon & biscuits encore chauds à laquelle un client n'avait pas touché parce que la vue des blessures de Murphy lui avait coupé l'appétit. Gus ne m'a même pas fait payer.

Avant de retourner à mon bureau, j'ai jeté un coup d'œil par la porte du Studio de Photographies d'Isaiah Coffin.

Ils avaient couché Murphy sur le canapé recouvert d'une peau de bison. Assis sur une chaise, Doc Pinkerton se penchait sur lui. J'ai repéré les quatre hommes qui avaient porté Murphy, ainsi qu'Isaiah Coffin & son assistant chinois, Ping. Je serais bien resté à regarder, mais j'avais une cliente qui m'attendait.

Ma première cliente.

Une pauvre fille morte de faim qu'un tueur impitoyable pourchassait parce qu'elle avait été Témoin d'un Meurtre.

Mais lorsque j'ai ouvert la porte de mon bureau & suis entré à l'intérieur, j'ai fait une pénible découverte.

Ma première vraie Cliente avait disparu.

FEUILLE DE COMPTES 10

Le devant de mon agence donne sur le trottoir et sur la rue, comme n'importe quel bâtiment normal dans une ville normale.

Sauf que Virginia n'est pas une ville normale. Elle est construite sur la pente d'une montagne. Les maisons dont le devant fait face à la montagne, elles ont leur entrée au même niveau que la rue, mais leur derrière est monté sur pilotis. Mon bureau était un de ces bâtiments, orienté vers l'ouest, et dont l'arrière se balançait dans le vide.

Mon bureau a aussi ceci de particulier qu'il n'a pas d'entrée par l'arrière. La petite remise ne comporte qu'une fenêtre à guillotine donnant sur les toits des bâtiments de C. Street côté ouest. Avec un vide de deux étages entre.

Quand je suis retourné dans ma chambre – la fameuse remise – pour y chercher Martha, j'ai constaté avec stupeur que le bas de la fenêtre était grand ouvert. Martha avait-elle sauté sur le toit du Washoe Exchange Billiard Saloon ? Il y avait un bon mètre et demi entre ce bâtiment et le mien, mais le toit en bois du saloon se trouvait un peu moins de 2 mètres en contrebas de ma fenêtre.

Je n'imaginais pas une fille aussi terrifiée que Martha faisant un tel saut.

Mais comme elle ne s'était pas envolée, elle avait dû sauter.

J'allais moi-même me lancer dans le vide quand j'ai remarqué une échelle en bois clouée au mur juste sous ma fenêtre ! Je ne l'avais jamais repérée – sans doute parce que je ne sortais jamais ma tête si loin. Elle devait servir en cas d'incendie.

Martha avait sûrement filé par là.

Descendre par cette vieille échelle ne me semblait guère plus sûr que de sauter sur le toit du Washoe Exchange Billiard Saloon, mais je n'avais pas le choix. Je me suis donc tourné, dos à la fenêtre, puis j'ai passé une jambe dans le vide & j'ai cherché du bout du pied jusqu'à trouver le premier barreau & m'y appuyer. J'ai senti l'échelle craquer. Je suis petit et maigre, mais je parie que Martha pesait encore moins que moi. L'échelle allait-elle supporter mon poids ? J'ai passé mon autre jambe par la fenêtre & suis descendu prudemment, un barreau après l'autre. Mon cœur s'est arrêté quand mon pied a failli traverser le 5e barreau, qui était pourri. Heureusement, les autres ont tenu bon.

À un moment, j'ai pu voir ce qui se trouvait sous le bâtiment que je partageais avec le studio de photographies : une pente raide de terre humide. Rien n'y poussait, vu que le bâtiment empêchait le soleil de passer.

Quand enfin j'ai remis le pied sur la terre ferme, j'ai poussé un gros ouf de soulagement. L'endroit était jonché de bouteilles vides & de vieilles boîtes en fer-blanc. Je me suis dit que le Washoe Saloon devait mener grand train, vu toutes les bouteilles de champagne et les conserves de pêches qu'il y avait là.

Au milieu des ordures, j'ai repéré l'empreinte récente d'un petit pied nu. Et malgré la pénombre, je n'ai pas eu besoin de mes dons de pisteur indien pour suivre la trace de Martha. Elle contournait une remise pour rejoindre une ruelle qui passait entre deux bâtiments pour aboutir dans C. Street. C'était bon de retrouver la lumière, la chaleur & l'animation de la rue. Mais j'ai rapidement perdu la trace de Martha sur le trottoir.

Préférant ne pas repasser par l'échelle & la fenêtre, j'ai trouvé un petit chemin qui remontait jusqu'à B. Street. Il m'a conduit au trottoir qui longeait mon bureau, et je suis rentré par la porte de devant.

Une fois à l'intérieur, je me suis assis à ma table, j'ai pris la chaîne avec la croix & l'ai étudiée de près.

Ma première Vraie Cliente était enfin venue me trouver & m'avait engagé pour résoudre le Plus Grand Mystère de Virginia City. Visiblement, elle m'avait donné en échange son bien le plus précieux.

Et là, elle avait disparu.

Ses empreintes étaient les seules à s'éloigner du bas de l'échelle pour rejoindre C. Street. J'ai donc compris qu'elle n'avait été ni tuée ni enlevée. Elle avait simplement pris peur.

Quelque chose avait dû l'effrayer pendant mon absence. Quelqu'un avait-il frappé à ma porte ? Ou essayé de l'ouvrir malgré l'écriteau **FERMÉ** ? Martha avait-elle juste paniqué ?

Je ruminais ces questions quand un cri inhumain m'a tiré de ma rêverie.

FEUILLE DE COMPTES 11

Mon bureau partage un bout de vasistas et tout un mur mitoyen avec le Studio d'Ambrotypes. En général, je n'entends pas ce qui se passe à côté, mais ce cri a semblé retentir dans toute la ville.

Je me disais qu'il avait dû être poussé par Murphy, dont s'occupait Doc Pinkerton.

J'ai couru vérifier cette théorie.

J'avais raison.

Murphy était allongé sur le canapé, lui-même recouvert d'une peau de bison. Quatre hommes se tenaient debout près de lui, et un cinquième était couché par terre, immobile. Celui-là, c'était Isaiah Coffin.

— Qu'est-il arrivé à M. Coffin ? ai-je demandé en refermant la porte derrière moi.

— S'est évanoui, m'a répondu Ping qui tenait une tasse dans laquelle le docteur avait déjà jeté deux balles. Tiens tasse, m'a-t-il fait. J'essaie réveiller lui.

J'ai pris la tasse et me suis approché de Murphy.

Je regardais faire le docteur pendant que Ping donnait de petites claques sur les joues d'Isaiah Coffin.

C'était fascinant. Doc Pinkerton était assis sur le bord d'un fauteuil à franges, penché sur son patient. Il avait un peu agrandi ses blessures & en maintenait une ouverte à l'aide d'un instrument pour pouvoir accéder à la balle.

— Aaaaaah ! a hurlé Murphy.

— Pour l'amour du Ciel, a marmonné Doc Pinkerton. Je ne peux pas travailler avec tout ce bruit. Tenez. Mordez donc cette balle.

Là-dessus, il a fourré un objet dans la bouche de Murphy.

M'approchant encore, je me suis agenouillé à côté de la chaise pour mieux voir. Je tenais la tasse afin de récupérer la prochaine balle que Doc Pinkerton allait extraire.

— Calibre .36 ? ai-je demandé.

— Tout à fait, a confirmé Doc Pinkerton. Des balles de Navy, Calibre .36. (Là, il a paru s'apercevoir de ma présence.) Tiens, bonjour, P.K. Comment va ? Et ton bras ?

— Je fais aller. Mon bras me fait un peu mal, et il commence à me démanger.

— C'est bon signe, a grogné Doc Pinkerton. Ça signifie qu'il guérit. Surtout retiens-toi de te gratter. Passe-moi la longue pince que j'ai dans mon sac noir, tu veux ? Cette balle-ci est entrée profond.

— Oui, monsieur.

Aussitôt, j'ai posé la tasse pour récupérer la longue pince.

Que je lui ai tendue.

Murphy ne hurlait plus. Il ne bougeait plus non plus. Il avait fermé les yeux.

— Il est mort ? me suis-je inquiété.

— Juste évanoui, j'espère, a répondu le docteur. Ça vaut sans doute mieux pour tout le monde. Il a eu de la chance que j'aie entendu les coups de feu.

— Je crois qu'il a avalé la balle que vous lui aviez donnée à mordre.

Doc Pinkerton n'a rien répondu. Il était concentré sur son travail.

— Est-ce qu'elle partirait, si on lui donnait un bon coup de poing dans le ventre ? ai-je repris.

— Uniquement à condition qu'il avale aussi de la poudre et une allumette enflammée, a souri le docteur. Je lui ai donné une balle en plomb, pas une cartouche.

J'ai acquiescé. Mon sept-coups Smith & Wesson utilise des cartouches dans lesquelles la balle, la capsule et la poudre sont regroupées ensemble. Mais ce n'est pas le cas de la plupart des armes en circulation à Virginia.

J'ai encore regardé Doc Pinkerton triturer Murphy avec sa pince un moment.

Ping avait ranimé Isaiah Coffin & se tenait à présent juste derrière moi. Il portait une bassine d'eau avec une éponge dedans.

— Nom de nom ! s'est alors exclamé Doc Pinkerton. Ce vasistas me procure l'éclairage idéal, mais mes verres sont rayés et ternis. J'en attends de nouveaux que j'ai fait venir de San Francisco. P.K., arrives-tu à voir la balle, là-dedans ?

— Oui, ai-je répondu. C'est ce reflet argenté au milieu des chairs rouges.

— Prends ma pince. Je vais maintenir les lèvres de la plaie écartées. Essaie d'extraire la balle. Mais fais bien attention de ne pas trancher une veine ou un organe vital.

Je me suis relevé puis penché sur la plaie, dans laquelle j'ai ensuite introduit la pince.

Quelques secondes plus tard, j'avais récupéré la balle.

— Est-elle entière ? cherchait à savoir Doc Pinkerton en l'examinant. En un seul morceau, veux-je dire.

— Oui, monsieur.

— Dans ce cas, bravo, P.K. ! Ping ? Passe-moi l'éponge. Nous allons nettoyer la plaie avant de la bander.

J'ai rejeté la balle avec les deux autres. Ça m'avait bien plu, d'aider Doc Pinkerton. Quand je me concentrais comme ça, j'oubliais tout. Je me disais qu'opérer un blessé était presque aussi efficace que de s'occuper d'une Collection pour ce qui est de repousser les Sales Transes.

Doc Pinkerton m'a montré comment appliquer une compresse puis un bandage. Quand il a terminé, j'ai entendu des pas qui entraient dans le studio & senti une odeur de cigare.

— Doc, a lancé une voix.

Doc Pinkerton a levé les yeux.

— Bonjour, Marshal Adjoint.

J'ai observé le Marshal Adjoint avec intérêt. Il était petit, portait un chapeau melon couleur café, avait un cigarillo à la bouche & un gros Colt Army sous la ceinture. Il avait aussi une épaisse moustache noire, des sourcils pareils & le nez aplati.

Je n'avais jusque-là rencontré aucun représentant de l'ordre à Virginia. Ce Marshal Adjoint allait peut-être pouvoir m'aider à retrouver le Tueur de Sally et à protéger Martha.

— Mon nom est P.K. Pinkerton, ai-je annoncé. Je suis Détective Privé. Nous nous battons tous les deux pour la justice et la vérité.

Le Marshal Adjoint s'est tourné vers moi.

Sous ses sourcils broussailleux, son regard était fixe. Ses Yeux me faisaient penser à ceux d'un Serpent.

J'ai baissé ma main, vu qu'il n'allait visiblement pas me la serrer. Il se contentait de me dévisager.

Son regard me glaçait à l'intérieur.

Quand enfin il a retiré son cigarillo de sa bouche, ç'a été pour s'adresser à moi :

— P.K. Pinkerton ? a-t-il grogné. C'est toi que tes parents adoptifs ont été scalpés et tués à Temperance la semaine dernière ?

— Oui, monsieur.

Au lieu de me présenter ses condoléances, le Marshal Adjoint s'est mis à agiter son cigarillo en direction de Murphy, toujours inconscient.

— Si cet homme meurt, a-t-il craché, ça sera ta purin de faute.

FEUILLE DE COMPTES 12

Le Marshal Adjoint de Virginia City me regardait avec au visage l'Expression n° 3 : le Dégoût.

— Ta purin de faute ! a-t-il répété.

Doc Pinkerton s'est levé de sa chaise, il grimaçait.

— Êtes-vous en train de dire que P.K. est responsable de la fusillade au cours de laquelle cet homme a été blessé ? a-t-il demandé.

— C'est exactement ce que je dis, a répondu l'autre en aspirant une grosse bouffée de cigare puis en la recrachant vers le bas. Depuis qu'il a tué Walt-les-Copeaux, c'est la zizanie. Tous les petits Durs de la région essaient de prendre la relève de Walt. Y veulent tous être le Chef.

— Le Chef ? l'a interrogé Doc Pinkerton.

— Le Chef des Desperados. Ce Farmer Peel, par exemple : plus d'un mois qu'il est à Virginia. (Là, il s'est mis à agiter son cigarillo dans ma direction.) Y restait bien tranquille jusqu'à ce que tu te mettes à jouer les héros. Purin de Théorie des Dominos.

— C'est quoi, la Théorie des Dominos ? ai-je voulu savoir.

Là-dessus, Ping est rentré dans le studio. Il était sorti jeter la chemise ensanglantée de Murphy.

— Je connais Purin Théorie Dominos, a-t-il annoncé. Tu poses dominos debout comme clients dans file d'attente. Tu pousses premier. Tous autres tombent. Boum, boum, boum, boum, boum.

— Vaaalà, a confirmé le Marshal Adjoint. Une purin d'action qui entraîne toute une série d'événements. (Il a de nouveau tourné vers moi son regard impassible.) Qui t'a autorisé à tuer les habitants de cette ville, toi, d'abord ?

— Je n'ai pas fait exprès de tuer Walt-les-Copeaux. C'était de la légitime défense.

— Et qui t'a autorisé à te dire Détective ?

Je n'ai pas eu le temps de trouver une réponse, qu'il a grogné :

— J'aime pas les Indiens, j'aime pas les Détectives, et toi je t'aime pas. Je suis même pas sûr qu'un gnard comme toi ait le droit de s'installer comme Privé. T'avise pas de faire des vagues ou je te fous au trou. Ou même je te fais pendre.

Sur ce, il a jeté son cigarillo éteint, a tourné les talons puis est sorti du Studio.

Le regardant partir, j'ai dit :

— J'imagine que je n'ai pas de secours à attendre de la Loi dans mon enquête sur le Meurtre de la Petite Sally.

— Tu comptes enquêter sur le meurtre de cette Nymphe de la Nuit ? s'est étonné Isaiah Coffin.

J'ai fait signe que oui, puis j'ai ramassé le mégot du Marshal & l'ai examiné. J'étais quasi certain que c'était un Long Nine. Ces cigares-là ne sont pas plus gros qu'un crayon à papier et mesurent neuf pouces de long. Celui que j'avais récupéré, il n'en restait qu'un pouce, mais il avait le calibre voulu et il correspondait à la description du catalogue. Je l'ai gardé afin de l'étudier plus tard.

Doc Pinkerton m'a regardé par-dessus ses lunettes et, à voix basse, m'a dit :

— Méfie-toi de Jack Williams. Il ne vaut guère mieux qu'un desperado. On raconte qu'il lui est arrivé de réclamer des contributions financières à des citoyens de cette ville, en pleine nuit, en les menaçant de son arme. Récemment, il a tué un homme à cause d'une partie de billard.

J'ai fait oui de la tête, pour lui montrer que j'avais compris.

Doc Pinkerton a alors tiré sa pipe de sa poche et l'a allumée.

— Le Marshal Adjoint Williams a cependant raison sur un point, a-t-il repris ensuite. Tu es bien trop jeune pour être Détective.

— Peut-être, ai-je rétorqué, mais j'ai une cliente qui a besoin de moi.

Je n'ai pas précisé que j'avais déjà échoué à la protéger, et qu'elle se cachait ou qu'elle avait pris la fuite.

J'ai quitté le Studio, suis retourné à mon agence, en ai ouvert la porte, l'ai refermée à clé derrière moi & ai accroché l'écriteau **FERMÉ**. J'avais besoin de réfléchir.

De ma poche, j'ai sorti deux, trois mégots de cigare et mon Bouton de Détective Pinkerton. Les mégots, je les ai posés sur la table, mais j'ai gardé le bouton de mon père à la main. C'était la seule chose que j'avais de lui.

Ce bouton me rappelait que j'avais du sang de détective dans mes veines.

Il me rappelait mon but : apprendre le métier pour ensuite aller travailler dans l'Agence de mon Oncle Allan Pinkerton à Chicago.

Il me rappelait que mon père était peut-être encore vivant, et que je voulais qu'il soit fier de moi.

Je l'ai ensuite remis dans ma poche & j'ai pris mon Carnet de Détective pour y noter tout ce qu'avait dit Martha.

Je suis plus fortiche pour me rappeler ce que je vois que ce que j'entends. Aussi j'ai besoin de prendre des notes.

Quand j'ai eu terminé, je suis resté à regarder les tout derniers mots qu'elle m'avait lancés.

Forêt

Et

Barque ou Bar ?

Je pensais qu'elle avait voulu indiquer l'endroit où elle se cachait. Sûrement sous une vieille Barque abandonnée en Forêt.

Je me disais qu'elle y serait en sécurité, vu que personne n'irait s'embêter à aller chercher une barque là-bas, mais je devais quand même retrouver le Tueur avant qu'elle meure de faim.

J'ai donc pris une page vierge de mon Carnet de Détective et, tout en mâchonnant le bout de mon crayon, j'ai essayé de me rappeler comment M. Bucket & les autres détectives des livres s'y prenaient pour *Élucider* un Meurtre.

En général, ils commençaient par se rendre sur la Scène du Crime & y rechercher des Indices. Ensuite, ils *Interrogeaient* des Témoins & établissaient une liste de Suspects.

J'ai donc noté :

Aller scène Crime
Chercher Indices
Interroger Témoins
Suspects

Je savais que les Détectives recherchaient aussi le Mobile & le Moyen. Le Mobile, c'est la raison qui a poussé le coupable à commettre son crime, & le Moyen c'est l'arme qu'il a utilisée, ou le poison. Si un Suspect arrive à prouver qu'il n'était pas sur la Scène du Crime à l'heure où celui-ci a été commis, il a ce qu'on appelle un Alibi.

J'ai donc noté :

Mobile & Moyen
Alibi ?

J'ai regardé ma liste. En lisant la première lettre de chaque ligne, ça faisait ACISMA.

Ça m'aiderait à me rappeler que je devais Aller sur la scène du crime, y Chercher des indices, puis Interroger les témoins & dresser la liste des Suspects qui avaient un Mobile et un Moyen. Après quoi il me faudrait voir lesquels parmi ces Suspects avaient un Alibi, et les rayer de la liste. Quand il ne m'en resterait qu'un seul, je tiendrais le Coupable.

Tout ça me paraissait très simple.

Mais quelque chose me turlupinait encore, dans ce qu'avait dit Martha. Avant de me rendre sur la Scène du Crime, j'ai eu envie d'aller trouver l'une des premières personnes à m'avoir parlé du Meurtre de la Petite Sally. Un joueur de cartes du nom de Poker Face Jace.

Jace est sans doute le plus grand sage de Virginia City.

Je pensais le trouver au Fashion Saloon, dans B. Street, côté nord.

J'avais raison.

FEUILLE DE COMPTES 13

Le Fashion Saloon est un Bar à 25 cents équipé de portes battantes en bois, de simples planches sur tréteaux en guise de tables, d'un parquet couvert de sciure & d'une grande fenêtre dont la vue s'étend à l'horizon. Il y fait très clair, c'est calme & on s'y sent tranquille & à l'aise. J'aime bien cet endroit, mis à part l'odeur fétide de salive imprégnée de tabac qui y règne. Mais c'est une odeur qu'on rencontre un peu partout en ville, alors...

Ce jour-là, le saloon n'empestait pas trop, et on avait récemment changé la sciure du parquet.

James Francis Montgomery, dit Poker Face Jace, était assis à sa table habituelle, dos au mur, près de la fameuse fenêtre à la vue imprenable. Il était en pleine partie de cartes. Je savais qu'il valait mieux ne pas le déranger, alors je me suis dirigé vers le bar, où je suis monté sur la petite rambarde en cuivre afin de me grandir un peu.

Pas une fois Jace n'a regardé dans ma direction, mais je savais qu'il m'avait vu.

Il voit tout.

Jace est un grand malin. C'est lui qui m'a appris qu'un homme pouvait mentir avec son visage et sa bouche, mais que son corps disait toujours la vérité.

À l'autre bout du bar, au fond du saloon, se trouvait son ami & garde du corps Stonewall – un grand gaillard tout moche dont les yeux ne regardent pas dans la même direction. Il porte un gros revolver Le Mat & veille tout le temps au grain. Il aime bien sucer des quartiers de citron, comme son héros : Stonewall Jackson.

Je me suis tourné face au long miroir accroché derrière le bar.

J'y ai vu un garçon au visage inexpressif coiffé d'un chapeau mou noir. Il portait une chemise de flanelle rouge délavé (pas rose) & un manteau en laine bleue avec boutons de cuivre. Ce garçon, à la fois c'était moi & à la fois ça n'était pas moi. J'ai ensuite regardé le reflet de Jace dans le miroir. J'aime bien observer les gens sans qu'ils le sachent.

— 'Jour, P.K., m'a lancé M. Leahigh, le barman à la voix grave.

Il savait que j'étais un ami de Jace. M. Leahigh est un homme grand & mince, à la tête si étroite qu'elle me fait penser à une hache. J'aime bien les gens qui ont ce genre de caractéristiques. Je ne les confonds avec personne.

J'aurais reconnu sa tête de hache même s'il n'avait pas été derrière son bar, tablier autour de la taille & torchon à l'épaule.

— Bonjour, Lee, lui ai-je poliment répondu. (Tout le monde l'appelle comme ça : Lee.)

— Qu'est-ce que je te sers ? Whisky ? Jus de Tarentule ? Cocktail gin & angustura ?

Les gens de Virginia aiment bien se payer votre tête. Mais en général, ils le font sans rien laisser paraître – ni mimique ni sourire – & des fois on a du mal à savoir si c'est du lard ou du cochon.

N'étant pas sûr de savoir s'il me proposait du lard ou du cochon, je lui ai dit :

— Juste avant de mourir, ma mère m'a fait promettre de ne jamais tuer, ni jouer aux jeux d'argent, ni boire d'alcool. Vous auriez des boissons non alcoolisées ?

— J'ai de l'eau de Seltz. Tu peux la boire nature ou avec du sirop.

— Quels parfums, les sirops ?

— Vanille, gingembre et salsepareille. Je te recommande la salsepareille. C'est aussi bon que notre air raréfié pour ce qui est de purifier le sang.

— Donnez-moi donc une eau de Seltz à la salsepareille, s'il vous plaît.

Il a fait oui de la tête puis s'est tourné pour prendre une bouteille vert-bleu en forme de parpaing sur son étagère. L'étiquette disait *Salsepareille Dr Towhsend*. Il en a versé un trait dans un mug en verre, auquel il a ensuite ajouté de l'eau de Selz. Il a même posé la bouteille vert-bleu sur le bar, de sorte que je voie qu'il s'agissait de la Vraie de Vraie, importée de la lointaine New York.

— Ça te fera 25 cents, a-t-il alors annoncé.

J'ai sorti une pièce & bu mon verre.

La boisson était à la fois sucrée, épicée & piquante. Ça me chatouillait la gorge & le ventre.

Au moment où je me retournais pour observer Jace, un homme coiffé d'un melon marron est venu s'asseoir à côté de moi. Il a commandé un whisky puis s'est mis à siffloter un air. Je ne lui ai pas prêté attention parce que je regardais Jace.

Jace... C'est en grande partie à cause de lui que j'avais décidé de rester à Virginia City. Le jour où j'ai compris qu'il savait « lire les gens », j'ai eu envie qu'il m'apprenne. Rien n'avait jamais autant compté à mes yeux. Il avait accepté ; en échange, je devais l'aider.

Là, Jace jouait au poker avec trois autres hommes.

Contrairement à M. Leahigh, ceux-là se ressemblaient tous, pour moi. Ils portaient la moustache, un chapeau & des habits sombres. En fait, ils ressemblaient un peu à Jace, qui lui aussi porte la moustache, un chapeau & des habits sombres. Sauf que lui, il a quelque chose qui le démarque des autres. Une espèce de calme. Ses adversaires n'arrêtaient pas de gigoter, de taper des doigts sur la table ou des pieds par terre. Lui il restait assis, le visage à contre-jour à cause de la fenêtre derrière lui. De temps en temps, il prenait une bouffée de son cigare – c'est tout.

Deux de ses adversaires fumaient aussi le cigare, ce qui fait qu'un nuage de fumée bleue stagnait au-dessus de leur table. Le quatrième chiquait. Ça se voyait à la boule dans sa joue gauche.

Jace m'avait appris à lire les pensées des gens en observant leurs pieds. Là, j'ai su que le chiqueur avait une bonne main : la pointe de son pied droit était levée. Mais le joueur assis en face de lui pouvait avoir un meilleur jeu : ses pieds dansaient sous la table.

J'ai bu une gorgée de mon eau de Seltz à la salsepareille puis j'ai reposé mon mug sur le bar – l'anse dirigée vers le joueur aux pieds qui dansaient.

Jace a aussitôt rangé ses cartes en annonçant :

— Je me couche.

— Moi aussi, a lancé l'homme assis en face de lui.

Tous deux ont posé leurs cartes à l'envers sur la table, et se sont calés sur leur chaise.

Le chiqueur a jeté une pièce d'or sur le tas de mise. Puis il a tourné la tête et craché dans un crachoir placé au pied de sa chaise.

— La quiche avait un jus mauve... m'a fait remarquer l'homme au melon marron qui se tenait à côté de moi.

Son accent sudiste me rappelait un peu celui de Jace.

Je me suis tourné vers lui.

Il était grand, mince, blond & portait le bouc !

Je me demandais si c'était lui le Tueur et s'il m'avait suivi jusque-là.

— C'est une contrepèterie, a-t-il ajouté. Une phrase qui prend un autre sens quand on mélange les syllabes. Je répète : La quiche avait un jus mauve.

— Je ne sais pas, lui ai-je répondu, je n'ai pas goûté la quiche aujourd'hui.

L'homme a souri & a retiré sa pipe de sa bouche.

— Il fallait comprendre « La chique a eu un mauvais jeu », m'a-t-il expliqué. Tu comprends le coup ? *La quiche* devient *La chique*. Et *avait un jus mauve* devient *a eu un mauvais jeu*. On intervertit les syllabes.

J'ai fait signe que je comprenais. Ça me plaisait bien. On aurait dit un mystère à débrouiller dans les mots.

— Ça me plaît bien, lui ai-je dit. On dirait un mystère à débrouiller dans les mots.

— Si ça te plaît, tu devrais rigoler...

— Je ne rigole jamais. Je ne pleure jamais non plus.

— Oh !... a-t-il fait en avalant une gorgée de whisky.

Ensuite, il a pris une bouffée de sa pipe, et son odeur m'a fait un drôle de pincement au cœur. Il fumait la même marque de tabac que mon père adoptif qui s'était fait tuer la semaine d'avant. J'avais la gorge nouée & la vue troublée. Sûrement à cause de la fumée, vu que je ne pleure jamais.

J'ai cligné des yeux et c'est passé.

— Vous fumez du Green's Irish Flake ? lui ai-je demandé.

— Ma foi, oui. Tu en veux un peu ?

— Non merci. Je ne fume pas et je ne chique pas. La fumée a un égout mauve, je trouve. (Ça l'a fait glousser.) Par contre, j'aime l'odeur de votre tabac. Mon Père adoptif, qui est mort, fumait le même.

— Moi aussi, ça me rappelle la maison. (Là, il a fourré sa pipe dans sa bouche et m'a tendu la main.) Absalom Smith, s'est-il présenté. Comédien et Créateur de Contrepèteries.

— P.K. Pinkerton. Détective Privé.

Nous nous sommes serré la main.

Ma Evangeline m'avait enseigné une astuce pour me rappeler le nom et la figure des gens. Elle m'avait dit de m'imaginer une image correspondant au nom et de l'associer à un détail que je puisse me rappeler, puis d'ajouter la personne dans cette image. Là, Absalom c'est le nom d'un personnage de la Bible. Le fils préféré du Roi David. Mais sa vanité l'a trahi et il est mort, ses cheveux longs pris dans la fourche d'un arbre alors qu'il courait. Absalom Smith, lui, il avait les cheveux courts, à ce que laissait voir son melon. Alors je l'ai imaginé assis sur la fourche à laquelle le fils préféré du Roi David se balançait.

— Es-tu un des Détectives Pinkerton ? a-t-il voulu savoir. Je ne savais pas qu'il en existait de si petits.

— Je suis un Pinkerton, et je suis Détective, mais je ne suis pas un employé de l'Agence Pinkerton. Je suis un Privé.

— Pourtant, l'agence aide le pauvre, alors que souvent le pauvre agent cède...

Retirant la pipe de sa bouche, il attendait de voir si j'allais rire.

Je n'ai pas ri.

— Et sinon, en ce moment, tu as une mission en cours ? m'a-t-il demandé.

— Oui, ai-je répondu. Mais on les appelle plutôt des « affaires ».

La prudence m'a interdit de lui en dire plus.

Là, un homme assis à une table proche de celle de Jace a prisé une pincée de tabac qui l'a fait éternuer.

— Mieux vaut avoir le nez bien vidé... a souri Absalom Smith... qu'une envie de bidet.

— C'est encore une contrepèterie, ai-je compris.

— Exact. Et celle-là, je crois qu'elle t'a presque fait rigoler.

Je m'apprêtais à lui dire que non, quand un bruit m'a forcé à me retourner brusquement. Des éperons. Ce bruit me rend nerveux parce que mes deux ennemis mortels portent des éperons : Boz & Extra Dub.

Mais là, ce n'était pas eux.

Juste un garçon de 17 ou 18 ans, sourire aux lèvres, un joli petit chapeau mou incliné sur l'œil gauche. Soulagé, je me suis retourné vers le bar, avant de pivoter à nouveau.

Il était grand, mince, blond & portait le bouc !

Pas si grand que ça, en fait. Mais aux yeux de Martha, le Tueur paraissait peut-être grand. Sa moustache & sa barbe n'étaient qu'un simple duvet. Ses cheveux, par contre, étaient bien les plus blonds que j'aie vus de ma vie.

Il avait beau être couvert de poussière, on voyait qu'il avait belle allure. Ses dents étaient aussi incroyablement blanches que ses éperons argentés étaient incroyablement gros.

Il portait également deux revolvers. Le rabat de ses étuis était ouvert & j'ai pu voir leurs crosses en noyer.

Il arborait toujours son grand sourire quand il s'est approché du bar mais, à la seconde où il m'a repéré, son sourire s'est changé en l'Expression n° 5. Il s'est planté devant moi comme pour me provoquer en duel.

— Toi, là ! a-t-il craché. Dégaine ton flingue !

FEUILLE DE COMPTES 14

Quand le blond a lancé « Dégaine ton flingue ! » toutes les conversations se sont arrêtées dans le saloon. Du coin de l'œil, j'ai vu M. Leahigh qui se baissait lentement derrière le bar. Jace et ses adversaires aux cartes avaient interrompu leur partie.

— Dégaine donc ! a répété le jeune en rejetant sa tête en arrière afin que son chapeau ne l'empêche pas de voir. Tu me fais pas peur, toi.

Une pipe est tombée par terre et je me suis rendu compte que le jeune homme poussiéreux ne me regardait pas moi, mais l'homme qui se tenait à côté de moi.

M. Absalom Smith n'a pas eu la moindre réaction. Était-il pétrifié de peur ? Ou simplement maître de ses nerfs ?

— Je vois ton flingue dans ta poche, a dit le blond.

J'ai jeté un coup d'œil à la poche droite du pantalon d'Absalom Smith. Pas de doute, il y avait un objet à l'intérieur, et j'étais assez près pour distinguer la gâchette en cuivre d'un revolver Augusta – le modèle que certains appellent le « Colt des Confédérés ».

(Je ne fais pas la Collection des Armes à feu, mais j'en connais un rayon sur le sujet.)

— Je vois ton flingue, je te dis, alors je sais que je te prends pas en traître. Dégaine !

Pas de réaction chez Absalom Smith.

— T'es sourdingue ou quoi ? a repris le jeune. Pourquoi que tu dégaines pas ? T'es pourtant bien Farmer Peel, nan ? Le Chef des Desperados.

Toujours aucune réaction de la part d'Absalom Smith.

Alors j'ai pris la parole :

— Cet homme n'est pas Farner Peel. Il s'appelle Absalom Smith.

Le jeune s'est tourné vers moi. Il avait des yeux très bleus et des cils fournis.

— Te mêle pas de ça, petit ! (Une hésitation, puis :) T'es sûr de toi ? Il correspond pourtant à la description.

J'ai regardé Absalom Smith. Pas faux : il ressemblait un peu à Peel, mais au moins autant que le jeune poussiéreux. Sauf que bien sûr, il n'avait pas la cicatrice d'une vieille blessure par balle sous la pommette droite.

— Farner Peel a une cicatrice de vieille blessure par balle sous la pommette droite, ai-je affirmé. C'est à ça qu'on le reconnaît.

Quand Absalom Smith a fini par ouvrir la bouche, il parlait d'une voix chevrotante.

— Le gamin a raison. Je ne suis pas Farmer Peel. J'admets que je porte une arme, mais tout le monde porte une arme dans cette ville.

— Ouh-là… a fait le jeune.

Là-dessus, il a retiré son chapeau et s'est passé une main dans les cheveux. Puis, arborant son plus grand sourire, il a dit :

— Ben toutes mes excuses, alors. Du coup je passe pour un crétin.

Les clients du saloon ont repris leurs activités.

Le jeune s'est approché d'Absalom Smith et lui a tendu la main.

— Je m'appelle John Dennis. Tu peux m'appeler El Dorado Johnny. Tiens, je t'offre un whisky. (Il s'est tourné vers M. Leahigh, qui lui-même s'était relevé.) Deux whiskys, patron. Et un quelque chose pour le petit Indien. (Sourire dans ma direction.) Tu bois quoi, là, petit ?

— De l'eau de Seltz avec du sirop de salsepareille, ai-je répondu.

Je me suis penché pour récupérer la pipe d'Absalom Smith (Comédien et Créateur de Contrepèteries) & la lui ai rendue.

— Merci, P.K., a-t-il fait en reprenant son bien d'une main tremblante.

— Qu'est-ce qui t'amène à Virginia, Johnny ? a voulu savoir M. Leahigh.

— Mais c'est que je suis pas un nouveau venu dans la région, lui a rétorqué M. El Dorado Johnny. Je possède une mine aurifère du côté de Flowery Canyon, à 3 kilomètres d'ici, environ. J'ai entendu qu'une place venait de se libérer en ville.

Il avait prononcé cette dernière phrase en regardant autour de lui pour s'assurer que tout le monde l'écoutait.

— Une place ? l'a relancé M. Leahigh en remplissant son verre. Quelle place ?

— La place de Chef des Desperados. (Nouveau sourire aux dents éclatantes.) Eh oui, j'ambitionne de devenir le Chef des Desperados du coin.

Entendant ça, certains clients du saloon ont rigolé. Mais pas Jace, et M. Leahigh non plus.

El Dorado Johnny a vidé son verre et l'a reposé sur le bar. Puis il s'est tourné pour faire face à tous les clients, qui l'observaient avec intérêt.

— L'un d'entre vous pourrait-il me conseiller un bon Établissement de Bains et un bon Barbier ? a-t-il lancé d'une voix puissante. Je compte provoquer en duel Farmer Peel aujourd'hui même, au plus tard demain. S'il me tue, j'ai envie de laisser derrière moi un Joli Cadavre.

D'autres clients encore ont rigolé & ça a semblé faire plaisir à El Dorado Johnny.

— Eh oui, a-t-il confirmé en glissant ses pouces sous sa cartouchière, sourire aux lèvres. Mon but, c'est d'être ou bien le Chef de la région de Comstock, ou bien un Joli Cadavre.

Nouveaux rires.

M. Leahigh a resservi Johnny.

— Pour un bain et un barbier, lui a-t-il indiqué, je te conseille d'aller chez Selfridge & Bach – à droite en sortant d'ici. Je te garantis que tu seras joli après.

El Dorado Johnny a descendu son second whisky, a posé un dollar en argent sur le comptoir, a touché le bord de son chapeau mou puis est sorti du saloon direction les Bains Selfridge & Bach.

— Grands Dieux, moi aussi j'ai besoin d'un autre whisky, a dit Absalom Smith.

M. Leahigh le lui a servi & M. Absalom Smith s'en est saisi d'une main tremblotante.

— Bon, les amis, nous a-t-il dit, c'est bien beau de participer, mais là...

Sans finir sa phrase, il a vidé son verre puis a quitté le saloon en vitesse par la porte de derrière.

À ce moment-là, M. Leahigh a gloussé, ce qui ne lui arrive pas souvent.

Puis son sourire a passé & il a secoué la tête en disant :

— J'espère bien que ce corniaud de El Dorado Johnny finira pas en joli cadavre.

Les joueurs assis à la table de Jace avaient terminé leur partie. Ils se levaient pour se serrer la main.

Jace a vu que je le regardais, alors il m'a fait un signe de tête indiquant l'arrière du saloon.

Au début, je ne comprenais pas trop ce qu'il voulait, mais quand il est sorti par-derrière quelques minutes plus tard je l'ai suivi.

Je ne l'avais pas vu depuis près de deux jours. J'espérais qu'il ne pensait pas que je l'ignorais.

Je suis donc sorti par la porte de derrière et j'ai descendu quatre ou cinq marches en bois. Aucune trace de Jace. Mis à part les tas de bois & d'ordures, il n'y avait là que deux cabinets de toilette : un avec une lune gravée sur la porte (pour les femmes) & un avec une étoile (pour les hommes).

C'est là que j'ai senti l'odeur du Cigare cubain de Jace & que j'ai repéré une volute de fumée qui s'échappait à travers l'étoile du cabinet de droite. Jace fume la marque « Mascara », en espagnol ça veut dire « masque ». Et ça tombe bien, vu que sa figure est le plus souvent un masque.

Je me suis dirigé vers les cabinets & me suis glissé entre les deux, si bien que personne ne pouvait me voir, sauf à se trouver pile devant ou pile derrière.

— Jace ? ai-je demandé à voix basse. Vous êtes là ?

— Ouais, m'a-t-il répondu de derrière la porte. Je suis dedans. Tu as bien fait de parler comme tu as parlé, tout à l'heure. Tu as désamorcé une saleté de situation. Mais je me disais... pour notre petite association, mieux vaudrait qu'on ne nous voie pas trop souvent ensemble. Que dirais-tu de dîner avec Stonewall et moi, ce soir vers 20 heures ? Ensuite nous pourrions aller jouer au poker au Virginia City Saloon. Tu en dis quoi ?

— J'en dis que ça me va. (Un coup d'œil alentour, puis :) Je pourrais vous poser juste une question ?

— Tout ce que tu veux, a-t-il fait après un temps d'attente. Mais dépêche.

FEUILLE DE COMPTES 15

— J'ai été engagé pour retrouver l'Assassin de la Petite Sally, ai-je annoncé à Poker Face Jace à travers la cloison du cabinet derrière le Fashion Saloon. Ma cliente prétend que Sally a été étranglée, mais vous, vous m'aviez dit qu'elle s'était fait égorger.

La voix de Jace m'est parvenue à travers les fissures du bois, en même temps que de nouvelles volutes de fumée.

— Tu es sûr de vouloir t'attaquer au plus grand mystère de Virginia ? m'a-t-il demandé. Le Marshal, il ne fait rien, lui ?

— Si j'arrive à résoudre ce mystère, les gens me respecteront et ils arrêteront de se payer ma tête. Qui vous a dit qu'on l'avait égorgée ?

— Me rappelle pas. Je l'avais entendu au saloon.

— Comment je fais, pour savoir si ma cliente dit la vérité ou pas ?

— Demande au Coroner. Il a ses locaux derrière un saloon dans C. Street, côté sud.

Je savais que le Coroner était la personne officiellement chargée de déterminer les causes des morts, mais je n'avais jamais entendu parler d'un Coroner qui travaillerait derrière un saloon.

— Quel saloon ? ai-je poursuivi.

— Le Washoe Exchange Billiard Saloon. Il y a une espèce de cave, creusée à flanc de montagne. Parfois elle sert de morgue.

Une morgue et le bureau du Coroner derrière le Washoe Saloon... j'en restais sans voix. Je calculais que ça devait se situer pile sous la fenêtre de ma chambre.

— P.K. ? m'a appelé Jace.

— Oui, monsieur.

— Si tu te charges de cette affaire, évite de contrarier le Coroner ou l'Adjoint du Marshal. M'étonnerait qu'ils soient bien disposés envers toi.

— Oui, monsieur. C'est un bon conseil.

— Et maintenant décampe. J'ai un truc à faire, là.

J'ai laissé Jace faire son truc.

Il était midi passé et j'avais faim.

Avant d'aller trouver le Coroner, j'ai poussé jusqu'au Colombo Restaurant pour demander à Titus Jepson s'il ne lui resterait pas un exemplaire du *Daily Territorial Enterprise* rapportant le meurtre de la Petite Sally. Titus Jepson a envoyé Gus chercher le journal, et il m'a servi une assiette de fromage & biscuits à ma table habituelle, avec un verre de salsepareille – ma nouvelle boisson préférée. Au bout d'un moment, Gus a rapporté un journal tout graisseux daté du lundi 29 septembre.

Dedans, il y avait une brève notice annonçant la mort de Sally Sampson :

MEURTRE BRUTAL !
UNE FEMME TUÉE DANS SON LIT.

Ce samedi matin, une honorable jeune femme connue de tous sous le nom de « la Petite » Sally Sampson a été retrouvée morte dans sa crèche de D. Street. Rien n'indique qu'il y ait eu cambriolage et le mobile demeure un mystère. La servante de la défunte, une fillette de 10 ans, a disparu mais n'est pas considérée comme dangereuse : les témoins affirment qu'elle « ne ferait pas de mal à une mouche ». Des centaines d'hommes ont assisté aux obsèques de Miss Sampson hier, notamment les trois Compagnies de Soldats du Feu ainsi qu'une fanfare. La plupart des mines sont restées fermées quelques heures en signe de respect. Le Révérend Samuel B. Rooney a prononcé l'éloge funèbre de la défunte, le tout dernier avant son départ de notre Territoire. Il a brillamment évoqué la bravoure et la compassion qui caractérisaient Sally. La population de Virginia City et le personnel de ce journal attendent avec impatience les résultats de l'enquête. De tels crimes ne devraient jamais demeurer impunis.

Ce bref rapport ne précisait pas si Sally avait été égorgée ou étranglée. Mais au moins il semblait être précis. Si c'était M. Sam Clemens qui l'avait rédigé, Sally aurait été tuée par un Shoshone en maraude qui l'aurait transpercée d'un millier de flèches, ou l'aurait criblée de balles comme une « râpe à muscade ». J'ai replié le journal, ai fini mon verre puis remercié M. Titus Jepson & Gus.

Après quoi je me suis dirigé vers le bureau du Coroner, derrière le Washoe Exchange Billiard Saloon. J'ai décidé de suivre le chemin normal, quand bien même l'échelle sous ma fenêtre m'y aurait conduit plus directement.

J'ai donc descendu Taylor Street puis ai tourné à droite & me suis retrouvé devant le Washoe Exchange Billiard Saloon : une solide construction en brique ignifugée. Devant la façade, j'ai avisé un grand bonhomme à la figure rouge, aux favoris broussailleux & qui s'engageait dans la ruelle que je connaissais bien. Il s'aidait d'une canne à bout argenté. Je l'ai ensuite vu ouvrir une porte. M'approchant, j'ai lu ce qui était peint dessus : G.T. SEWALL, CORONER. Quand je suivais les empreintes de Martha, je marchais tête baissée, c'est pour ça que j'avais raté la porte.

L'homme à la canne a laissé sa porte entrouverte alors je suis entré après lui. Le bureau était une salle en brique nue équipée d'une grande table, de quelques chaises & d'une poignée de livres sur une étagère. Dans un coin de la pièce, une porte ouverte donnait dans une autre salle dont émanait un courant d'air humide plein d'odeurs chimiques qui picotaient le nez.

L'homme a accroché son chapeau en tuyau de poêle à une patère. Comme il ne semblait pas m'avoir remarqué, j'ai pénétré dans la pièce aux odeurs étranges.

Le froid moite qui y régnait m'a donné la chair de poule. Il n'y avait là que trois ou quatre tables en bois alignées. Sur l'une d'elles était couché un cadavre, recouvert d'un drap. J'ai su que c'était un cadavre, parce que les pieds dépassaient et qu'ils étaient blêmes & vraiment immobiles.

Je me suis dit : « C'est sûrement la morgue dont parlait Jace. »

Je n'avais jamais vu de pièce aussi bizarre : ses murs incurvés étaient faits à moitié de brique et de roche. Le plafond était très haut. J'ai penché ma tête en arrière pour mieux le regarder. Des bandes de lumière passaient entre les planches qui le composaient. Ce plafond n'avait pas l'air très solide. Si j'avais sauté dessus depuis la fenêtre de ma chambre, à tous les coups je serais passé à travers & me serais écrasé sur un cadavre.

J'ai examiné de plus près celui aux pieds qui dépassaient du drap.

Quelque chose semblait clocher. Je me suis accroupi pour essayer de comprendre.

J'ai compris : ce corps avait dû être découpé en deux.

J'ai soulevé le drap afin d'en avoir le cœur net.

Le cadavre avait en effet été coupé en deux au niveau de la taille. Une coupure rectiligne mais pas aussi nette que si on l'avait faite à la scie. Je me suis dit que le pauvre bonhomme avait dû être écrasé par un Chariot de Quartz ou par une Diligence.

— Qu'est-ce que tu fiches dans ma morgue ? m'a lancé une voix d'homme furieuse.

Aussitôt j'ai sursauté et me suis retourné. C'était l'homme aux favoris broussailleux & à la canne.

— Qui es-tu, nom d'une pipe ?

— Je m'appelle P.K. Pinkerton. Vous êtes monsieur G.T. Sewall, Coroner ? Si oui, j'aimerais consulter le rapport d'enquête sur Miss Sally Sampson. Je veux savoir si elle a été étranglée ou égorgée.

L'homme me regardait, les yeux écarquillés. Il ouvrait et fermait la bouche comme une truite au fond d'une barque. Expression n° 4 : la Surprise.

N'obtenant aucune réponse, j'ai repris :

— Je suis Détective Privé. On m'a engagé pour retrouver le Tueur de Sally Sampson.

— Q-quoi ? ! Détective Privé ? Dieu du Ciel ! Je paric que c'est cette purin de vermine de Clemens qui t'envoie, pas vrai ? (Là, il est sorti de la morgue pour aller jeter un coup d'œil par la fenêtre de son bureau.) J'y ai dit de plus ramener sa tronche. Où est-ce qu'y se cache ? (Retour à la morgue. Canne brandie.) Il est où ? Parle ou je t'écrase !

— M. Sam Clemens n'a rien à voir là-dedans.

— Alors explique un peu d'où tu connais le prénom de cette purin de vermine ?

Sa question à peine finie, il a abattu sur moi sa canne à bout argenté.

Je l'ai esquivée ; elle a sifflé à quelques centimètres de ma tête.

Le Coroner se tenait entre moi et la porte, m'empêchant de m'enfuir. Je n'avais pas le choix, il me fallait battre en retraite. Je me suis jeté sous la table du cadavre coupé en deux & me suis recroquevillé quand la canne s'est de nouveau abattue.

CRAC !

Le coup a été si violent contre le pied de la table qu'un des bras du cadavre a glissé. La main pendouillait devant mes yeux. Je voyais ses ongles sales & cassés. J'en ai déduit que le mort devait être un mineur ou peut-être un prospecteur.

CRAC !

Pas le temps de m'attarder sur des détails comme les ongles du mort. J'ai feinté à droite avant de me faufiler par la gauche. J'ai le regret de dire que j'ai bousculé la table & que la moitié supérieure du cadavre est tombée par terre.

Le Coroner s'est aussitôt écarté & m'a balancé un torrent d'injures que je ne peux pas reproduire ici.

J'ai filé en courant, ai traversé son bureau comme une flèche, suis ressorti dans cette radieuse matinée d'octobre & me suis engagé dans la ruelle pour rejoindre C. Street, où j'ai été accueilli par le piano du saloon & l'écho des Concasseurs de Quartz.

Je me suis arrêté pour prendre une grande inspiration & jeter un coup d'œil derrière moi afin de m'assurer que le Coroner ne me poursuivait pas.

Il me poursuivait.

FEUILLE DE COMPTES 16

— Reviens ici, vaurien ! s'époumonait le Coroner, M. G.T. Sewall. Reviens que je t'écrabouille.

J'avais beau courir en fendant la foule, je sentais toujours les pas lourds du Coroner dans mon dos. Ils faisaient trembler le trottoir. Les injures qu'il continuait de proférer écartaient les passants devant nous comme la mer Rouge devant Moïse. J'ai sauté du trottoir & me suis élancé dans Taylor pour rejoindre D. Street où j'ai immédiatement pris à gauche. J'ai alors pu ralentir – je marchais juste rapidement, les bras collés au corps afin d'être le moins large possible et de ne pas trop bousculer toute cette foule de banquiers, de mineurs, etc. Constatant que la circulation s'interrompait dans D. Street, j'ai traversé la rue.

C'était plutôt osé de ma part, vu que je venais de croiser un cadavre découpé en deux, mais je savais qu'un bon coup de canne me serait aussi fatal que de passer sous les roues d'un Chariot de Quartz.

Devant moi se dressait la flèche de l'Église Épiscopale Méthodiste, elle semblait me faire signe. Je me disais que le Coroner et ses jurons n'allaient pas me suivre dans cet édifice.

Les portes de l'église étaient grandes ouvertes mais, au lieu de pénétrer à l'intérieur, je me suis juste glissé derrière l'une d'elles. Coincé entre les planches de la façade & cette porte peinte en blanc, je m'efforçais d'entendre les pas et les jurons de mon poursuivant. Mais tout ce qui me parvenait, c'étaient les battements de mon cœur & mon souffle que j'avais court.

Au bout d'un moment, j'ai jeté un œil à l'extérieur.

— La voie est libre, a prononcé une voix d'homme sur ma droite.

L'homme en question était petit, il était en bras de chemise sous son gilet, et à genoux dans un jardinet situé devant l'église. Lui mis à part, la « voie » avait bel et bien l'air « libre », alors je suis sorti de ma cachette.

— Vous priez ? lui ai-je demandé.

— Non, je jardine. Je plante des rosiers. Certains prétendent que rien ne fleurit dans cette ville, et qu'aucune verdure ne flatte jamais le regard, mais je suis bien déterminé à leur prouver le contraire.

Sur ce, il a posé son plantoir, s'est levé & s'est épousseté les genoux.

Il était grand, mince, blond & portait le bouc !

Des hommes comme lui, j'en rencontrais manifestement à tous les coins de rue.

— Si je ne m'abuse, a repris le jardinier blond, tu es le nouveau détective de Virginia City.

— Tout à fait, monsieur.

— Quant à moi, je suis le nouveau pasteur méthodiste de Virginia City. (Sur ce, il a fait un pas vers moi et m'a tendu la main.) Charles Volney Anthony.

Il avait beau ressembler à une centaine d'autres hommes de cette ville, je me suis dit que ce pasteur méthodiste (& possible Suspect dans mon enquête) méritait que je fasse l'effort de me rappeler son nom & son visage. Alors j'ai utilisé l'astuce que m'avait apprise Ma Evangeline. Je l'ai imaginé en train de *vol*er le *nez* d'un clown puis de le cacher dans un *entonn*oir.

J'ai accepté de lui serrer la main & me suis présenté :

— Je m'appelle P.K. Pinkerton.

— Ça aussi, je le savais.

— Ah bon, et comment donc ?

— J'ai parmi les fidèles de ma paroisse une certaine Miss Feather – institutrice – qui s'inquiète à ton sujet. Elle m'a brossé ton portrait et m'a un peu parlé de ton passé. Des petits métis indiens qui se baladent dans Virginia en pantalon en daim à franges, chemise en flanelle rose et chapeau mou, il n'y en a pas tant que ça.

— Ma chemise est rouge délavé, lui ai-je fait remarquer. Pas rose.

Là, il m'a regardé attentivement.

— Étais-tu en train de fuir ? a-t-il voulu savoir. Quelqu'un te poursuit ? Puis-je t'aider en quoi que ce soit ?

— Le Coroner me pourchassait. Il croyait que je me payais sa tête.

— Ah... Je n'ai pas encore fait sa connaissance, mais je comprends que les gens aient du mal à croire qu'un jeune comme toi fasse partie de la célèbre Agence des Détectives Pinkerton.

— Mon père était un Pinkerton. J'espère marcher sur ses traces.

— Ce n'est donc pas lui qui t'a donné du sang indien.

— Non, monsieur. C'est ma mère ; elle était lakota.

— Et en ce moment, est-ce que tu travailles sur une affaire ?

— Oui. Un Meurtre.

— Un Meurtre ? s'est-il étonné. Tu plaisantes ?

— Non, monsieur. Je ne plaisante jamais. J'essaie de découvrir qui a tué Miss Sally Sampson. La première étape de mon enquête consiste à me rendre sur la Scène du Crime et y rechercher des Indices. Vous ne sauriez pas où se trouve sa crèche, par hasard ?

Je ne lui ai pas parlé de Martha parce que je n'étais pas encore sûr de pouvoir lui faire confiance. C'était un pasteur méthodiste, d'accord, mais il correspondait quand même à la description du Tueur.

Son sourire s'est effacé.

— Ah. La pauvre Sally. (Là, il a baissé les yeux.) Je ne suis en ville que depuis peu, mais je la connaissais. C'était un membre dévoué et généreux de notre paroisse. Elle vivait dans une crèche située à quelques pas d'ici, vers le nord. La crèche avec une porte jaune. C'est la scène du crime.

— Merci, Révérend, ai-je dit en remettant mon chapeau mou & en en touchant le rebord.

— P.K., m'a-t-il rappelé.

— Oui ?

— J'ai officié aux funérailles de tes parents, dimanche dernier.

— Oh !... Merci. Je n'y ai pas assisté.

— Je sais. J'ai su que tu t'étais retrouvé coincé dans une mine avec trois desperados à tes trousses. Mais, comme Daniel, tu en es ressorti indemne. (Il s'est alors tourné vers ses rosiers avant de continuer.) Je voulais rendre visite à tes parents adoptifs et leur présenter mes respects. Hélas, j'ai traîné en route et suis arrivé trop tard. Je le regrette.

Ne sachant pas quoi dire, je n'ai rien dit.

Lui, il s'est éclairci la voix.

— Partages-tu la foi de tes parents adoptifs, P.K. ?

— Oui, monsieur. (Je me suis alors rappelé que j'avais promis à ma mère adoptive, au moment où elle allait mourir, que je ne tuerais jamais personne, ni ne boirais d'alcool ni ne jouerais aux jeux d'argent – mais que, moins de trois jours après sa mort, j'avais trahi ces trois promesses. Alors j'ai ajouté :) Mais bon, j'ai pu me relâcher un peu.

— Oh... ? Mais te considères-tu comme un méthodiste ?

— Oui, monsieur. Je suis peut-être à moitié lakota, mais je suis cent pour cent méthodiste.

Le Révérend C.V. Anthony a approuvé d'un signe de la tête.

— Dans ce cas, tu ne devrais sans doute pas fréquenter les Crèches de D. Street.

— Merci pour ce conseil, monsieur, mais je dois poursuivre mon enquête. J'ai décidé de devenir Détective.

— Pourquoi donc ? Qu'est-ce qui te pousse à choisir cette voie ?

— Trois raisons. La première – c'est une noble vocation : un Détective est une personne qui découvre la Vérité & qui apporte la Justice. Ensuite, ce métier va m'aider à comprendre les gens et ce qu'ils font. Enfin, j'espère un jour travailler avec mon père dans l'Agence de Détectives Pinkerton – celle que mon oncle Allan a créée à Chicago. C'est pour tout ça que je me suis installé comme Privé, ici à Virginia. Pour apprendre le Métier.

— Soit, P.K., a-t-il conclu. Je ne discuterai pas tes raisons. Je me contenterai de prier pour que tu ne te laisses pas corrompre par les éléments les plus vils de notre communauté et en viennes à souffrir.

— *Pour ceux qui sont purs, tout est pur*, ai-je déclaré en citant l'Épître de Paul à Tite.

J'aurais peut-être mieux fait d'évoquer les Proverbes chapitre 12, verset 15 : *Aux yeux de l'insensé, son chemin est droit, tandis que le sage écoute les conseils.*

Si j'avais écouté le conseil du Révérend, je ne serais peut-être pas en train de rédiger ce rapport en prison, sous la menace de la potence.

FEUILLE DE COMPTES 17

J'ai laissé le Révérend C.V. Anthony à ses rosiers & me suis dirigé vers la crèche de la Petite Sally, au numéro 8 de D. Street, côté nord. La porte jaune était fermée à clé, mais la fenêtre de droite entrouverte. J'ai jeté un coup d'œil par le carreau : à l'intérieur, il n'y avait qu'une pièce longue & étroite avec une porte à l'autre bout. Mais ni meubles, ni rien accroché aux murs.

J'ai alors collé mon oreille à l'ouverture de la fenêtre pour écouter. J'ai bien l'ouïe fine du lapin, mais là, je n'ai pas entendu quoi que ce soit. Ensuite, j'ai approché mon nez de l'ouverture & j'ai humé l'air. J'ai perçu des relents d'huile essentielle de citron & de jus de tabac. Je devais entrer dans cette crèche pour enquêter comme il faut.

La fenêtre à guillotine était voilée, mais en la tordant un peu j'ai réussi à la relever suffisamment pour pouvoir me glisser à l'intérieur.

Pour épargner mon bras gauche – blessé, qui me lançait déjà – je ne suis pas retombé sur mes deux pieds.

Du coup, ça m'a déséquilibré, je suis tombé par terre & me suis cogné le nez. J'en ai eu les larmes aux yeux, mais je n'ai pas saigné.

J'ai cligné des yeux quatre ou cinq fois et c'est passé.

C'est là que j'ai repéré le poêle ventru à côté de la porte. À part ça, pas grand-chose, sauf le tapis qui recouvrait presque tout le parquet & les rideaux en dentelle accrochés aux fenêtres. Contre le mur du fond, il y avait aussi de fines traînées de poussière, de duvet & d'autres saletés. La couleur du tapis avait un peu passé, aux endroits où le soleil tapait, si bien que j'ai pu voir les traces des pieds d'un canapé rectangulaire & d'une table ronde derrière ceux d'un grand lit. Le seul meuble qui restait là, c'était le fameux poêle en fonte.

Je me suis souvenu de l'Avis paru dans le journal, comme quoi les biens de Sally allaient être vendus aux enchères samedi, chez Currie & Co., dans B. Street. Tout devait déjà s'y trouver.

Ça m'a démoralisé.

Il n'y avait plus le moindre indice à relever dans cette crèche.

Je suis allé ouvrir la porte du fond. C'était un placard, à l'intérieur duquel se trouvaient des patères en bois, une autre porte & aussi un balai & une pelle à poussière. Ce placard était encore plus petit que la remise dans laquelle je dormais. J'y ai senti la lotion capillaire de Martha et en ai conclu que c'est là qu'elle devait dormir.

Toujours à l'intérieur du placard, j'ai refermé la porte pour inspecter la pièce principale à travers le trou du loquet (plus gros & moins lisse qu'un trou de serrure). Le lit avait beau se trouver sur la droite, je me disais que Martha avait tout à fait pu assister à l'acte ignoble.

Je me demandais si elle avait étouffé un cri ou un sanglot en voyant le tueur étrangler sa maîtresse.

Je me demandais si ce bruit avait attiré l'attention du tueur.

Martha avait dû être terrifiée de le voir se diriger vers son placard. Terrifiée au point de s'enfuir pieds nus en chemise et bonnet de nuit.

Je n'ai eu qu'à faire un pas pour atteindre la porte du fond. Je l'ai ouverte & ai failli tomber dans le vide mais me suis rattrapé juste à temps. J'ai alors constaté que l'arrière de la crèche était monté sur pilotis, avec une échelle pour accéder au sol.

À l'odeur, j'ai su que c'était là que les gens vidaient leurs pots de chambre. Pas question d'y descendre. Il y avait d'autres détritus, notamment pas mal de conserves. En suivant la pente, on arrivait à un dépôt de bois, puis à Chinatown.

J'ai regagné la pièce principale & ai inspecté la Scène du Crime.

— Montrez-moi, Seigneur, ai-je prié. Un signe, pitié.

Aussitôt j'ai revu devant moi l'image atroce de mes Parents Adoptifs massacrés. Je me suis efforcé de la chasser.

Puis j'ai eu une Idée.

Quand on piste un animal, l'Absence de Signe est parfois aussi importante que la Présence de Traces. Je me suis donc intéressé à la partie du tapis la plus colorée, celle qui se trouvait auparavant sous le lit. Pas plus le tapis que le plancher ne présentait la moindre trace de sang. Si Sally s'était fait égorger, cette pièce n'aurait jamais pu être aussi impeccable. Quand bien même les draps auraient absorbé le gros du sang, le couteau du meurtrier en aurait fait tomber ailleurs. Il aurait dû y avoir là une grosse tache. Même si quelqu'un l'avait lavée, ça aurait laissé une marque.

J'ai humé l'air. Rien qui évoque le sang. Juste les effluves du parfum citronné de Sally, plus les relents de salive mêlée de tabac qu'on sentait partout à Virginia City.

La Petite Sally avait dû être étranglée, et non égorgée. Ma cliente m'avait dit la vérité.

J'ai sorti mon carnet de ma poche pour y consigner cette Importante Révélation.

Mais avant que j'en aie eu le temps, la porte s'est ouverte derrière moi & une voix râpeuse a lancé :

— T'avise pas de faire un geste ou ça sera ton dernier !

FEUILLE DE COMPTES 18

Je me suis aussitôt figé, mon Carnet de Détective à moitié sorti de ma poche. Je sentais une odeur de cigare teintée d'une petite note florale.

— Qui es-tu ? m'a demandé la voix râpeuse dans mon dos. Et qu'est-ce que tu fiches chez moi ?

J'ai d'abord cru que cette voix râpeuse était celle de l'un de mes ennemis mortels : Dubois « Extra Dub » Donahue. Mais là, elle semblait être celle d'une femme. Sauf que, à ma connaissance, aucune femme ne fumait le cigare. J'ai tourné tout doucement la tête.

Un canon de fusil ou je ne sais quoi m'a alors appuyé entre les omoplates.

— Je t'ai dit de pas bouger ! Comment tu t'appelles et qu'est-ce que tu fiches là ?

Cette fois, j'étais sûr d'avoir affaire à une femme.

Mais je ne me suis pas relâché pour autant. J'ai payé cher pour savoir que les femmes sont aussi dangereuses que les hommes, à Virginia City.

— Je m'appelle P.K. Pinkerton, ai-je dit. Je suis Détective Privé. J'enquête sur le Meurtre de Miss Sally Sampson. Je croyais être dans sa Crèche.

Là, j'ai senti le canon qui se retirait.

— OK. Tourne-toi.

Je me suis tourné & ai découvert une femme en habits marron et lavande. Elle tenait à la main un balai. C'est ça que j'avais pris pour un canon de fusil. Je me suis senti bête.

— C'est pas la crèche de Sally. C'est la mienne. Sally me la louait. Et ça explique toujours pas ce que tu fiches ici.

— Je cherche des indices. Je suis Détective. On m'a engagé pour retrouver l'homme qui a tué Miss Sally Sampson. J'espère arriver à dresser la liste des Suspects.

La femme a ricané. Elle était à peu près aussi grande que large, ses cheveux poivre et sel tirés en arrière. Elle avait du rouge sur les lèvres et les joues. Elle portait un de ces Hauts-de-Forme que les dames mettent pour faire du cheval : marron avec un ruban lavande.

— Hein ? Mais t'es qu'un marmot, a-t-elle dit en crachant la fumée de son cigare sur moi. Et à moitié indien, encore, on dirait.

— C'est vrai, madame, lui ai-je poliment confirmé. Je suis à moitié lakota, mais cent pour cent méthodiste.

Nouveau ricanement. Là, en plus, elle a secoué la tête.

— Les affaires à la Petite Sally elles sont toutes chez Currie, pour la vente aux enchères d'après-demain. Tu trouveras aucun indice dans le coin. Et puis d'abord qui c'est qui t'a engagé ?

J'allais pour lui dire, mais j'ai hésité. Je me disais que Martha était peut-être une esclave en cavale, même si elle s'était présentée comme la Domestique d'une Dame.

— Quelqu'un dont la vie est menacée, ai-je fini par répondre.

— Tout le monde est menacé. Il y a un type qui s'amuse à tuer des pauvres femmes sans défense & le Marshal y fait rien. Je suppose que je devrais me réjouir que quelqu'un mène l'enquête – même si c'est qu'un marmot.

— Des fois, ai-je indiqué, un enfant peut aller là où des adultes ne peuvent pas.

— Exact. C'est bien vrai. (Elle m'a souri, a repris son cigare en bouche, s'est avancée & m'a tendu la main.) M'appelle Gertrude Holmes, mais tout le monde m'appelle la Grosse Gussie. C'est moi que je tiens la pension à côté. (Elle avait la respiration lourde, mais j'ai appris par la suite que c'était toujours comme ça. Sa voix était plus sifflante que râpeuse, j'ai trouvé.) Redis-moi ton nom, pour voir.

— P.K. Pinkerton. Tout le monde m'appelle P.K.

Je n'aime pas qu'on me touche mais j'ai quand même tendu la main, par politesse. La Grosse Gussie a failli me la broyer.

— Bon, P.K., a-t-elle repris de sa voix sifflante, là j'ai besoin d'un petit remontant. Tu en dis quoi ?

— J'ai un faible pour le café noir, ai-je affirmé en agitant ma main pour y faire circuler le sang. Mais j'aime aussi l'eau de Seltz avec du sirop de salsepareille. Ça purifie le sang.

— Moi, mon sang, je me le purifie au whisky.

Là-dessus, elle a jeté le mégot de son cigare & l'a écrasé du bout de sa botte.

Je me suis penché pour le ramasser.

— Qu'est-ce que c'est ? ai-je voulu savoir. Je n'ai jamais vu de mégot comme celui-ci.

— Ça ? Ça c'est un cigarrito. Je les achète par douze chez Bloomfield Tabac.

— Quelle marque ?

— Lady Lilac. J'adore le lilas.

J'ai reniflé le mégot. Pas de doute, il sentait bien le lilas. Je l'ai fourré dans ma poche.

La Grosse Gussie m'observait les yeux plissés & la tête inclinée de côté.

— Pourquoi que tu le prends ?

— Pour ma Collection, lui ai-je expliqué. Je fais la Collection des Bons Tabacs.

— T'es pas banal, toi.

Ne sachant pas quoi dire, je n'ai rien dit.

Elle m'a regardé ; je l'ai regardée.

— Bon, je repasserai balayer plus tard, a-t-elle fini par décider. Viens donc prendre un verre avec moi et mes filles. J'ai des renseignements qui pourraient t'intéresser, notamment les noms d'une vingtaine de Suspects possibles.

J'ai bien regardé comment elle se tenait. Elle avait les pieds dirigés vers moi, et ne donnait aucun signe qui indique qu'elle mentait.

— Merci, madame, ai-je accepté. Tout ce que vous pourrez m'apprendre sur les Suspects dans cette affaire m'intéresse énormément !

FEUILLE DE COMPTES 19

Dans D. Street, côté nord, on trouve pas mal de petites maisons aux murs blanchis à la chaux et au toit pointu. On les appelle des Crèches. Chacune possède une porte & une fenêtre, ainsi qu'un petit porche surmonté d'un toit où les Dames peuvent s'asseoir quand il fait beau. Certaines Crèches penchent un peu de côté.

La Grosse Gussie appelait sa maison la « Maison de Brique » à cause de ses briques rouges. Elle avait un étage & se trouvait au beau milieu de toutes les crèches. La « Maison de Brique » me faisait penser à une mère poule entourée de ses poussins, dont certains penchaient la tête pour être plus près de leur mère.

À l'intérieur, c'était encore plus joli. La Grosse Gussie m'a fait entrer dans un grand salon lumineux orné d'un tapis à fleurs. Sur le mur du fond, un grand miroir renvoyait la lumière & semblait doubler la superficie de la pièce ainsi que le nombre de canapés et de meubles en bois sombre. Il y avait quatre petites tables vernies, avec napperons, vases remplis de fleurs, bibelots en porcelaine, cendriers fantaisie & carafes en cristal taillé.

J'ai même repéré un piano contre un mur, avec un violon posé dessus.

Quatre femmes étaient assises à une longue table au milieu du salon. Elles jouaient aux Cartes en buvant du café. Il était 15 heures passées mais elles étaient toujours en sous-vêtements.

— Les filles, a annoncé la Grosse Gussie, dites bonjour à P.K. Pinkerton, le plus petit détective de Virginia.

— Bonjour, P.K., m'ont dit les quatre filles.

J'ai touché le bord de mon chapeau, puis me suis ressaisi et l'ai retiré.

— P.K. enquête sur la mort de cette pauvre Sal', leur a expliqué la Grosse Gussie. (Ensuite, elle a posé deux tasses en porcelaine remplies de café à un bout de la longue table et m'a fait signe de m'asseoir.) Sally prenait ses repas ici, jusqu'à ce qu'on se brouille à cause des Cavales. Elle voulait même pas en entendre parler.

— Les cavales ? ai-je répété en songeant à Martha. Vous voulez dire, les esclaves en cavale ?

— Ouh-là non. Je te parle des Cavaleurs... Des Tire-au-Flanc... Des Rebelles en Cavale.

— Des quoi, vous dites ?

— Les déserteurs, a-t-elle fait en roulant les yeux. Et notamment les déserteurs confédérés. On en a reçu pas mal, ces derniers temps. Et ça risque pas de s'arranger, vu l'horrible bataille qui vient d'avoir lieu dans l'est. Sally était pour qu'on les dénonce, ces lâches. Moi je dis, la plupart, ils ont juste envie de se retrouver auprès d'une douce et gentille petite femme après avoir vu tant de sang et de morts.

La Grosse Gussie n'avait l'air ni douce ni gentille, mais j'ai fait oui de la tête, par politesse.

— Bref, après notre dispute, Sal' n'est plus venue manger avec nous. Et puis elle a laissé tomber le métier, aussi.

À ce moment-là, j'ai sorti mon Carnet de Détective et mon crayon.

— Pourriez-vous me donner les noms des Messieurs qu'elle recevait, et me dire à quoi ils ressemblaient ? lui ai-je demandé. C'est pour ma liste de Suspects.

— Voyons voir... a-t-elle commencé en prenant une bonne bouffée de son cigarrito. Comme je disais, ça faisait un moment qu'elle ne recevait plus. Elle voulait s'installer couturière.

— Vous voulez dire qu'elle ne recevait plus de Messieurs ?

— Tout à fait.

— Mais avant ?

— Avant, si ; jusqu'à il y a quelques mois de ça.

— Je crois que c'est un de ces Messieurs qui l'a tué, ai-je affirmé. Vous ne pourriez pas me donner les noms de quelques-uns ?

— Si bien sûr. Vous m'aidez, les filles ?

L'une des filles, assise à l'autre bout de la table, a répondu :

— 'Vec joie. On les connaissait presque tous.

La Grosse Gussie m'a présenté les quatre filles.

La première s'appelait Rose Dublin. Elle avait des taches de rousseur, les cheveux marron roussâtre et l'accent irlandais. Son nom était donc facile à retenir.

Annie La-Grande-Bouche avait de toutes petites lèvres en bouton de rose – tout le contraire de son surnom, et donc d'autant plus facile à retenir.

Une autre était surnommée Petite Poulette mais n'avait rien d'une poulette, mis à part son corset qui était vert pré, et aussi le fait qu'elle était jeune et avait des cheveux jaunes duveteux – je me suis donc imaginé une petite poulette se promenant dans un pré.

Enfin, Choupine avait les cheveux couleur bière, alors je l'ai imaginée en train de manger des choux en buvant une chopine de bière, pour m'aider à me rappeler comment elle s'appelait.

Elles m'ont toutes donné des noms, des descriptions & autant d'infos à retenir. J'ai tout noté dans mon Carnet de Détective.

À la fin de notre première séance, j'avais 23 Suspects – des hommes qui avaient fréquenté la Petite Sally jusqu'au mois précédent.

23 Suspects ! Un tri s'imposait.

Martha avait beau être myope, elle m'avait tout de même fourni un portrait du Tueur : grand, mince, blond & portant le bouc. Avec l'aide de la Grosse Gussie et de ses Filles, j'ai rayé les noms de tous ceux qui ne correspondaient pas à cette description.

Il ne m'est alors resté que 8 noms.

Je leur ai demandé si elles savaient lesquels de ces hommes étaient en ville la nuit où la Petite Sally avait été tuée – le vendredi 26 septembre.

Apparemment, l'un d'entre eux se trouvait pour deux jours à Carson City. Et un autre avait passé toute la nuit dans une chambre de la Pension, assommé par l'alcool. Nous avons donc rayé deux noms.

Je me suis retrouvé avec une liste de 6 Suspects possibles pour le Meurtre de la Petite Sally.

Suspects Pour Le Meurtre De Sally Sampson
(hommes grands, minces, cheveux clairs, petite barbe, ayant fréquenté Sally)

1. Ludwig Hamm, barman, allemand
2. Pierre Forote, barbier, français
3. John Dennis, mineur, américain
4. Iouri Ivanovich, opérateur télégraphe, russe
5. Isaac E. Brokaw, policier, américain
6. Isaiah Coffin, photographe, anglais

Ça m'a surpris, d'apprendre qu'Isaiah Coffin était un des Messieurs qui fréquentaient Sally, mais je suis certain de n'avoir rien laissé paraître. Mon visage trahit rarement ce que je ressens.

L'un des autres noms m'était vaguement familier.

Je suis fortiche pour me rappeler les noms que je vois écrits, mais nettement moins pour ceux que j'entends prononcés.

— John Dennis, ai-je dit. Où est-ce que j'ai entendu ce nom-là ?

— Il aime bien se donner de grands airs, a affirmé la Grosse Gussie. Des fois il se fait appeler El Dorado Johnny.

C'est là que ça m'est revenu. John Dennis était le jeune blond aux dents blanches et aux éperons argentés qui voulait être ou bien le « Chef de la région de Comstock » ou bien un « Joli Cadavre ».

La Grosse Gussie a sorti un cigarrito Lady Lilac tout neuf d'un coffret en argent.

— 'Videmment, a-t-elle déclaré, l'homme qui a tué Sally n'est peut-être pas un des Messieurs qui la fréquentaient et que nous connaissons. Il n'est peut-être pas dans ta liste.

J'ai fait oui de la tête.

— Quelqu'un d'autre pourrait me renseigner ? leur ai-je demandé.

— Sa meilleure amie, Zoe, pourquoi pas ? a estimé Gussie en recrachant sa fumée.

Je me suis souvenu de l'Avis dans le journal. La Curatrice des biens de Sally y était appelée Mme Zoe Brown.

— Mme Zoe Brown ? ai-je fait. La Curatrice des biens de Sally ?

Ça les a toutes fait rigoler.

— T'es bien le seul à te rappeler ce mot-là, m'a expliqué Gussie en tapotant la cendre de son cigare. Nous autres, pas moyen.

— Et qu'est-ce qu'y veut dire, au fait, ce mot ? a demandé Petite Poulette en suçant son pouce.

— Ça veut dire que son nom figure dans le testament à Sally et que c'est elle qui va s'occuper de la vente, a affirmé Gussie.

Là-dessus, elle s'est levée & est allée récupérer un journal sur une petite table. Le *Daily Territorial Enterprise*. Il était resté ouvert à la page de l'Avis de Vente des biens de Sally. Les filles l'ont lu, à l'exception de celle qui suçait son pouce.

Je me rappelais que quelques-uns des articles mentionnés m'avaient intrigué.

— Qu'est-ce que c'est, ai-je demandé, une « Crédence Acaj. » ?

Gussie m'a alors montré du doigt un meuble, une espèce de petit buffet installé dans un coin du salon.

— Ça c'en est une, de Crédence, m'a-t-elle dit. Et pour « Acaj. », ça doit être l'abréviation d'acajou.

— Acajou c'est du bois, a précisé Annie La-Grande-Bouche. Pas donné, avec ça. Comme du noyer noir.

— Et donc, ai-je repris, Zoe Brown a hérité tous les biens de Sally ?

— 'Cune idée, m'a répondu la Grosse Gussie. Faudrait y demander.

J'ai noté l'idée.

— Est-ce qu'on lui avait volé ses bijoux ? ai-je encore voulu savoir. J'ai remarqué qu'il n'y en avait pas dans la liste des objets mis en vente.

Choupine a alors relevé les yeux du journal.

— Il a raison. Sally avait un collier en topaze et puis aussi des perles.

Petite Poulette a arrêté de sucer son pouce pour ajouter :

— Pis un vrai peigne en écaille.

— Mieux vaut interroger Zoe aussi là-dessus, a conclu la Grosse Gussie.

— Et où est-ce que je peux trouver Zoe Brown ?

— Dans notre rue, au numéro 30, m'a indiqué Choupine. Une petite crèche blanche avec une porte rouge.

Là, Gussie a incliné la tête de côté et m'a regardé avec une expression que je n'ai pas su déchiffrer.

— J'aurais cru que tu savais. C'est donc pas elle qui t'a engagé ?

— Je ne peux pas vous révéler qui m'a engagé, mais merci beaucoup pour le café et les renseignements, ai-je répondu poliment.

Sur ce, j'ai refermé mon Carnet de Détective & me suis levé.

— Oh ! mais tu pars pas tout de suite, si ? m'a retenu Gussie. Ça t'intéresse pas de savoir comment j'ai découvert le corps ?

— Si, ai-je fait en me rasseyant. Dites-moi comment vous avez découvert le corps, s'il vous plaît.

FEUILLE DE COMPTES 20

Gussie a tiré une grosse bouffée de son cigarrito avant de commencer :

— La Petite Sally prenait pension ici, avant. Petit déjeuner et dîner. Comme je t'ai dit.

— Pourquoi ? suis-je intervenu.

— Y'a pas de cuisine dans ces petites crèches, a-t-elle répondu en haussant les épaules. Bref, Sally était très grand monde. Sélective. Très chère, aussi. En général, elle recevait qu'un homme par nuit. Elle le traitait comme un coq en pâte. Elle lui servait des pâtisseries, avec du rhum ou du cognac. Elle chantait, lui racontait des histoires et se montrait charmante. Elle prenait dix dollars par nuit.

— Dix dollars ? me suis-je étouffé.

Ça faisait une somme.

— Oui, a poursuivi Gussie. Elle payait les pâtisseries et les boissons elle-même, mais reste qu'elle s'en sortait drôlement bien. Récemment, elle s'était acheté deux chevaux et un boghei.

— Sissy et Sassy, a indiqué Annie La-Grande-Bouche.

— Les chevaux… a précisé Petite Poulette sans retirer son pouce de sa bouche.

— Elle les mettait à l'écurie Flora Temple, a ajouté Choupine.

— Elle comptait partir pour San Francisco avant les premières neiges, a repris Annie La-Grande-Bouche. C'était son rêve.

— Pas très réaliste, le rêve, a jugé Gussie. En boghei, ça prend dans les quatre jours, et les pentes sont tellement raides qu'elles épuisent les bêtes. Sans compter le ferry depuis Sacramento. Sally aurait eu meilleur compte à vendre son boghei et ses chevaux et se payer la diligence.

Choupine a embrayé :

— Une fois elle m'a dit qu'elle avait eu une vision : elle arrivait à Frisco aux commandes de son bel attelage, et tout le monde la dévorait des yeux.

— Des rêves on en a toutes, a confirmé Annie. Ça veut pas dire qu'ils vont se réaliser.

— Quand Sally a plus pris ses repas ici, a poursuivi Gussie, elle s'est mise à se faire livrer le petit déjeuner tous les matins par un Chinois, en même temps que le bois. Paraît qu'elle déjeunait souvent chez Barnum et qu'elle rapportait les restes pour Martha. Du coup, ça faisait un petit moment qu'on l'avait pas vue. Juste, des fois, quand elle passait dans son boghei. Avec Martha ou seule.

Elle s'est arrêtée le temps d'écraser son mégot, puis elle a repris :

— Tôt samedi matin, le Chinois est venu cogner à ma porte. Comme quoi il apportait le petit déjeuner et le bois mais que la porte était ouverte, que Martha était pas là et que Miss Sally bougeait pas de son lit. Alors je suis allée voir. Pour sûr, la porte était ouverte. Je suis entrée.

— C'est là que je l'ai entendue hurler, la Gussie, s'est immiscée Annie La-Grande-Bouche. Quelque chose d'horrible. M'a glacé le sang.

— La pauvre Sal' était morte, a continué Gussie. Les yeux braqués sur le plafond, la bouche ouverte. Elle était très jolie, comme fille, mais son cadavre à elle, il était plutôt moche. (Elle est restée un moment à fixer la table, puis s'est secouée.) Forcément, quand j'y ai eu fermé les yeux et maintenu la bouche avec un mouchoir, elle avait l'air plus paisible.

— Au début, a indiqué Annie, on a pensé que c'est Martha qu'avait fait le coup.

— Vu qu'elle était pas venue demander de l'aide ou quoi que ce soit, que juste elle avait filé… a précisé Rose Dublin.

— La 'tite Martha, c'était son esclave, a ajouté Choupine.

— 'Porte quoi ! s'est insurgée Annie. Les esclaves ils sont interdits dans le Territoire. C'est pour ça qu'elle est venue ici. Me l'a dit une fois.

Là, Petite Poulette a retiré son pouce de sa bouche pour demander si c'était bien vrai.

— Tout vrai, a certifié Annie. La Petite Sally l'a recueillie. Martha était alors qu'une pauvre esclave en cavale.

— Elle se gênait pas pour la traiter mal, quand même, a fait remarquer Choupine.

— Pas tant que ça, a nuancé Rose Dublin en se tournant vers moi. Elle y faisait faire les corvées – comme balayer la crèche tous les matins jusqu'à ce que ça brille et tout. Mais des fois, elle l'emmenait faire un tour en boghei. Moi aussi ça me plairait d'en faire, des balades en boghei.

— Bref… a repris la Grosse Gussie. C'est pas Martha qu'a étranglé Sally. Cette petite, elle ferait pas de mal à une mouche. En plus Doc Green a dit que les marques sur le cou de Sally c'est sûrement des mains d'homme. À tous les coups, Martha a assisté au meurtre et elle a pris la tangente.

— Doc Green a vu le cadavre ? ai-je demandé.

— Ouais. Il passe nous voir régulièrement. D'après lui, elle a été tuée dans la nuit, vu qu'elle était aussi froide que le porridge d'hier. Par contre, nous autres, on a rien entendu, pas vrai ?

Elle avait posé la question en se tournant vers ses Filles. Elles ont toutes secoué la tête en regardant la table.

— Où est-ce qu'il habite, Doc Green ? ai-je voulu savoir ?

— D. Street, côté sud, m'a répondu Gussie en sirotant son café. De l'autre côté de l'église. D'après lui, tout devait ressortir à l'enquête.

— Et le Coroner, il a dit quoi quand vous lui avez raconté tout ça ? Ou le Marshal ?

La Grosse Gussie a adressé un regard aux filles puis s'est retournée vers moi.

— Personne est venu nous demander, a-t-elle avoué. Y'a même pas eu d'enquête ou quoi que ce soit.

— Mais pourquoi ?

— La semaine dernière, on était « entre deux Coroners ». Sans compter que le Marshal était malade et que son Adjoint il nous aime pas bien. Pis il est souvent pété.

— L'ancien Coroner aussi, il était souvent pété, a avancé Annie La-Grande-Bouche. Mieux vaut pas d'enquête qu'une enquête menée par lui.

— Qu'est-ce que vous entendez par « pété » ? ai-je demandé.

— « Saoul », « ivre », m'a expliqué Annie.

— Mais le nouveau, il vaut pas mieux, a repris Gussie. L'autre jour on a eu des mots et je peux vous dire que c'est un sacré fils de... (Me regardant, elle s'est retenue juste à temps.) Bref, c'est pas un gentil. Du coup, moi ça me fait plaisir qu'y ait quelqu'un qui se batte pour nous. (Là, elle a levé sa tasse vers moi pour porter un toast.) Et même si c'est un Privé pas plus grand qu'une chope comme notre P.K. Quoi que t'aies besoin, t'as qu'à venir trouver la Grosse Gussie et ses filles. On sera là pour toi.

Je l'ai remerciée, elle et les quatre filles, puis je me suis levé & ai mis mon chapeau.

Une fois dans la rue, j'ai constaté que le soleil descendait en direction du mont Davidson. Je me suis dit qu'il devait être 4 heures et quart. J'ai pris à droite & n'ai eu aucun problème pour trouver la crèche de Zoe Brown.

C'était une des plus coquettes : pas trop de travers, la porte rouge cerise avec le numéro 30 peint dessus.

J'ai toqué.

Dans un premier temps, il n'y a pas eu de réponse, après quoi j'ai vu un rideau trembloter & quelques instants plus tard la porte s'est ouverte.

Je me suis dit que Mme Zoe Brown devait avoir du sang de Noir dans les veines. Elle avait de grands yeux marron avec des cils très longs. Sa peau avait la couleur du café au lait. Ses cheveux foncés étaient souples

& bouclés. Les traits de son visage étaient très symétriques & elle sentait le chèvrefeuille.

— Je peux t'aider ? m'a-t-elle demandé avec un accent agréable que j'ai identifié comme sudiste.

— Je m'appelle P.K. Pinkerton. Je suis Détective Privé et j'enquête sur le Meurtre brutal de Sally Sampson. Est-ce que vous acceptez de m'aider ?

— Tu enquêtes sur le meurtre de Sally ? Mais tu n'es qu'un enfant...

Elle portait une robe en calicot marron & blanc délavée mais propre. Son col et ses manchettes étaient en dentelle couleur crème.

— J'ai 12 ans, ai-je précisé. Je suis juste petit pour mon âge.

Elle a jeté un bref coup d'œil par-dessus son épaule, en direction d'une personne qui se trouvait chez elle. Je n'ai pas pu voir de qui il s'agissait.

— Là j'ai de la compagnie, a-t-elle déclaré, mais il va bientôt s'en aller. Tu peux attendre un peu ?

J'ai répondu que oui.

Ensuite je suis allé m'installer à l'ombre, de l'autre côté de la rue, derrière un saloon dont l'entrée se trouvait côté C. Street. J'ai sorti de ma poche un morceau de viande séchée, vu qu'au déjeuner je n'avais pris que du fromage & des biscuits.

Tout en mangeant, j'ai rouvert mon carnet et ajouté des noms à la liste des Suspects :

Suspects Pour Le Meurtre De Sally Sampson

(hommes grands, minces, cheveux clairs, petite barbe, ayant fréquenté Sally)

1. Ludwig Hamm, barman, allemand
2. Pierre Forote, barbier, français
3. John Dennis, mineur, américain
4. Iouri Ivanovich, opérateur télégraphe, russe
5. Isaac E. Brokaw, policier, américain
6. Isaiah Coffin, photographe, anglais

Hommes qui correspondent au portrait du tueur
mais qui ne fréquentaient apparemment pas Sally

7. Farner Peel, pistolero, anglais
8. Absalom Smith, comédien et créateur de contrepèteries, américain
9. C.V. Anthony, révérend, américain

Au bout d'un moment, la porte rouge cerise a fini par s'ouvrir et un homme en est sorti.

Je le connaissais.

C'était M. Isaiah Coffin, mon voisin le photographe.

Suspect n° 6 dans ma liste.

J'ai attendu qu'il ait disparu puis ai couru frapper bien fort à la porte rouge.

Allais-je trouver la belle Zoe Brown étendue par terre, étranglée dans sa crèche, le regard braqué sur le plafond & la bouche ouverte ?

FEUILLE DE COMPTES 21

Quand Mme Zoe Brown a ouvert sa porte, elle avait le regard un peu fixe, mais je me dis que c'est parce que j'avais cogné un peu fort.

— Ah, c'est toi, a-t-elle fait en jetant des petits coups d'œil d'un côté et de l'autre de la rue. Désolée... je suis très nerveuse depuis que Sally s'est fait tuer. Mais entre donc.

À l'intérieur de sa crèche, on se serait cru chez Sally. Elle était presque aussi peu meublée. Au lieu du tapis, il y avait juste des lattes. Au lieu d'être plâtrés, les murs étaient juste couverts de sacs de farine cousus les uns aux autres. Au lieu de rideaux en dentelle, Zoe Brown avait accroché à ses fenêtres d'autres sacs de farine. Pour tous meubles, elle possédait un lit étroit, un canapé fatigué, un poêle ventru & une malle de voyage qui lui servait de table. Vu comme cette dame était jolie, ça m'étonnait qu'elle n'ait pas plus de vases, de napperons & de crédences en acaj. comme la Grosse Gussie.

Contre un mur, par contre, elle avait un porte-chapeaux avec une demi-douzaine des plus beaux chapeaux que j'aie jamais vus.

J'en ai déduit que tout son argent passait là-dedans.

J'ai senti l'odeur du café. Et aussi les relents du tabac d'Isaiah Coffin. Il fumait du « St. James Blend » dans sa pipe en écume de mer. J'ai même repéré quelques miettes de tabac sur le plancher.

— Dans le journal, ils vous appellent *madame* Zoe Brown. Est-ce que vous êtes mariée ? lui ai-je demandé.

— Je suis veuve. Je vis seule.

J'ai fait signe que je comprenais. À Dayton, j'avais connu des femmes qui se faisaient appeler « madame » pour paraître plus respectables.

Elle m'a servi une tasse de café puis m'a indiqué un canapé où m'asseoir.

— Ton enquête avance bien, dis-moi ?

— Je viens de parler à la Grosse Gussie et à ses Filles qui m'ont dit que Sally possédait beaucoup de bijoux. Par contre, l'Avis de Vente aux Enchères n'en cite pas un seul. Est-ce que vous pensez que Sally a pu surprendre un cambrioleur chez elle le soir du meurtre et qu'il l'aurait étranglée pour la faire taire ? C'était peut-être ça, son mobile.

— Non. Sally avait vendu tous ses bijoux il y a de ça un mois afin de pouvoir s'acheter son joli petit boghei et ses deux chevaux. Elle n'avait pas grand-chose dans sa crèche qui aurait pu attirer un voleur.

— Mais si le vol n'est pas le mobile, qu'est-ce qui a pu pousser un homme à la tuer ?

— Elle s'est choisi un métier dangereux… a estimé Zoe Brown. Les hommes sont vite saouls, jaloux ou en colère. En plus, Sally avait une particularité qui la mettait en danger : c'était une vraie langue de vipère, plus piquante qu'un bonbon acidulé. Je l'avais pourtant prévenue...

— C'est quoi, un bonbon acidulé ? ai-je voulu savoir.

— Un bonbon aigre-doux – à la fois sucré et acide.

Là, elle s'est levée pour aller prendre un sachet en papier sur la malle-qui-servait-de-table & me le passer. À l'intérieur, il y avait des bonbons jaune pâle, gros comme des billes et très durs.

— Goûte, m'a proposé Zoe Brown.

J'ai pris une bille jaune et l'ai fourrée sous ma langue. Elle était sucrée, mais en même temps tellement acide que ça me crispait la mâchoire.

— Sally était pareille, a repris Zoe Brown. Elle avait une langue acide dont elle n'hésitait jamais à se servir. Certains hommes n'appréciaient pas franchement qu'elle leur dise ce qu'elle pensait d'eux.

J'ai noté cette information dans mon Carnet de Détective.

— Auriez-vous une idée de qui a pu la tuer ? ai-je demandé.

— Pour moi, c'est un vieil ami qui a fait le coup. Mais j'ignore son nom. Sally est passée chez moi le soir de sa mort. Il était tard, vers 23 h 30. J'étais en train d'arranger un de mes chapeaux, elle a dû voir ma bougie allumée. Je l'ai invitée à entrer. Elle était dans tous ses états. Elle avait les joues roses & elle parlait à toute allure. Elle m'a expliqué qu'elle sortait du Topliffe...

— Le Melodeon de C. Street, en face de l'International Hotel ? l'ai-je interrompue.

— Tout à fait. Il s'appelle le Topliffe Theatre. On lui avait demandé de s'asseoir au balcon avec les autres

Colombes de Suie, et pas en bas avec les Dames Respectables. Ils ont même refusé de la laisser entrer par la porte de devant. Elle m'a dit qu'elle avait été à deux doigts de se vexer et de rentrer chez elle, mais qu'elle avait fini par ravaler sa fierté & entrer par la porte latérale, celle des Comédiens et des Colombes. Et que là, elle était tombée nez à nez avec un vieil ami. Elle m'a expliqué qu'il devait passer la voir chez elle après le spectacle. Ça c'est un indice, il me semble. J'ai essayé d'en parler à l'Adjoint du Marshal, mais il n'a pas voulu m'écouter.

— C'est utile, oui, ai-je confirmé en notant l'info. Vous connaîtriez le nom de ce « vieil ami », un détail le concernant ?

— Non. Tout ce que je sais, c'est que c'est sûrement lui qui l'a tuée. Vois-tu, ça faisait plus d'un mois qu'elle ne recevait plus d'hommes. Elle avait Changé de Vie.

J'ai repris ma liste de Suspects.

— Ce « vieil ami » aurait-il pu être un des Messieurs qu'elle avait l'habitude de recevoir ?

— Je suppose que oui... mais quand elle me l'a présenté comme un « vieil ami », je pense que c'est parce qu'elle le connaissait de sa ville natale, dans l'Alabama.

J'ai bien observé Zoe Brown lorsqu'elle m'a répondu. Je n'ai rien remarqué qui indique qu'elle mentait. Ses pieds étaient pointés droit sur moi. Elle me semblait dire la vérité.

— Et ce Changement de Vie, vous pouvez m'en parler ? l'ai-je relancée.

Là, Zoe Brown s'est levée & est allée regarder dans la rue, par sa fenêtre.

— Sally se préparait à partir pour la Californie avec Martha. Elle avait fait des économies, vendu ses bijoux et acheté deux chevaux et un boghei pour le trajet. Elle comptait s'installer comme couturière, avec Martha pour l'aider. Elle devait quitter Virginia le premier jour d'octobre. Hier, donc. Si elle était rentrée chez elle au lieu d'assister au spectacle, Martha et elle seraient en route, à l'heure qu'il est.

— Qu'est-ce qui lui est arrivé, à Martha ? ai-je prudemment demandé.

— Je ne sais pas vraiment. Elle couchait dans la petite remise, chez Sally, alors elle a dû assister au meurtre. J'espère qu'elle s'est trouvé une cachette sûre. Un cœur, cette petite.

Zoe Brown avait beau me tourner le dos, j'ai remarqué qu'elle avait posé sa main au bas de sa gorge. Jace m'avait expliqué que les femmes faisaient souvent ce geste quand elles cherchaient à dissimuler quelque chose. Mais aussi quand elles étaient bouleversées ou apeurées. Du coup, je n'étais pas certain qu'elle ait menti.

Toujours est-il que j'ai noté l'info dans mon Carnet de Détective.

— À qui va revenir l'argent de la Vente aux Enchères des affaires de Sally ? ai-je repris.

— À moi, a répondu Zoe Brown. Elle m'a laissé tous ses biens dans son Testament, et a fait de moi la tutrice de Martha. Mais vu qu'elle n'avait pas fini de payer ses chevaux et son boghei, je ne peux rien toucher avant que ses affaires aient été vendues et que les Commissaires-priseurs aient empoché leur commission. Après ça, il y aura encore les factures à régler : les bouteilles, le docteur et l'enterrement. L'enterrement m'a coûté près de deux cents dollars.

— Est-ce que c'est pour ça qu'il y avait une telle foule ? Et que plusieurs mines ont même fermé pour l'occasion ?

Zoe Brown s'est tournée vers moi et j'ai vu qu'elle avait les larmes aux yeux.

— Non. Les gens sont venus à son enterrement parce que Sally était très aimée dans cette ville. L'an dernier, un tunnel s'est effondré dans une mine et Sally a fait preuve d'un grand courage. Elle a aidé à s'occuper des hommes qu'on a pu extraire des décombres. Les mineurs l'aimaient pour ça.

J'ai refermé mon Carnet de Détective & l'ai rangé dans ma poche avec mon crayon.

— J'ai encore une question, s'il vous plaît...

— Oui ? a-t-elle accepté, me regardant toujours avec ses grands yeux marron brillants de larmes sous ses cils épais.

— J'ai vu qu'il y avait un casque de pompier dans la liste des affaires de la Petite Sally. Vous savez d'où elle le tenait ?

— Il se trouve que oui... Sally aimait les hommes en uniforme, et tout particulièrement les pompiers. Elle admirait le courage plus que tout. Elle avait confectionné des bannières pour les trois compagnies de la ville, et était même membre honoraire de la Young America Engine Company. (Tout à coup, une idée lui est venue :) Tu devrais peut-être interroger M. Ludwig Hamm.

J'ai ressorti mon Carnet de Détective et l'ai ouvert à la liste des Suspects.

M. Ludwig Hamm était le premier nom.

— Mais il est barman, ai-je dit, et pas pompier.

— Tous les pompiers de Virginia sont des volontaires, m'a-t-elle expliqué. Je crois bien qu'il est de la Young America Engine Company.

— Et pourquoi devrais-je interroger M. Ludwig Hamm ?

— Parce qu'il était amoureux de la pauvre Sally. Et que l'amour peut vous faire faire des folies.

FEUILLE DE COMPTES 22

Vous le savez sûrement, la Young America Engine Company n° 2 a ses locaux dans C. Street, côté sud. Un bâtiment qu'elle partage avec l'écurie Metropolitan, entre le Young America Saloon & une Armurerie.

Quand je m'y suis rendu, je suis entré par un prodigieux portail surmonté d'une pancarte indiquant **YOUNG AMERICA N° 2**. C'est là que j'ai découvert, au beau milieu d'une grande pièce, une étrange machine colorée, montée sur roues.

On aurait dit une cuve couverte posée sur un chariot, avec des leviers de chaque côté. Le tout peint en rouge, bleu & or.

Les planches des murs étaient décorées d'une dizaine de gravures en couleurs montrant « La Vie d'un Pompier ». Il y avait aussi des bannières en soie & des lampes à pétrole suspendues au plafond. J'ai encore repéré une étagère sur laquelle se trouvaient 2 trompettes & 3 casques en cuir lourds avec « **N° 2** » marqué sur la plaque de devant.

— Tu veux quoi ? m'a demandé une voix bourrue. T'es venu signaler un incendie ou juste te payer notre tête ?

L'homme en question arborait une barbe blanche et portait une chemise rouge et un pantalon dont le bas des jambes était fourré dans ses bottes. Jusque-là, il s'occupait de polir les leviers de la machine à roues. Il avait tout un côté du visage brûlé – à tel point que j'avais l'impression qu'il me faisait des clins d'œil. Dans son autre joue, il avait un bout de chique.

J'ai retiré mon chapeau avant de lui répondre :

— Je ne suis pas venu signaler un incendie. Ni me payer votre tête. Je souhaiterais parler à un de vos pompiers.

Je n'arrivais pas à décrocher mon regard de sa figure.

— Qu'est-ce que tu regardes comme ça, gamin ?

— Votre figure. C'est dans un incendie qu'elle a été brûlée ?

— Euh, oui, c'est ça. Celui de la Bowery, en 1838. Sale affaire.

— Ça vous fait mal ?

— À chaque minute de chaque purin de jour, a-t-il répondu en crachant un jet de salive & de jus de tabac par terre.

— Désolé…

— La plupart des gens font comme s'ils ne le voyaient pas. Moi, j'en suis fier. C'est ma médaille à moi. Le feu, je te garantis, c'est comme la guerre. Il faut se battre de toutes ses forces, soutenir ses compagnons et ne pas céder à la Peur.

— *Fortes fortuna iuvat*, ai-je dit. La chance aide les courageux.

— Bien dit, petit ! J'ai peut-être la moitié de la figure cramée, mais je suis quand même le président de la Young America Engine Company n° 2.

— Et où se trouve la Young America Engine Company n° 1 ? ai-je voulu savoir.

— Y'en a pas, a répondu le vieux pompier en crachant de nouveau. Nos rivaux, c'est la Virginia Engine Company n° 1. Ils étaient là avant nous. Mais nous, on a une grosse machine.

— Vous êtes rivaux ?

— Notre machine, elle vient de San Francisco. Sa construction a coûté 6 000 $, et c'est la plus grosse et la plus puissante de tout le Territoire. Une bien belle bête. (Sur ce, il s'est coupé une nouvelle chique et m'a demandé :) Et qui tu cherches, au fait ?

— M. Ludwig Hamm.

— Ben t'es en veine, alors. Y travaille au Young America Saloon, juste à côté.

— Merci, ai-je dit en m'éloignant déjà.

— Attends un peu…

Là, il s'est dirigé vers un mur et a tapé contre d'une façon à la fois bizarre & compliquée : 4 coups secs, puis 2 autres, ensuite un raclement et un coup, puis enfin 2 raclements et 2 coups secs. Je me demandais si c'était du Morse.

Après, le vieux pompier m'a fait signe de me taire & il a appuyé son oreille contre le mur.

Le temps qu'il écoute le mur, j'ai fait le tour de la cuve colorée montée sur roues. C'était donc ça, la fameuse machine ?

J'examinais ses leviers & ses différentes pièces pour tenter de comprendre comment elle fonctionnait.

Impossible.

Ensuite, j'ai entendu un tout petit coup donné de l'autre côté du mur.

Le vieux pompier s'est reculé et m'a souri. Je n'arrivais pas à dire si c'était un vrai sourire ou un faux, vu qu'il avait le visage de travers.

— Il vient tout de suite, m'a-t-il annoncé.

Montrant la machine du doigt, je lui ai demandé :

— C'est elle, votre machine à 6 000 $? Je n'en ai jamais vu de pareille.

L'homme a gonflé sa poitrine à la manière d'un pigeon.

— Eh bien oui, c'est notre « Grande Six ».

— Et comment est-ce qu'elle fonctionne ? Vous mettez de l'eau dans la cuve, c'est ça ?

— Du tout : il y a des pistons qui permettent de pomper l'eau enterrée dans des citernes, après quoi elle ressort par les tuyaux. Tu savais qu'il y avait des citernes sous les trottoirs de Virginia ?

— C'est quoi, une citerne ?

— Comme un grand trou rempli d'eau.

Indiquant un côté de la machine, il a continué :

— On fixe le tuyau de pompe ici, et on plonge l'autre bout dans une citerne. Ensuite, on accroche de longs tuyaux de l'autre côté du réservoir et on les pointe sur les flammes. Il faut six grands gaillards pour actionner les leviers – ces grandes poignées, là. C'est ça qui permet de pomper l'eau de la citerne et de la propulser par les longs tuyaux. Il nous arrive de projeter de l'eau à une hauteur supérieure à celle du mât de l'International Hotel.

— Et pour tirer cette machine, vous utilisez des chevaux ? C'est pour ça que vous êtes installés dans une écurie ?

— Des chevaux, non. C'est nous autres qui la tirons.

— Parce que les bêtes ont peur du feu ?

— Déjà. Mais surtout parce qu'on a besoin d'au moins huit hommes pour actionner les pompes et diriger les tuyaux. Du coup, autant charrier la machine nous-mêmes.

Tout à coup, il s'est comme légèrement raidi.

— Newt Winton, a-t-il déclaré pour se présenter. Président de la Young America Engine Company n° 2.

Il m'a tendu la main droite. J'ai remarqué qu'elle aussi était brûlée, la chair toute tachetée et plissée.

J'ai coincé mon chapeau sous mon bras gauche & fait de mon mieux pour ne pas frissonner en lui serrant la main.

— P.K. Pinkerton, Détective Privé.

— Pinkerton ! J'ai vu ton annonce dans le journal. Tu résous des mystères, pas vrai ?

— Oui, oui. Là, j'enquête sur le Meurtre de Miss Sally Sampson, survenu vendredi soir dernier.

— Pauvre Miss Sally... Tu vois cette Bannière en soie, accrochée au mur. C'est elle qui l'a cousue exprès pour nous. Elle a payé le fil argenté et doré de ses propres deniers.

Un homme portant un tablier blanc est entré par le portail du local.

Il était grand, mince, blond & portait le bouc !

— Tu voulais quoi, Winton ? a-t-il lancé. Je travaille, moi.

Quand il parlait, ses « v » devenaient des « f ». Ça m'a fait dire qu'il était allemand. Nous avions voyagé derrière un chariot d'Allemands, dans le convoi qui nous avait menés dans l'ouest.

— Désolé, Ludwig, a dit Newt Winton. Lui, là, c'est le nouveau Détective dont les gars parlaient.

S'appelle P.K. Pinkerton. Il enquête sur le meurtre de la Petite Sally. Voulait te poser deux, trois questions. Me suis dit que tu préférerais que ça se fasse en privé.

M. Ludwigh Hamm m'a regardé en plissant les yeux. Expression n° 5 : le Soupçon ou la Colère. Voire les deux.

J'ai utilisé l'Astuce de Ma Evangeline pour arriver à me rappeler son nom et son visage. Ludwig, c'est le prénom du compositeur Beethoven, alors j'ai imaginé cet homme en train de composer une symphonie avec toute son âme.

— Qu'est-ce tu veux ? a-t-il grogné en s'approchant de moi.

Je n'ai pas pu m'empêcher de reculer d'un pas.

Puis j'ai levé les yeux vers lui & lui ai dit :

— J'ai su que vous étiez un des Messieurs qui fréquentaient Sally. Vous ressemblez également au portrait du Meurtrier. J'aimerais savoir si vous avez un alibi pour la nuit de vendredi dernier à samedi.

— Sale petit insolent ! s'est exclamé M. Ludwig Hamm.

Aussitôt, il a pris une grande inspiration et m'a giflé au niveau de l'oreille. J'ai été obligé de m'asseoir par terre.

— Ludwig ! est intervenu Newt. Qu'est-ce tu fous ? C'est un gosse.

Hamm est alors ressorti de la caserne sans dire un mot.

Newt est venu m'aider à me relever.

J'avais des espèces de moucherons lumineux qui dansaient entre mes yeux et l'horrible visage brûlé du vieil homme.

— Faut pas en vouloir à Ludwig. C'est qu'il était raide dingue de Miss Sally Sampson. Il lui demandait de l'épouser quasi tous les jours de la semaine. Mais elle, foi de Newt, elle voulait pas.

J'avais la tête qui tournait & la nausée.

Mais à côté de ça, j'étais bien content.

J'étais certain, à quatre-vingt quinze pour cent environ, d'avoir élucidé le mystère du meurtre de Miss Sally Sampson – dite la Petite Sally.

FEUILLE DE COMPTES 23

Ludwig Hamm venait de devenir mon Suspect n° 1 pour trois raisons.

N° 1. Il était fou amoureux de la Petite Sally.

N° 2. Elle avait la langue acide & l'avait repoussé plus d'une fois.

N° 3. Il avait un sale caractère & des tendances violentes.

Les gens m'embrouillent & en général je ne comprends pas pourquoi ils se comportent comme ils se comportent. Mais ces trois éléments semblaient dessiner un bon mobile de meurtre.

Je devais tout de même m'en assurer.

Si Ludwig Hamm était bien le « vieil ami » que Sally avait vu au Topliffe Theatre la nuit où elle a été tuée, mon enquête était terminée.

J'ai donc décidé d'oublier quelque temps les autres Suspects et de foncer au Topliffe Theatre pour confirmer mes soupçons.

La double porte du Topliffe était fermée à double tour, mais j'en ai trouvé une autre – ouverte – côté nord du bâtiment. En la poussant, j'ai entendu le son d'un banjo. Je me suis retrouvé dans l'obscurité, entouré de toute une série de portes et d'escaliers. Me fiant à la musique, j'ai ouvert une porte qui donnait dans une grande salle haute de plafond, avec d'un côté une scène et de l'autre un bar.

À ma grande surprise, il y avait sur scène quatre hommes déguisés en Noirs qui chantaient, jouaient & se trémoussaient.

Ils s'étaient noirci la figure avec un produit mais ça n'était pas très convaincant. Le noir brillait trop et on voyait leur peau blanche au niveau des oreilles et du cou. Les deux du milieu jouaient du banjo & du violon. Celui qui était le plus loin de moi agitait un tambourin ; et le plus près de moi tapait l'un contre l'autre deux espèces de côte d'animal. Tous portaient des pantalons aux couleurs criardes & des nœuds papillons trop grands. Ils interprétaient une chanson entraînante : « I's Gwine to de Shuckin' ».

Au pied de la scène, au même niveau que les spectateurs, se tenait le pianiste. Lui ne s'était pas passé la figure au cirage.

Quand les artistes ont eu fini de chanter et que les dernières notes ont eu fini de résonner, une voix de femme a lancé derrière moi :

— Bonjour, P.K. Quel bon vent t'amène ?

J'ai aussitôt fourré ma main dans ma poche & pivoté sur mes talons. J'ai dégainé & armé mon sept-coups. C'est que j'avais reconnu la voix de Miss Belle Donne, une Colombe de Suie qui m'avait trahi à plusieurs reprises la semaine précédente.

Pas de doute, c'était bien elle.

— Range ton arme, P.K., m'a-t-elle dit dans un grand éclat de rire. Je n'ai pas prévu de te faire les poches, aujourd'hui. Ni de te ligoter. Je suis devenue Actrice !

J'ai rangé mon revolver dans ma poche pour étudier l'accoutrement de Belle. Elle portait une tenue bleu pâle brillante avec une jupe bouffante & un corsage sanglé qui révélait ses épaules & presque toute sa poitrine.

— Oh ! P.K., ça va bientôt être à moi. Ce que je suis nerveuse ! Dis, tu veux bien rester m'écouter ?

Le pianiste était monté sur scène pour donner des consignes aux hommes à la figure cirée. Après quoi il est retourné à son instrument et ils ont entonné une chanson triste, « Lucy Neal », l'histoire d'une esclave qui meurt.

— Pourquoi ces hommes sont-ils déguisés en Noirs ? ai-je demandé à Belle.

— Sont pas déguisés, a-t-elle répondu en roulant des yeux. C'est des *Minstrels*. T'en as donc jamais vu ?

Elle me parlait à moi, mais elle les regardait eux.

— J'ai vu des pièces de Shakespeare, mais les acteurs ne se peignaient pas la figure en noir.

— Ouh-là, Shakespeare, dis donc ! T'as des goûts de luxe, toi !

Les Minstrels ont terminé leur chanson triste puis enchaîné par un morceau plus gai, « Ring, Ring de Banjo ».

Les quatre instrumentistes se démenaient.

Moi, j'essayais de ne pas me laisser prendre par la transe de la musique.

J'ai tapé sur l'épaule de Belle.

— C'est qui, le patron, ici ? ai-je voulu savoir.

Elle m'a fait taire d'un geste de la main, comme si j'étais un moustique cherchant à la piquer. Elle observait les Minstrels.

Moi, je promenais mon regard alentour pour essayer de repérer quelqu'un qui aurait pu voir mon Suspect n° 1 dans la salle le soir du meurtre. Le Topliffe Theatre était une grande salle haute de plafond, avec cinq tables rondes contre la scène, et derrière ça des rangées de chaises alignées qui s'étiraient jusque-là où j'étais.

Il y avait aussi des espèces de balcons de part et d'autre de la scène. Des balcons, j'avais plus l'habitude d'en voir à l'extérieur des bâtiments qu'à l'intérieur.

Au fond de la salle, un bar vendait de l'alcool & à manger. Un grand tableau noir annonçait entre autres Pieds de Porc, Langue Marinée, Sandwichs Huîtres & Jambon. Et il suggérait de faire descendre tout ça avec Champagne, Bière ou Cidre.

Aux murs, des affiches vantaient des spectacles intéressants, comme « Martin le Sorcier », « Madame Samantha la Voyante » ou « Miss Lola et son Chien Acrobate ».

L'une d'elles annonçait le programme du soir de mon douzième anniversaire. Le soir même où Miss Sally Sampson était morte !

Je me suis approché pour mieux la lire. Elle était imprimée sur du papier rose qui se décollait à moitié du mur. Je me suis dit que personne ne m'en voudrait de la prendre, alors je l'ai décollée, l'ai pliée en quatre et l'ai glissée dans ma poche. Je la joins à mon compte rendu de l'affaire.

TOPLIFFE THEATRE !

Grande Représentation de Bienfaisance Gratuite
Offerte par les Citoyens de Virginia City à

MME. W.H. LEIGHTON

Vendredi soir, --- 26 sept. 1862,

TOUT CE QUI BRILLE
N'EST PAS OR

Stephen Plum...A.R. Phelps
Jasper Plum...D.C. Anderson
Martha Gibbs...Mme W.H. Leighton
Harris...M. Woodhull
Toby Twinkle...Yankee Locke
Lady Leatherbridge...Mme H.A. Perry
Lady Valerin...Mme G.E. Locke

Chanson Humoristique, : : : : : : : : : : : : : : : M. Woodhull

Suivie de la Comédie en Un Acte

LE MOULIN À VENT !

DANSE FANTAISIE, - - - - - - - Mme H.A. Perry

Et pour terminer la Farce

L'IDIOT DE LA FAMILLE !

Dernière Représentation de la Compagnie Leighton dans cette Ville

OUVERTURE DES PORTES À 19 H 30 – LEVER DE RIDEAU À 20 H

ENTRÉE : 1 $

Sur scène, les musiciens attaquaient « Old Folks at Home ». Le banjoïste jouait assis, tandis que les trois autres Minstrels dansaient autour de lui. Je me suis alors aperçu que moi aussi je m'étais mis à danser, alors je me suis arrêté. Quand enfin ils ont eu terminé, ils se sont retirés derrière un rideau.

Belle est montée sur scène.

Le pianiste jouait des notes douces & cristallines ; Belle chantait d'une jolie voix haut perchée. Sa chanson s'appelait « Virginia Belle ». Le début était tout doux & pur. Mais, petit à petit, Belle prenait une voix plus grave & plus dure, tandis que le pianiste jouait avec davantage de vigueur. Ensuite, elle s'est mise à agiter les bras, à arpenter la scène en tapant des pieds & en montrant du doigt les chaises & les bancs vides.

Pour finir, elle a appuyé son pouce contre son nez en remuant les quatre autres doigts en direction de son public imaginaire. Ma Evangeline m'avait toujours dit que faire ce geste – un « pied de nez » – était malpoli. Sauf que Belle, elle, elle l'avait fait avec un grand sourire, comme une forme de salut. Les Quatre Minstrels qui la regardaient depuis une table n'avaient pas l'air de le prendre mal. Ils ont applaudi bruyamment, tout comme le pianiste. J'ai applaudi aussi. Belle avait les joues roses & les yeux pétillants.

Après qu'elle est descendue de scène, quatre Dames sont montées danser, chacune regardant dans une direction différente. Deux d'entre elles portaient une fausse machine de pompiers comme je venais de voir à la Young America Engine Company. Les deux autres manipulaient une espèce de gros rouleau avec un tuyau au bout. Ces quatre danseuses portaient un uniforme de pompier trop grand pour elles : chemise de flanelle rouge enfoncée sous une ceinture de cuir noire. Elles avaient sur la tête un casque de pompier en cuir, avec le numéro 1 marqué sur la plaque de devant. Aux pieds, elles avaient des bottines noires. Par contre, elles semblaient avoir oublié de mettre une jupe. À y regarder de plus près, je me suis aperçu qu'elles portaient une espèce de collant couleur chair. Les Minstrels accompagnaient les danseuses qui chantaient « Putting Out Your Fire ».

C'est alors que Belle est apparue à côté de moi.

— Comment j'étais ? m'a-t-elle demandé, encore essoufflée par son effort.

— Très énergique.

— Mais ça ne t'a pas plu ?

— Je préfère cet air de banjo, ai-je avoué en indiquant la scène d'un mouvement de la tête.

Les Minstrels jouaient à bride abattue – banjo, violon, tambourin & ces espèces d'os, là. Deux des Danseuses actionnaient vigoureusement les leviers de leur « machine », tandis que les deux autres pointaient un tuyau sur les Minstrels. Tout à coup, ce tuyau a craché des serpentins en papier bleu. Je me suis dit qu'elles devaient faire semblant d'arroser les Minstrels comme s'ils étaient en feu.

— P.K. ! a lancé Belle Donne.

— Quoi ? ai-je répliqué en revenant à moi (j'avais failli entrer en transe).

— Je t'ai demandé pourquoi tu venais.

— J'enquête sur le meurtre brutal de la Petite Sally, qui a eu lieu la semaine dernière. Je suis venu voir si mon Suspect n° 1 se trouvait ici vendredi dernier. Il s'appelle Ludwig Hamm, il est pompier volontaire à la Young America Engine Company.

— Ludwig ? Bien sûr qu'elle le connaissait. Tout le monde savait qu'il en pinçait pour Sal'. Il voulait l'épouser, mais elle était trop grande dame pour lui.

— Vous sauriez s'il est venu au Topliffe Theatre ce soir-là ?

— Comment veux-tu que je le sache ? s'est récriée Belle, les joues encore rosies. Je débute sur scène ce soir. La semaine dernière, j'étais rien qu'une fille comme les autres, qui vivait dans sa crèche de D. Street. Aujourd'hui, je suis une artiste solo qui se produit au sein d'une célèbre troupe : Les Minstrels du Buisson d'Armoise. Épatant, non ?

C'est à peine si j'ai entendu ce qu'elle m'a dit, vu qu'au même instant un homme est monté sur scène, un Crâne à la main.

Il était grand, mince, blond & portait le bouc !

Sa tenue consistait en un collant noir, une grande culotte bouffante & un faux col blanc froissé. Je savais que c'était un costume shakespearien.

— Qui est cet homme ? ai-je demandé à Belle.

— Il s'appelle Absalom Smith. À ce qu'il m'a dit, il a remplacé un artiste la semaine dernière, et le Major Topliffe lui a demandé de passer régulièrement dans notre Music-Hall. J'espère qu'il va m'inviter, moi aussi.

J'ai examiné cet homme de plus près. Si Belle ne m'avait pas dit son nom, je n'aurais pas reconnu M. Absalom Smith dans ce nouvel accoutrement, et ce alors que je l'avais pourtant imaginé assis sur la fourche d'un arbre le matin même.

Ça m'arrive souvent, ça. Des fois, je ne reconnais pas une personne que j'ai déjà rencontrée, pour la seule raison qu'elle porte de nouveaux habits. M'approchant de M. Absalom Smith, j'ai cherché sur lui un détail qui pourrait le distinguer des autres hommes grands, minces et portant le bouc. J'ai alors noté qu'il avait les sourcils droits & foncés, et qu'ils se touchaient presque au-dessus de son nez.

— Gaffe, P.K. ! s'est écriée Belle.

J'étais tellement concentré sur le visage de M. Absalom Smith, que je n'ai pas remarqué qu'il sortait de sa grande culotte bouffante un vieux pistolet de duel. Là-dessus, il l'a armé, m'a visé & a appuyé sur la détente.

BANG !

FEUILLE DE COMPTES 24

Je me suis écroulé par terre au moment même où le coup de feu partait.

Et quand le bruit de la détonation s'est estompé, j'ai entendu les rires qui résonnaient dans cette salle haute de plafond. Alors j'ai prudemment relevé la tête.

Absalom Smith regardait son arme avec une expression comique au visage. Un bouquet de fleurs avait surgi du canon.

— Oh ! P.K., s'est esclaffée Belle. J'en reviens pas que tu te sois fait avoir !

Elle m'a tendu la main pour m'aider à me relever, mais je l'ai repoussée.

Je n'aime pas qu'on me touche.

— Mes excuses, a déclaré M. Absalom Smith d'une voix forte qui portait bien, à tous ceux à qui j'ai fait peur. Les coups de feu sont si fréquents dans cette ville, que je ne pensais pas effrayer quiconque.

Je me suis remis sur pied & me suis épousseté.

M. Absalom Smith a alors appuyé son pouce gauche contre son menton & abaissé sa paupière inférieure avec son index gauche, puis il a rentré le menton & m'a regardé par-dessous ses sourcils.

— Ce geste, ça veut dire qu'il se payait ta tête, m'a expliqué Belle Donne.

En retour, j'ai fusillé M. Absalom Smith du regard. Je n'aime pas qu'on se paye ma tête.

L'homme s'est contenté de hausser les épaules.

— Cela dit, a-t-il poursuivi, dites-vous bien qu'il vaut mieux sursauter dans la salle... que sauter sur la sandale !

Et aussitôt, il a jeté son pistolet par terre, un nouveau *BANG !* est parti & tout le monde a rigolé, sauf moi.

— Hier, a ajouté M. Absalom Smith, je suis allé au Fashion Saloon. Le patron m'a demandé ce que je voulais boire, j'ai répondu une bouteille de gin. Il me l'a servie. Et je l'ai bue au goulot. C'est vrai, quoi... mieux vaut un bon gin au goulot... qu'une angine au boulot !

Belle, les Minstrels, le pianiste, les Danseuses, tout ça rigolait.

— Jusqu'à la semaine dernière, a continué M. Absalom Smith, j'avais un autre métier. J'étais domestique. Mais ça n'a pas duré. Mon maître n'articulait pas assez. Je ne savais jamais s'il me disait : « Il faut monter des cendres ! » ou « Il faut descendre mon thé ! »

Nouveaux rires. Et quelques grognements.

— Mais attendez ! les a interrompus l'artiste en prenant une pose théâtrale. Je suis un acteur shakespearien. Laissons là ces contrepèteries.

— Nan ! se sont alors écriés les Quatre Minstrels. Dis-en encore !

— Bon... Coupons la poire en deux, a décidé M. Absalom Smith. Figurez-vous que j'ai interprété

Othello, de Shakespeare. Et un soir, un poissonnier est venu me trouver dans ma loge pour m'expliquer que ce personnage était comme un poisson au bout de l'hameçon.

Personne ne riait.

Absalom Smith s'est alors penché en avant et nous a regardés en se tirant la paupière. Puis il a annoncé :

— Eh oui… « On m'a *ôté l'eau, j'expire.* »

Là, tout le monde s'est esclaffé.

Absalom Smith a aussitôt jeté le fameux crâne, qui a rebondi sur la scène, & les rires sont repartis de plus belle.

Au même instant, j'ai senti que Belle me tirait par la manche.

— Tu voulais savoir si oui ou non Ludwig Hamm se trouvait ici vendredi dernier, t'as qu'à demander au Patron, le Major Topliffe. Le voilà qui arrive. Et il a pas l'air jouasse.

FEUILLE DE COMPTES 25

Le propriétaire du Topliffe Theatre, le Major G.W. Topliffe, avait le teint cireux, des cheveux gris qui lui tombaient sur les oreilles & un monocle à un œil. Il venait vers moi d'un air très déterminé. Il arborait une veste militaire & l'Expression n° 5 : le Soupçon ou la Colère. Voire les deux.

— C'est qui, ce gnard, Belle ? Et qu'est-ce qu'il fiche ici ? S'il fait pas partie du spectacle, il a rien à foutre là.

Le Major martelait la scène de sa canne pour appuyer ses mots.

Belle m'a alors pris par les épaules & m'a dirigé vers la sortie en disant :

— C'est personne. Il s'en va.

Et là-dessus elle m'a poussé dans le dos.

Mais moi, j'ai pivoté sur mes talons & ai planté mes mocassins dans le sol.

— Je m'appelle P.K. Pinkerton, ai-je déclaré. Je suis Détective Privé.

Le Major m'a alors regardé à travers son monocle.

— T'as l'air à moitié indien. Dis-moi, tu serais pas capable de faire des prouesses avec un arc, ou de lancer le tomahawk, des fois ?

— Je suis Détective, ai-je répété. J'aimerais vous poser quelques questions concernant le Meurtre brutal de Miss Sally Sampson.

Ses yeux se sont écarquillés ; son monocle s'est décroché.

— T'es Détective ?

— Oui, monsieur. On m'a engagé pour retrouver le tueur de Sally. Le Coroner n'a que faire de la Justice, tout comme l'Adjoint du Marshal. (Là, je me suis rappelé les bonnes manières & ai retiré mon chapeau.) Je suis venu voir si l'un des Suspects de l'affaire se trouvait ici vendredi soir dernier, vingt-sixième jour de septembre. Mon principal Suspect est Ludwig Hamm, pompier volontaire à la Young America Engine Company. Mais j'en ai aussi d'autres.

— Ooh ! a fait Belle. Montre-moi tes Suspects. (Et je n'ai pas eu le temps de l'en empêcher qu'elle m'a arraché des mains mon Carnet de Détective. Elle s'est aussitôt mise à lire à voix haute, lentement et laborieusement :) « Hommes grands, minces, cheveux clairs, petite barbe, ayant… » (Là, un nom a dû attirer son regard. Elle a levé les yeux vers moi, le teint blême.) Isaiah est un des Suspects ? Il fréquentait Sally Sampson ?

C'était trop tard, mais je me suis alors souvenu que Miss Belle Donne et M. Isaiah Coffin étaient fiancés & qu'ils allaient se marier. J'ai récupéré mon carnet.

— Purin d'Isaiah ! s'est exclamée Belle. Purin de bonhomme, qu'il aille rôtir en enfer !

Elle a ensuite débité un torrent d'insultes.

— Ma performance n'était pourtant pas si mauvaise que ça… a fait Absalom Smith en descendant de scène.

Belle a quitté les lieux d'un air furieux.

— Elle me plaît, cette petite, a gloussé le Major. Elle a du caractère. Peut-être bien que je vais l'engager. (Sur ce, il a jeté un coup d'œil à mon carnet, à travers son monocle.) Eux trois, ils étaient ici vendredi soir dernier.

— Lesquels ? ai-je voulu savoir.

— Le Français, l'Allemand et le Russe, a-t-il indiqué en tapotant mon carnet de son gros index. Purin d'étrangers. Maintenant que j'y pense, l'Anglais y était peut-être aussi.

Dans un premier temps, j'ai été déçu qu'il ne m'aide pas mieux à faire le tri dans ma liste.

Puis j'ai eu comme une lueur d'espoir.

À l'entendre décrire mes Suspects, j'ai noté un détail qui m'avait échappé jusque-là.

Il y avait un Allemand, un Français, quatre Américains, un Russe et deux Anglais.

Je me suis dit que si Martha avait entendu la voix du Tueur, elle saurait peut-être s'il était allemand, anglais, russe, ou même confédéré – venu d'un État du Sud. Là oui, ça permettrait de faire le tri. Sauf que Martha se cachait quelque part en forêt, sous une barque ou à proximité.

— Où se trouve la forêt la plus proche d'ici ? ai-je demandé au Major G.W. Topliffe.

— La forêt ? a-t-il failli s'étouffer. Y'en a pas à moins de 25 kilomètres. Dans le comté, il y a pour ainsi dire plus un seul arbre debout. On les a tous abattus pour bâtir cette ville.

J'ai réfléchi. Martha avait-elle pu parcourir 25 kilomètres pieds nus ? Peu probable. Conclusion, elle ne se cachait pas en forêt.

Sur scène, les Quatre Minstrels étaient revenus pour le rappel. Ils interprétaient « Camptown Races ».

Les dames de Camptown chantent bien haut, Dou-da ! Dou-da !
La course de ch'vaux démarre bientôt, Oh, dou-da day !
J'suis v'nu parier un tas d'billets, Dou-da ! Dou-da !
Je s'rai plus riche quand j'partirai, Oh, dou-da day !
Y'a des ch'vaux tout blancs ! Y'a des ch'vaux tout bais !
Le canasson qui m'fra gagner, il a la queue coupée.

À côté de moi, le Major G.W. Topliffe gloussait en battant la mesure avec sa canne. Quand j'ai levé les yeux vers la scène, j'ai vu que les danseuses étaient revenues, déguisées en chevaux. (Je les ai reconnues à leurs collants couleur chair & à leurs bottines.) L'un des chevaux avait les mots **FLORA TEMPLE** marqués sur un flanc. L'autre, c'était **BROWN JIM**. Et ces faux chevaux s'amusaient à bousculer les Minstrels.

— Pourquoi ces faux chevaux ont-ils des noms écrits sur leurs flancs ? ai-je demandé au Major G.W. Topliffe.

S'arrêtant de battre la mesure, il m'a expliqué :

— Ben c'est pour représenter les chevaux de la chanson. Flora Temple c'est le nom du cheval à la queue coupée, et Brown Jim celui du cheval bai.

Je l'ai dévisagé.

Dans ma tête, ça a fait un déclic, comme quand la dernière lettre se met en place sur le chariot de l'imprimeur.

— Qu'est-ce qui y a ? m'a fait le Major. Tu sais qui a commis le crime ?

— Non. Mais je pense savoir où se cache le Témoin Oculaire.

Pour bien être sûr que mon raisonnement se tenait, j'ai ouvert mon Carnet de Détective, sorti mon crayon & noté :

Indices Concernant la Cachette de Martha

Indice n°1 – elle ne s'était pas lavée
Indice n°2 – elle sentait le fumier
Indice n°3 – paille dans son bonnet
Indice n°4 – elle disait qu'elle n'avait eu à manger que « de l'orge et de l'avoine crues »

En dessous, j'ai marqué :

Martha se cache sûrement moins loin qu'en forêt, vu qu'elle est venue me trouver une heure après la parution de mon Annonce.

Encore en dessous :

Elle est peut-être quelque part où elle a pu entendre des gens lire mon Annonce.

Et enfin :

Elle doit se trouver en ville.

Oui, je pensais bien savoir où Martha se cachait.

FEUILLE DE COMPTES 26

J'avais enfin deviné où Martha se cachait. Les indices, je les connaissais pourtant depuis le début, mais je n'avais pas été assez fin pour les associer.

Martha ne se cachait pas en forêt, sous une barque, à 25 kilomètres de Virginia.

Elle se cachait dans une Écurie de la ville.

Mais laquelle ?

— L'Écurie Flora Temple ! s'est exclamé le Major G.W. Topliffe qui avait lu par-dessus mon épaule. C'est sûrement là qu'il est, ton Témoin Oculaire !

J'ai regardé autour de moi, pour voir si quelqu'un avait entendu les cris du Major, mais apparemment la musique avait mis tout le monde en transe. Je lui ai donc fait signe qu'il avait raison & aussi qu'il devait se taire.

L'Écurie Flora Temple, c'est celle où Sally laissait son joli boghei et ses deux juments blanches. C'était marqué dans l'Avis paru ce matin même. En plus, une des Filles de Gussie l'avait dit. Martha avait dû s'y rendre quelques fois avec la Petite Sally, ou au moins connaître l'endroit de nom. Je savais que Miss Sally possédait deux juments blanches. Si ça se trouve, Martha adorait les chevaux et s'était prise d'amitié pour elles.

Depuis une semaine que je me trouvais à Virginia City, j'avais bien dû passer devant l'Écurie Flora Temple une dizaine de fois. Elle se trouvait à un pâté de maisons du Topliffe Theatre, où j'étais.

J'ai remercié le Major pour son aide & suis ressorti de son établissement par là où j'étais entré.

Le soleil était passé derrière le mont Davidson environ une heure plus tôt. L'ombre de la montagne retombait sur la ville comme le couvercle d'un cercueil, mais le crépuscule dure assez longtemps à Virginia City.

J'ai donc filé dans C. Street, côté ouest, en direction de Sutton. Et très vite j'ai repéré la grande enseigne qui disait **ÉCURIE FLORA TEMPLE**. Elle surplombait un portail ouvert.

En approchant de l'entrée, j'ai avisé deux employés de l'écurie. Ne voulant pas attirer l'attention, j'ai fait demi-tour, comme si je revenais sur mes pas, sauf que je me suis caché derrière un tonneau jusqu'à ce qu'eux se tournent pour parler à un couple élégant. Et là, je me suis glissé dans l'écurie.

Malgré la pénombre, personne n'avait allumé de lampe à l'intérieur ; il y faisait sombre & chaud. Ça sentait le cheval, le foin & le cuir. J'aime les chevaux & j'aime cette odeur.

Les deux juments de la Petite Sally se trouvaient dans une stalle, au fond de l'écurie. Leurs têtes faisaient comme des fantômes dans l'obscurité.

M'approchant sans bruit de Sissy et Sassy, j'ai soudain entendu un petit hennissement qui m'a figé sur place. Je me suis tourné : un mustang me regardait par-dessus la porte de sa stalle. Je suis allé lui caresser le nez.

Il avait le cuir de la même couleur que mon pantalon en daim, par contre sa crinière et ses yeux étaient aussi foncés que du chocolat. Il me faisait penser aux bêtes que j'avais connues dans les collines du Dakota du Sud – les Black Hills. Du coup, je lui ai parlé en lakota. À ma grande surprise, il a incliné les oreilles vers l'avant. C'était peut-être un ancien cheval indien.

Pour en avoir le cœur net, je lui ai dit « Debout ! » en lakota. Et là, il s'est un peu cabré – je n'en revenais pas...

Puis il a reposé ses jambes de devant & s'est légèrement ébroué, comme pour dire « Tu vois ? Je te comprends parfaitement ».

En lui caressant le cou, j'ai remarqué qu'il avait la robe rêche. Il était bien nourri, mais personne ne l'avait pansé depuis un bon moment.

— Qui est-ce qui te monte, mon grand ? lui ai-je demandé en lakota.

Il a penché la tête & s'est ébroué tristement, comme pour dire « Il y a bien longtemps que mon maître n'est pas venu me voir ».

— Je repasserai pour savoir, lui ai-je dit. Mais là, je dois trouver une fillette en cavale. Tu ne saurais pas si elle se cache ici, par hasard ?

Le mustang s'est de nouveau ébroué, puis il a fait oui de la tête & ses oreilles se sont tournées vers la stalle de Sissy et Sassy. Pour savoir où regarde un cheval, il suffit d'observer dans quelle direction ses oreilles sont braquées.

Je l'ai remercié en lakota.

Lui, il a fourré son nez dans mon cou.

Je n'aime pas que les gens me touchent. Mais les chevaux, ça ne me dérange pas. Son souffle était doux. Je lui ai soufflé dans le naseau pour qu'il sente mon odeur puis, après une dernière caresse, je me suis enfoncé dans la pénombre, vers la fameuse stalle de Sissy & Sassy.

Comme le mustang, ces deux juments n'avaient pas été brossées depuis quelque temps, mais elles étaient bien nourries. Elles avaient de l'avoine, un abreuvoir & pas mal de foin au fond de leur stalle.

J'ai humé l'air.

J'y ai aussitôt repéré l'odeur de la pommade de Martha : ammoniaque, clou de girofle et lavande.

Alors j'ai ouvert la porte de la stalle.

Les juments ont émis un petit hennissement. Je me suis avancé, leur ai caressé le cou & ai fait un peu connaissance avec elles.

L'une des juments restait les oreilles tournées vers un tas de foin, dans un coin de la stalle.

Je m'en suis approché.

La plupart des gens n'auraient jamais soupçonné que quelqu'un puisse se cacher là-dessous, mais entre mon odorat subtil & les oreilles de la jument, j'étais quasi sûr que Martha était là.

Ça n'a pas loupé : quand j'ai retiré quelques poignées de foin, j'ai trouvé Martha, recroquevillée comme un asticot. Elle portait toujours sa chemise de nuit pâle & son bonnet de nuit, mais pas de manteau ni de châle. Il faisait si sombre que, si je n'avais pas bien regardé, je ne l'aurais pas repérée.

— Martha ? ai-je chuchoté. Martha ! Réveille-toi !

Aucune réponse. Elle restait parfaitement immobile.

— Martha ? l'ai-je encore appelée en tendant la main pour lui toucher l'épaule.

Je m'attendais à lui trouver la peau glaciale d'une morte. Mais elle n'était ni morte ni froide. Sous son mince vêtement de coton, elle brûlait de fièvre.

Depuis sa stalle, le mustang a soudain lancé un hennissement d'alerte.

J'ai jeté un œil par-dessus la porte de la stalle de Sissy & Sassy & ai vu la silhouette d'un homme tête nue, portant un manteau long, qui se découpait dans l'ouverture du portail de l'Écurie. Lorsqu'il a regardé à droite et à gauche, j'ai entraperçu son profil. *Il était grand, mince & portait le bouc.* Était-ce l'Assassin de la Petite Sally ? M'avait-il suivi ?

Si oui, je l'avais conduit tout droit à Martha.

FEUILLE DE COMPTES 27

Je me suis dépêché de rejeter du foin sur Martha, puis je me suis tapi derrière l'abreuvoir. J'avais promis à ma mère adoptive de ne jamais tuer personne, mais ça ne m'a pas empêché de dégainer mon sept-coups Smith & Wesson. Si jamais ce bonhomme pénétrait dans la stalle et s'avisait de faire du mal à Martha, je le descendrais.

Je restais assis sur la paille, le dos à l'abreuvoir de sorte à ne pas être vu de l'extérieur. Puis je me suis concentré sur les bruits.

J'ai ainsi entendu les pas de l'homme qui approchaient, approchaient, puis s'arrêtaient et faisaient demi-tour fissa au moment où d'autres pas arrivaient par une petite porte du fond. Ces pas-là, je me disais que c'était ceux du garçon d'écurie ; je l'ai entendu entrer dans la stalle d'à côté et en faire sortir un cheval. L'homme au manteau avait déjà disparu.

Quelques minutes plus tard, tout était calme, mis à part les reniflements de chevaux, l'écho d'un violon qui me parvenait d'un saloon voisin et le martèlement continu des concasseurs de quartz – un bruit qui ne s'arrêtait jamais, à Virginia.

Quand j'ai été sûr que la voie était libre, je suis retourné voir Martha.

— Lève-toi, Martha, lui ai-je dit en retirant le foin de sur elle. Je crois que le Tueur m'a suivi jusqu'ici. Il faut que je te conduise en lieu sûr.

Elle n'a pas bougé ni répondu.

Je lui ai tapoté la joue & pincé le bras sans réussir à la réveiller.

Du coup, je l'ai recouverte de foin & suis vite sorti de la stalle pour jeter un coup d'œil dans l'écurie.

Au fond du bâtiment, il y avait une petite porte en bois. Le garçon d'écurie l'avait verrouillée de l'intérieur. Je l'ai déverrouillée, elle s'est ouverte dans un grincement. J'ai regardé la pente de la montagne & le dos de quelques bâtiments de B. Street. Il faisait presque nuit, à présent, mais j'ai quand même avisé un tas de bois, des cabinets & un gros tas de fumier de cheval.

Ça m'a donné une idée.

Je suis retourné sortir Martha de sa cachette.

J'ai essayé de la forcer à marcher, mais elle avait à peu près autant d'énergie qu'un sac de navets. Alors je l'ai couchée par terre, l'ai prise par les poignets & l'ai traînée comme ça hors de la stalle. C'est là que j'ai vu un sac de jute presque vide. J'ai versé ce qu'il restait d'orge à l'intérieur dans un seau, puis je suis retourné faire entrer Martha à l'intérieur de ce sac. Après, j'ai traîné le tout sur le sol en terre de l'écurie, je suis sorti par la porte de derrière, direction le tas de fumier & je l'ai laissé derrière. Là-dessus, je me suis reculé pour tenter de voir les choses avec les yeux d'un Étranger.

Dans la pénombre, ce sac avait l'air d'un vieux sac de détritus posé derrière le tas de fumier.

Je me suis dit : « Elle sera en sûreté, ici, le temps que je lui trouve un Abri Sûr. »

Puis j'ai songé : « Mais où est-ce que je pourrais l'emmener ? »

Doc Pinkerton pourrait peut-être m'aider, mais j'étais à dix minutes de chez lui, même en courant, et rien ne m'assurait que je l'y trouverais.

C'est là que j'ai pensé à quelqu'un que je savais être gentil & avoir le cœur tendre. Le seul ennui, c'est que je risquais de devoir lui donner un baiser en échange.

J'ai donc gravi la pente de la montagne, entre un établissement de bains & un saloon, en direction de B. Street. Je l'ai traversée prudemment lorsque la circulation l'a permis, puis j'ai rejoint les bâtiments de A. Street. J'étais déjà passé par là, quand des voyous m'avaient suivi depuis le dépotoir de la Mine Mexicaine et jusqu'à la ville. Là, ils devaient être ailleurs, et ça n'était pas plus mal.

Cinq minutes plus tard, j'arrivais devant une grande maison en bois, dans A. Street. Elle avait une palissade & un portillon peints en blanc. Entre la lumière aux fenêtres & les notes de piano qui me parvenaient, j'avais le sentiment que l'endroit était douillet et accueillant.

J'avais encore le souffle court, tellement j'avais foncé dans la pente malgré l'air raréfié ; et aussi à cause de l'angoisse qui me tenaillait. J'ai poussé le portillon, longé l'allée, gravi quatre marches, franchi le porche & toqué à la porte.

Le piano s'est arrêté et, quelques instants plus tard, la porte s'est ouverte.

— Tiens, bonsoir, P.K., m'a dit Bee Bloomfield. Quel plaisir de te voir. Nous allions passer à table. Dois-je demander à maman si tu peux te joindre à nous ?

— C'est gentil à toi de m'inviter, mais j'ai une faveur à te demander. Pourrais-tu sortir une minute ?

Là, elle a incliné la tête de côté et m'a fait :

— Vas-tu enfin me donner un baiser ?

— Ne blague pas. C'est quelque chose d'important.

— P.K., es-tu en danger ?

— Moi non, mais ma cliente si. C'est une pauvre ancienne esclave, elle a à peu près ton âge. Est-ce que vous pourriez l'héberger ? Est-ce que vous pourriez la protéger et prendre soin d'elle ?

— Ne bouge pas, je demande à Papa. (Là-dessus, elle a tourné les talons, puis s'est ravisée.) Attends voir... tu m'as bien dit qu'il s'agissait d'une ancienne esclave ? Est-ce que c'est une... une Noire ?

— Oui. Elle a assisté au meurtre d'une Colombe de Suie, et maintenant le Tueur en a après elle.

— Oh !...

Elle allait pour rentrer demander à son père, mais elle a baissé la tête, les yeux rivés à ses pieds.

— Tu ne rentres pas demander à ton père ? lui ai-je rappelé.

— Je sais déjà ce qu'il va dire. Il déteste les Noirs, et il déteste les Colombes de Suie. Je suis navrée, P.K., mais nous ne pouvons pas t'aider.

Je l'ai observée un moment, puis suis reparti.

Je n'avais pas de temps à perdre à ruminer ma déception. Il me fallait trouver quelqu'un qui puisse aider Martha.

J'ai redescendu les quatre marches & ai de nouveau franchi le portillon.

C'est alors que j'ai entendu une grosse cloche qui résonnait en contrebas de la rue & en même temps j'ai senti une odeur de brûlé.

J'entendais Bee qui lançait des cris, et j'ai même cru entendre le fort accent allemand de son père.

Mais je n'ai pas compris ce qu'ils me disaient. Je n'avais d'yeux que pour l'épais panache de fumée, plus sombre que le ciel nocturne, qui s'élevait de C. Street. Avant même d'avoir entendu les cris effrayés des chevaux, j'ai su que le bâtiment en flammes était l'Écurie Flora Temple.

FEUILLE DE COMPTES 28

J'ai dévalé la pente de la montagne par où j'étais venu.

Arrivé devant le tas de fumier derrière l'Écurie Flora Temple, j'ai constaté que Martha était bien en sûreté dans son sac de jute. Par contre, le bâtiment vomissait toujours de la fumée, les flammes lui léchaient le toit & j'entendais les chevaux hennir à l'intérieur. Les deux jolies juments blanches de Sally étaient en danger. Le mustang aussi.

Sans prendre le temps de réfléchir, j'ai aussitôt foncé vers la petite porte de derrière.

Je l'ai ouverte & une bouffée de chaleur a failli me renverser en arrière. Mais les flammes n'avaient pas encore atteint les stalles du fond. J'ai repéré Sissy & Sassy, terrifiées, qui se cabraient et battaient l'air de leurs sabots avant.

J'ai accouru vers elles, ai retiré le loquet de la porte de leur stalle, l'ai ouverte & me suis reculé. Elles ont bondi hors de leur stalle puis se sont engouffrées par la porte de derrière. J'ai alors entendu des cris et vu des silhouettes apparaître à travers la fumée, faire sortir les bêtes par le portail de devant. Il ne restait plus qu'un cheval dans l'écurie. Le mustang. Il hurlait de peur & se cabrait. La chaleur était presque insupportable, mais j'ai couru, le corps plié en deux, défaire le loquet de sa stalle. Je m'y suis brûlé les doigts, mais la porte a fini par s'ouvrir. J'ai été projeté en arrière quand le mustang terrorisé a jailli de sa stalle. Je ne lui en ai pas voulu. Les chevaux détestent le feu plus que tout. Ça les rend dingues.

Je venais juste de me remettre debout, j'avais encore la gorge & les yeux pleins de fumée, quand quelque chose m'a projeté au sol. Une puissante chute d'eau qui provenait des cieux. Je suis resté là, allongé par terre, la bouche ouverte comme un poisson au fond de la barque, le temps que ça passe.

Un bref instant, j'ai vu des étoiles à la place du toit, ensuite un grand arc orange s'est élevé puis abattu sur moi. C'était un torrent si puissant qu'il m'a repoussé d'un bon mètre en arrière. Puis encore une fois, c'est passé. Le jet s'était déplacé sur ma gauche, alors j'en ai profité pour ressortir par la porte de derrière.

Je suis resté un moment, trempé, à essayer de reprendre mon souffle. Puis j'ai remarqué que les trois chevaux – les deux juments & le mustang – étaient là à hennir, se cabrer & chercher à gravir la pente raide de la montagne. L'une des juments s'était emberlificotée dans une corde d'étendage et elle se cabrait dangereusement près du sac de jute dans lequel se trouvait Martha. J'ai aussitôt sorti mon couteau en silex et coupé la corde. Après quoi j'ai caressé le cou de la jument et l'ai calmée en utilisant les astuces que ma mère indienne m'avait enseignées.

L'incendie semblait être éteint, mais je voyais le grand arc d'eau du tuyau des pompiers qui s'élevait toujours dans le ciel et s'abattait sur le toit carbonisé de l'écurie. S'il montait encore, il risquait de dépasser le bâtiment et de retomber là où je me trouvais avec les bêtes, de les effrayer. Et alors, Martha pouvait très bien se faire piétiner.

Il fallait que j'éloigne ces chevaux.

Le mustang était le plus petit des trois. J'ai enfoncé mes doigts dans sa crinière & me suis hissé sur son dos. Ensuite, je lui ai chuchoté à l'oreille & l'ai fait avancer. Nous sommes sortis de derrière l'écurie et nous sommes retrouvés devant le petit corral côté nord. Comme je l'espérais, les juments nous avaient suivis.

L'air nocturne était frais, sur mon visage. Je sentais l'odeur âcre du bois brûlé et trempé.

Quatorze chevaux tournaient dans un enclos extérieur. À présent que l'incendie était quasiment éteint, ils étaient toujours excités mais plus paniqués.

Dans la rue, de l'autre côté du corral, des hommes étaient regroupés autour d'une machine de pompiers. Ça n'était pas celle que j'avais vue à la caserne de la Young America Engine Company. Celle-ci devait appartenir à leurs rivaux, la Virginia Engine Company n° 1.

Elle était au moins deux fois plus longue que la numéro 2 & avait 8 hommes de part et d'autre qui actionnaient ses leviers comme des Diables. Quand 16 bras se levaient d'un côté, 16 autres s'abaissaient de l'autre. Deux autres hommes manipulaient le tuyau qui projetait encore un puissant jet. Ils me faisaient penser aux Danseuses du Topliffe Theatre. Sauf que là, ça n'était pas un spectacle. C'était une question de vie ou de mort.

— ARRÊTEZ DE POMPER ! a hurlé une voix plus puissante que celle de Dieu.

J'ai alors vu un homme coiffé d'un casque de pompier en cuir avec « **N° 1** » marqué dessus. Il tenait une trompette en argent devant sa bouche. Mais il ne soufflait pas dedans. Il s'en servait pour donner des ordres. J'ai compris que c'était le chef de la Virginia Engine Company n° **1**.

— NOUS AVONS RÉUSSI ! a-t-il encore lancé. L'INCENDIE EST ÉTEINT !

Les pompiers, épuisés, se sont effondrés sur leur machine, tandis que toutes les personnes présentes les acclamaient et leur tapaient dans le dos. Je suis descendu du Mustang, ai ouvert le portillon du corral & lui ai tapé sur la croupe. Il est bien gentiment entré dans le corral, suivi par les deux juments de Sally Sampson.

Je venais de refermer le portillon quand l'un des garçons d'écurie s'est écrié :

— Il est là ! C'est lui qui a allumé l'incendie !

— Chopez-le ! a immédiatement ordonné un homme portant un haut-de-forme.

Je me suis dit que ce devait être le propriétaire de l'écurie, M. Joseph H. Gardiner.

J'ai voulu prendre mes jambes à mon cou, mais je me suis très vite retrouvé encerclé. Le garçon d'écurie était un grand costaud, il m'avait agrippé et me soulevait en l'air.

Je n'aime pas qu'on me touche & je déteste qu'on me soulève en l'air.

— Lynchons-le ! s'est exclamé un homme.

— Non ! a riposté un autre. Aspergeons-le de kérosène et foutons-y le feu !

— Ouais ! a approuvé le garçon qui me tenait.

Il m'a alors jeté par terre avec une force telle que ça m'a coupé le souffle.

— Mais c'est qu'un gosse ! s'est indignée une femme.

Sans doute Mme Gardiner, l'épouse du propriétaire.

— À c't'âge-là, c'est les pires ! a déclaré un autre garçon d'écurie. (Plus petit que son collègue, il devait avoir à peu près mon âge.) Faut les dresser !

— Cramons-le ! a hurlé quelqu'un. Cramons-le vivant ! Ça lui apprendra.

J'ai alors vu le petit garçon d'écurie s'approcher de moi avec un bidon de kérosène.

Au même instant, le grand a frotté une allumette.

BANG !

L'éclair d'un coup de feu tiré en l'air & la détonation ont arrêté les deux jeunes.

— Éloignez-vous de lui ! a ordonné une voix d'homme. Écartez-vous !

Le Rév. C.V. Anthony braquait un Deringer calibre .41 à un seul coup vers le ciel & il toisait la foule d'un air mauvais. Tout le monde a reculé.

Il a rengainé son arme encore fumante & m'a aidé à me relever.

— Dis-moi que tu n'as pas allumé cet incendie, P.K., m'a-t-il fait.

— Je n'ai pas allumé cet incendie, ai-je réussi à répondre à présent que j'avais un peu repris mon souffle. Je n'ai rien à voir là-dedans.

— Y ment ! a craché le premier garçon d'écurie. Shandy et moi on l'a vu qui se cachait dans la stalle du fond, là où le feu est parti !

— J'essayais d'aider une fille qui se cachait dans l'écurie. J'ai sauvé vos chevaux. Je n'ai pas allumé ce feu.

— Dans ce cas, est intervenu M. Joseph H. Gardiner, qui a fait le coup ?

— Un homme tête nue qui portait un manteau long !

— Qui ça ? Comment s'appelle-t-il ?

— Je l'ignore. Mais il était grand, mince et portait le bouc.

— Foutaises ! s'est écrié M. Joseph H. Gardiner.

— Lynchons-le ! a hurlé une nouvelle voix.

— Moi j'ai une corde ! a ajouté une autre.

Plusieurs spectateurs de C. Street avaient rejoint mes accusateurs.

— Quelle honte ! s'est insurgé le Révérend, de sa voix d'homme d'Église. Vouloir lyncher un pauvre enfant sans même le juger. Je vais le conduire chez le Marshal, où il attendra que justice soit faite.

Une fois de plus, je me suis retrouvé soulevé en l'air, mais cette fois couché en deux sur une épaule chrétienne. Et lorsque le révérend m'a fait fendre la foule, j'ai dû retenir mon chapeau mou afin qu'il ne tombe pas. J'entendais des voix furieuses qui criaient & j'ai même reçu plusieurs coups de poing dans le dos, jusqu'à ce que le Révérend C.V. Anthony finisse par citer l'Évangile selon Jean, chapitre 8, verset 7 : « *Que celui de vous qui est sans péché lui jette le premier la pierre !* »

— Garçon d'écurie blessé ! a-t-il ajouté. Laissez passer !

Il mentait, certes, mais la foule s'est écartée devant lui et lui a permis de s'engager dans C. Street puis dans

Sutton en direction de B. Street. Il n'y avait là quasiment plus personne. Je me disais que toute la ville avait dû se réunir devant l'écurie incendiée.

Vu que nous étions à présent loin de la foule assoiffée de sang, je me suis mis à me débattre.

— Laissez-moi ! ai-je crié. Il y a une fille que je dois aider. Ne m'emmenez pas chez l'Adjoint du Marshal !

Là, le Rév. C.V. Anthony s'est arrêté & j'ai senti qu'il me basculait. La rue en pente a cogné contre la plante de mes pieds à travers la semelle fine de mes mocassins. Mon épaule endolorie m'a lancé lorsque le révérend l'a empoignée d'une main ferme.

— Quelle fille ? a-t-il demandé. De quoi parles-tu ?

— Un Témoin Oculaire a assisté au meurtre de la Petite Sally. Et le tueur cherche à la retrouver.

— Qui est ce témoin oculaire ?

— Une Noire. La domestique de Sally. Elle a une dizaine d'années et porte une chemise de nuit et un bonnet de nuit. Je peux prouver que je ne mens pas. (Je lui ai alors montré du doigt une ruelle que j'avais découverte plus tôt dans la journée.) On peut passer par-là, contourner les cabinets du Fashion Saloon et se faufiler derrière plusieurs autres bâtiments.

— Je me souviens que Sally avait une jeune servante. Et tu dis qu'elle a assisté au meurtre ? Elle connaît l'identité du tueur ?

— Oui, monsieur. Mais elle a une fièvre et elle risque de mourir si nous ne la conduisons pas chez un médecin. Vous voulez bien m'aider, s'il vous plaît ?

FEUILLE DE COMPTES 29

Ce soir-là, je me suis estimé chanceux pour trois raisons.

D'abord, parce que le pasteur méthodiste C.V. Anthony se trouvait sur les lieux de l'incendie & m'a sauvé d'une foule bien décidée à me brûler et/ou à me lyncher.

Ensuite, parce que, sans être bien costaud, il a eu assez de force pour transporter Martha, dans son sac de jute, jusque chez Doc Pinkerton.

Enfin, parce que Doc Pinkerton a accepté de s'occuper de Martha, alors même qu'elle empestait l'urine, la sueur et le purin. Je sais maintenant que c'est un bon Chrétien.

Nous avons conduit Martha à l'étage et, là encore, je lui ai doucement pincé les joues pour la réveiller. J'étais pressé de savoir si le Tueur parlait avec l'accent allemand, afin de confirmer la culpabilité de Ludwig Hamm. Des 9 Suspects de ma liste, il était le seul Allemand.

Sauf que Martha était toujours brûlante de fièvre & qu'elle ne se réveillait pas. Doc Pinkerton l'a laissée aux soins de Mme Pinkerton, nous a raccompagnés au rez-de-chaussée & m'a dit de repasser vers 10 heures le lendemain pour voir si la fièvre avait tombée.

Le Rév. C.V. Anthony est rentré dîner chez lui tandis que je me suis fondu dans la foule de C. Street, direction l'International Hotel et mon rendez-vous avec Jace. Mais je n'avais pas fait trois pas sur le trottoir qu'une pensée m'est soudain venue.

Une pensée si terrible que j'ai cru sentir mes boyaux dégouliner dans mes jambes.

Charles Volney Anthony était le numéro 9 de ma liste de Suspects. Or, si j'avais bien retenu une chose des quelques jours depuis lesquels je vivais à Virginia, c'est qu'il ne fallait faire confiance à personne !

Je me suis dit : « Sally est tombée par hasard sur un vieil ami le soir où elle a été tuée, et le Révérend est en ville depuis peu ! »

Puis je me suis demandé : « Que faisait le Révérend sur le lieu de l'incendie ? »

Enfin j'ai pensé : « Il a très bien pu allumer l'incendie, se débarrasser de son manteau long & faire semblant de me sauver afin que je lui fasse confiance et lui révèle où Martha se cache ! »

Le pasteur méthodiste savait à présent chez qui elle se trouvait, et même dans quelle chambre puisqu'il l'y avait transportée lui-même.

Si le Révérend était bel et bien le Tueur, il pouvait tout à fait se glisser chez Doc Pinkerton en pleine nuit, accéder à l'étage par une échelle, ouvrir la fenêtre de la chambre et étrangler Martha.

Je devais absolument la déménager.

Je devais lui trouver une cachette encore plus sûre que le domicile de Doc Pinkerton.

Ne faire confiance à personne.

Or j'étais bien obligé de faire confiance à quelqu'un.

Ma première pensée a été pour la Grosse Gussie. J'étais quasi certain de pouvoir lui faire confiance, mais le tueur risquait aussi de penser à aller chercher Martha chez elle. Il me fallait trouver quelqu'un d'à la fois sûr et pas trop évident.

J'ai fermé les yeux & adressé une prière au Seigneur comme on décoche une flèche. J'avais à peine murmuré « Amen » qu'un nom m'est venu à l'esprit.

Un nom surprenant, mais à la réflexion il m'a paru être la meilleure solution.

Je suis retourné chez Doc Pinkerton, ai frappé à sa porte &, quand il l'a ouverte, lui ai rapidement expliqué le problème. Il n'était pas convaincu que Martha soit en danger, mais j'ai insisté. Et il a fini par accepter de la déplacer dans un lieu plus sûr.

Je lui ai expliqué comment reconnaître la personne quand celle-ci passerait chercher Martha, et lui ai révélé mon plan.

— Très bien, a acquiescé Doc Pinkerton. Mme Pinkerton est en train de lui faire la toilette avec une éponge, donc elle sera propre, au moins. Et si tu veux bien me donner l'adresse de ton Lieu Sûr, je passerai la voir demain matin.

(Vous vous dites peut-être que je fais beaucoup de mystères dans ma description de ces événements, mais je ne tiens pas à indiquer où se trouve Martha – même sur ces feuilles de compte –, au cas où le Tueur mettrait la main dessus.)

Tout ce que je peux dire c'est que j'ai couru aussi vite que j'ai pu à l'endroit où j'espérais trouver mon allié

& l'y ai trouvé. Comme je m'y attendais, il a accepté de m'aider. Je l'ai même suivi jusque chez Doc Pinkerton & l'ai regardé, caché dans un coin sombre, récupérer « un paquet de linge sale » & l'emporter dans une brouette. Et ce n'est qu'une fois que j'ai été certain que personne ne le filait que j'ai décidé de retourner à mon agence.

Je savais qu'il était 20 heures passées de beaucoup et que j'allais être salement en retard pour mon rendez-vous avec Poker Face Jace, mais je n'y pouvais rien.

B. Street était animée, entre la musique qui se déversait des saloons & la foule qui se pressait sur le trottoir. Je suis rentré dans mon bureau, ai allumé une lampe & ai fermé à clé derrière moi. Je n'ai pas baissé le store, de sorte que, si quelqu'un m'espionnait, la personne me voie emporter la lampe dans ma chambre & pense que je me suis couché.

Sauf que je ne me suis pas couché. J'ai retiré mon manteau encore trempé & me suis déguisé.

Des déguisements, j'en ai 4 :

1. L'Indien à Couverture – vieille couverture paiute, chapeau mou poussiéreux & coupe en fer-blanc de mendiant

2. Le Petit Chinois – pyjama bleu, sandales à semelles de bois & chapeau de paille avec fausse natte

3. Fillette Modèle – robe en calicot rose, bonnet & bottines blanches à boutons

4. Riche Garçon – manteau, gilet, souliers noirs & chapeau

Les numéros 2, 3 & 4 se trouvaient dans le Placard du Studio d'Ambrotypes & de Photographies de mon voisin, M. Isaiah Coffin.

Le déguisement n° 1, lui, était accroché à une patère dans ma chambre.

Je l'ai décroché & ai passé la couverture paiute autour de mes épaules. Ensuite j'ai enfoncé le chapeau sans forme jusqu'à mes sourcils & j'ai pris ma coupe en fer-blanc.

Ne pouvant risquer de sortir par la porte de devant déguisé en Paiute, j'ai adressé une nouvelle prière au Seigneur, coincé la coupe sous ma chemise, me suis glissé par la fenêtre & suis descendu par l'échelle branlante. Mon pied a failli traverser le 5ᵉ barreau, qui était pourri.

J'ai pensé : « Il faut que je m'achète une autre échelle. »

Puis : « Mieux vaudrait ne plus vider mon pot de chambre par la fenêtre. »

Arrivé en bas, j'ai attendu que mes yeux s'habituent à l'obscurité. Puis je me suis dirigé à travers les conserves & autres cochonneries plus dégoûtantes jusqu'à la ruelle du Coroner. Une fois dans C. Street, j'ai pris à gauche sur le trottoir bondé & ai rejoint une entrée latérale de l'International Hotel. Cette porte blanche toute simple est réservée aux marchands et aux livreurs. Vous êtes peut-être passé mille fois devant sans vous rendre compte qu'elle donnait dans l'International Hotel. Sitôt qu'on l'a franchie, un escalier en bois nu vous conduit à un couloir élégant qui mène aux chambres de luxe.

Quand je suis arrivé devant la porte avec le numéro 3, j'ai regardé des deux côtés du couloir pour être sûr que personne ne voie un Indien à Couverture pénétrer dans la Chambre de Jace. J'ai alors tapé à la porte suivant le code convenu, puis suis entré quand j'ai entendu Stonewall grogner à l'intérieur.

— T'étais où ? m'a demandé Jace.

Il se tenait près de la cheminée, à côté de Stonewall qui, lui, était assis.

— Presque 9 heures, a-t-il ajouté. Tu nous as fait poireauter.

Jace est fortiche pour cacher ses émotions, mais là j'ai su qu'il était en pétard parce qu'il a recraché la fumée de son cigare violemment vers le bas. C'était un truc qu'il m'avait appris.

— Désolé pour le retard, me suis-je excusé, j'ai été retardé par l'incendie de l'Écurie Flora Temple.

— Faut prévoir ce genre de souci de circulation, a répliqué Jace. Virginia se peuple de plus en plus.

— Ça n'était pas que la circulation. Le propriétaire et deux garçons d'écurie m'ont accusé d'avoir allumé l'incendie. J'ai failli être brûlé vivant et aussi lynché.

Jace m'a demandé de lui raconter ce qui s'était passé, ce que j'ai fait pendant que nous dînions. Eux deux avaient déjà mangé, mais il y avait une espèce de cloche sur mon assiette et la nourriture était quasi chaude. Jace et Stonewall prenaient le café pendant que je me régalais de côtelettes de porc, légumes et épi de maïs. J'avais faim et c'était bon.

Entre deux bouchées, je leur ai raconté tout ce qui m'était arrivé ce jour-là, depuis la réception du bébé de pierres jusqu'à la découverte de Martha dans l'écurie et sa mise en sûreté.

Jace m'a ensuite demandé :

— Tu penses donc que l'homme que tu as vu dans l'écurie – tête nue et manteau – était le Tueur de la Petite Sally ?

— Ça pouvait être le Révérend C.V. Anthony, ai-je répondu. Et je soupçonne aussi M. Isaiah Coffin. Mais mon Suspect n° 1 est le pompier dont je vous parlais : le barman du Young America Saloon, M. Ludwig Hamm.

— Qu'est-ce qui te fait dire que Hamm est le tueur ?

— Il était fou amoureux de la Petite Sally. Elle avait la langue acide et l'avait déjà repoussé plus d'une fois. En plus, il a un sale caractère.

Jace a terminé son café puis sorti un cigare Mascara de sa poche de poitrine.

— Un sale caractère ne fait pas forcément un tueur, a-t-il déclaré en frottant une allumette à la table. Cela dit, la façon dont Sally a été tuée suggère un crime passionnel.

— Que voulez-vous dire ?

Jace tenait la flamme contre le bout de son cigare et aspirait à petites bouffées en le faisant tourner pour qu'il brûle bien partout.

— Comme je te disais, a-t-il repris, quand la Petite Sally a été tuée la semaine dernière, la rumeur a d'abord prétendu qu'elle avait été égorgée. Égorger quelqu'un, c'est très salissant, mais surtout, ça se fait de sang-froid. Un tueur égorge sa victime parce que c'est rapide, silencieux, et que lui-même cherche quelque chose.

J'ai fait signe que je comprenais.

Jace a tiré une ou deux bouffées de son cigare avant de poursuivre :

— La strangulation, par contre, correspond en général à un meurtre passionnel.

J'ai repensé à mon principal Suspect pour le meurtre de Miss Sally Sampson, le très passionné M. Ludwig Hamm, et me suis frotté l'oreille, qui ne s'était pas bien remise de la gifle que l'homme lui avait donnée.

— Pour étrangler quelqu'un, a ajouté Jace, il faut prendre son cou à deux mains et serrer fort. Ça demande du temps. Et ça dénote une autre personnalité.

Il avait la voix comme pâteuse & je l'ai bien étudié. Il recrachait sa fumée lentement et vers le bas, chose que les gens font quand ils sont tristes.

— Avez-vous déjà étranglé ou égorgé un homme ? lui ai-je demandé.

— Oui, m'a répondu Poker Face Jace sans me regarder dans les yeux. J'ai fait les deux.

FEUILLE DE COMPTES 30

— Vous avez déjà étranglé et égorgé un homme ? ai-je demandé à Jace.

— Pendant la guerre, a-t-il confirmé.

— La guerre dans l'est ?

— Non. Celle du Mexique. Il y a de ça quinze ans.

J'ai attendu, au cas où il voudrait ajouter quelque chose.

Il a examiné son cigare.

— J'ai dû trancher la gorge à une sentinelle, une fois. Pour le faire taire. Quelques semaines plus tard, au cours d'une bataille acharnée, je me suis retrouvé à court de munitions et j'avais perdu mon fusil. Nous nous battions au corps à corps. Un homme s'est jeté sur moi. C'était lui ou moi... (Sa voix s'est éteinte & il s'est mis à fixer la table.) La première méthode s'utilise de sang-froid. L'autre dans le feu de l'action. (Là, Jace s'est tourné vers Stonewall, qui était resté assis sans rien dire de tout le repas.) Aucune des deux n'est agréable. C'est horrible, de tuer un homme.

J'ai fait signe que je comprenais.

— Même si c'est pour se défendre, ai-je dit.

Je me rappelais la figure de l'homme que j'avais tué. Je me suis aussi souvenu combien il m'avait été facile de dégainer mon Sept-coups et de le braquer sur Belle Donne quand elle m'avait surpris au Topliffe Theatre.

— Et avec une arme à feu, il faut être dans quelle condition ? lui ai-je demandé.

— Les armes à feu, a-t-il estimé en haussant les épaules, c'est quand on a peur, qu'on est en colère ou empoté. Mais je parie ce que tu veux que la majorité des fusillades qui ont lieu dans cette ville sont le fait d'hommes qui ont abusé de la boisson. (Sur ce, il s'est frotté le front puis a levé les yeux vers moi.) Ce que j'essaie de te dire, c'est que le meurtre de Sally semble être un crime passionnel ou de colère. Si quelqu'un avait prévu de la cambrioler, je me dis qu'il aurait utilisé une méthode plus rapide. Elle a dû dire ou faire quelque chose qui a excédé le tueur.

— C'est ce que je pense aussi. Je pense que M. Ludwig Hamm l'a demandée en mariage, qu'elle lui a ri au nez et qu'elle a peut-être ajouté des mots blessants. Alors il l'a étranglée. Après ça, il a repéré Martha et il a su qu'il devait la tuer elle aussi, vu qu'elle était Témoin et risquait de le dénoncer. Il l'a vue par hasard ce matin quand elle est passée me voir. Depuis, il a sûrement dû me filer. Ça explique qu'il ait mis le feu à l'écurie. Pour que ça paraisse accidentel.

— Tu penses qu'il t'a suivi jusqu'à l'écurie.

— Oui, monsieur.

— Tu n'avais pas dit qu'il était barman ?

— Si.

— Dans ce cas, comment a-t-il pu passer des heures dehors à te suivre dans les rues ?

Là, je ne savais quoi répondre. Jace avait semé le Doute dans mon esprit.

— Quelqu'un t'a suivi, ce soir ? a-t-il voulu savoir en examinant son cigare.

— Non, monsieur. Je suis sorti de chez moi par la fenêtre de derrière et me suis faufilé dans les ombres. En plus, je suis Déguisé.

— Mais après l'incendie ? Le tueur a-t-il pu vous suivre, le Révérend et toi, jusque chez Doc Pinkerton ?

— J'ai pensé qu'il avait pu tenter le coup, alors j'ai suivi le Révérend jusque chez lui pour m'assurer que personne ne le filait. Ensuite, j'ai demandé à une autre personne d'aller mettre Martha en Lieu Sûr. Au cas où ce serait le Révérend, et pas Ludwig Hamm, qui cherche à la tuer.

— Bien joué, a déclaré Jace. Et maintenant, quel est le programme ? Ton enquête, je veux dire : que comptes-tu faire ?

— Dès que Martha ira mieux, je vais lui demander quel accent avait le Tueur. Si elle me répond « allemand », alors c'est sans doute Ludwig Hamm.

— À moins que le coupable ne figure pas dans ta liste, a avancé Jace.

Il venait de semer une nouvelle Graine de Doute dans mon esprit.

Là-dessus, Stonewall a reculé sa chaise, s'est levé & est allé dans sa chambre à coucher. Il n'avait pas prononcé un seul mot & son café refroidissait dans sa tasse – il n'y avait pas touché. Je l'ai entendu uriner dans son pot de chambre.

— Qu'est-ce qu'il a, Stonewall ? ai-je demandé à Jace.

— Il a le moral en berne, m'a-t-il répondu.

— En « berne » ? ai-je fait.

— Oui, ça veut dire qu'il ne va pas fort.

— Et pourquoi ne va-t-il pas fort ?

— Les nouvelles en provenance du Maryland, m'a expliqué Jace. Cette terrible bataille, à Sharpsburg, que les journaux appellent la bataille d'Antietam.

— La semaine dernière…

— Certains rapports font état de pertes effrayantes. Chaque jour, le total gonfle un peu plus. La dernière estimation est de vingt mille.

— Vingt mille morts ?

Jace a fait signe que oui.

— On raconte que les corps s'entassent les uns sur les autres sans que personne vienne les enterrer. Des photographies ont paru à New York qui montrent des cadavres aux visages noircis, aux traits déformés – des expressions bouleversantes. Certains prétendent que cette bataille va mettre un terme à la guerre.

— Jace ? ai-je repris. Pourquoi se battent-ils ?

— Il y a pas mal de raisons, a-t-il commencé en soupirant. Mais le plus gros problème tourne autour du droit de posséder des esclaves. Le Nord veut que le Sud libère ses esclaves. Les Confédérés, eux – c'est-à-dire les Sudistes –, ils estiment qu'ils ne pourront pas survivre sans leur main-d'œuvre esclave. En plus, nous n'aimons pas qu'on nous dise ce que nous avons à faire.

— Vous êtes un Rebelle ?

Nouveau soupir. Puis :

— Je suis un Sudiste qui a vu trop de morts et de meurtres.

La porte de la chambre de Stonewall s'est rouverte & il nous a rejoints.

— Nous n'avons pas le temps pour une leçon complète, ce soir, m'a annoncé Jace d'une voix sérieuse. Mais eu égard aux récentes fusillades qui ont eu lieu, je vais te donner un conseil utile.

Stonewall avait approché une chaise du feu & cherchait quelque chose dans une petite trousse en feutre.

— Écoute bien, a dit Jace. Juste avant de commettre un acte grave ou dangereux, en général, la personne prend une grande inspiration.

J'ai fait signe que je comprenais. Ça se tenait.

— Parfois, a-t-il ajouté, tu verras même sa poitrine se gonfler, mais ça ne se produit pas à tous les coups. Ce qui ne loupe jamais, par contre, c'est que les narines de la personne s'ouvrent un peu dans la demi-seconde qui précède l'acte. Ça t'indiquera souvent qu'un homme s'apprête à te frapper ou à dégainer.

— Les narines, ai-je répété, bien concentré.

— Tout à fait, a confirmé Jace en tapotant son cigare pour en faire tomber la cendre. Bien sûr, il ne faut pas te limiter à ce détail, mais entraîne-toi à repérer ce mouvement des narines.

Je me suis rappelé que Ludwig Hamm avait pris une grande inspiration juste avant de me gifler. J'ai aussitôt frotté mon oreille & regretté de ne pas avoir entendu ce conseil plus tôt.

— Ça, a continué Jace, c'est de Stonewall que je le tiens. Pas vrai ?

Nous nous sommes tous deux tournés vers Stonewall.

Lui, il était assis près du feu et observait l'aiguille qu'il tenait dans une main et le bout de fil qu'il avait dans l'autre.

— J'y arrive pas, a-t-il murmuré.

Je me suis dit que ça ne devait pas être facile pour lui, vu que ses yeux ne regardaient pas dans la même direction.

— Donnez-moi, lui ai-je proposé. J'ai une vue excellente.

J'ai fait passer le fil dans le chas de l'aiguille, puis lui ai rendu le tout.

Stonewall a repris l'aiguille avec le fil, l'a regardée un moment comme s'il la découvrait pour la première fois.

C'est alors que l'homme qui avait pressé un revolver Le Mat contre mon front quelques jours plus tôt s'est mis à pleurer.

FEUILLE DE COMPTES 31

Regarder Stonewall pleurer me faisait bizarre. Comme la fois où Ma Evangeline nettoyait par terre et qu'elle s'était cogné la tête contre la table en se relevant. Quand quelqu'un d'aussi courageux et intrépide que Ma Evangeline ou Stonewall se met à pleurer, on a l'impression que le monde s'écroule.

Je me suis tourné vers Jace.

Il recrachait sa fumée en secouant lentement la tête. Mais son regard n'était que douceur.

— Qu'est-ce qui t'arrive, Brose ? lui a-t-il demandé.

Je ne l'avais jamais entendu utiliser ce nom.

— Mon collègue, Tiny, c'est lui qui s'occupait de la couture. (Stonewall avait son grand front baissé & de grosses gouttes tombaient sur son ouvrage.) Mais il s'est fait tuer à la Bataille de Shiloh.

— C'était dur, la guerre ? me suis-je immiscé.

Stonewall a relevé sa grande tête.

— C'est comme si tu demandais si c'est dur de brûler en enfer, a-t-il répondu. On m'avait rebattu les oreilles avec des histoires de gloire – moi je n'ai connu que la boue, le sang, les balles Minié, les chairs déchiquetées et les hommes qui supplient qu'on les laisse rentrer chez eux. Cela dit, à côté de Shiloh, toutes les autres batailles c'était le paradis.

Stonewall fixait le mur. Ses yeux pointaient dans deux directions différentes, mais il ne semblait pas regarder quoi que ce soit de précis.

— À ce qui se dit, a-t-il poursuivi, la déroute aurait commencé à cause d'un lieutenant de nos compagnies. Comme quoi il aurait été Pétrifié. Pétrifié de Terreur. J'ignore son nom, mais c'était son baptême du feu. On raconte qu'il est resté figé, comme une statue, pendant que les hommes tombaient comme des mouches autour de lui. Ensuite, ses hommes ont pris la fuite. Et ils nous ont entraînés avec eux.

Là, Stonewall a de nouveau baissé la tête.

— On est passés devant un régiment de gars du Tennessee qui se sont moqués de nous en chantant « Vole, vole, Bruant jaune ! »

— Que voulaient-ils dire par là ? ai-je demandé.

— Le Bruant jaune, c'est l'Oiseau mascotte de l'Alabama. Du coup, les gars du Tennessee devaient insinuer qu'on était comme des oiseaux effrayés. Des poules mouillées, quoi.

— La guerre peut changer les hommes en animaux, est intervenu Jace. Tous ne sont pas capables de se battre comme des ours. Certains se figent comme des opossums, d'autres s'envolent comme des bruants jaunes.

— Eh ben moi, en tout cas, j'ai fui comme un bruant, a confirmé Stonewall. Et si j'avais eu des ailes, je me serais envolé. Là, j'ai dû marcher. Je me suis dirigé vers l'ouest, ne m'arrêtant que pour manger et dormir. (Puis, se tournant vers moi :) M'a fallu un mois et demi pour arriver jusqu'ici. Jace, lui, il m'a dit que j'aurais dû partir plus tôt. L'a pas tort.

Observant le visage à la fois triste & moche de Stonewall, je me demandais comment je me comporterais au cours d'une bataille dans laquelle les hommes tomberaient comme des mouches autour de moi. Est-ce que je me battrais comme un ours ? Est-ce que je m'envolerais comme un bruant jaune ? Ou est-ce que je me figerais comme un opossum ? Je me disais que je me figerais, vu que, deux ans plus tôt, après que des Shoshone nous avaient attaqués, je me suis retrouvé assis dans l'herbe, auprès de deux cadavres et de chariots en feu, et que je ne me rappelle rien de ce qui s'est passé auparavant. Le blanc total.

— Qu'est-il arrivé à l'homme qui s'est figé ? ai-je voulu savoir. Le lieutenant de l'autre compagnie ?

— Sûrement qu'il est mort, a fait Stonewall en haussant les épaules. Les balles Minié tombaient dru, on aurait cru des essaims de guêpes qui bourdonnaient autour de nous. Si les balles ne l'ont pas eu, notre peloton d'exécution lui aura fait son affaire.

— Vous abattiez vos propres hommes ?

— Les lâches et les déserteurs. Pour que ça serve de leçon aux autres. Surtout les officiers.

— Et vous, vous avez déjà tué ? ai-je demandé à Stonewall.

— Dis-moi, P.K., est intervenu Jace, tu interroges toujours les gens de cette façon ?

— Je ne comprends pas.

— Tu ne peux pas balancer une question comme ça à la figure des gens. C'est comme un acte de guerre. Soit la personne jette les armes et s'enfuit, soit elle se fige, soit elle riposte. (Il a tiré une bouffée de son cigare avant d'ajouter :) C'est peut-être pour ça que Hamm t'a frappé.

Ne sachant pas quoi dire, je n'ai rien dit.

— Mieux vaut tenter l'approche indirecte, a-t-il poursuivi. Une manœuvre de contournement, comme on dit dans l'armée. Si tu veux savoir où telle personne se trouvait vendredi soir, demande-lui s'il lui arrive de se rendre au Melodeon, ou d'assister à des Combats de Chiens, le soir.

— Il y a des Combats de Chiens, à Virginia ? me suis-je étonné.

— On s'en moque. Tu comprends ce que j'essaie de te dire ?

— Oui, ai-je répondu en hochant la tête. Ne pas attaquer directement.

Jace s'est calé dans son fauteuil et a fait tomber la cendre de son cigare dans le cendrier.

— Je te suggère de continuer à interroger les Suspects de ta liste, mais en utilisant cette nouvelle méthode. L'approche indirecte, et pas directe.

Je regardais Jace. Il fumait son cigare – calme & détendu. Il m'avait enseigné plus de bonnes leçons sur la Nature Humaine que j'avais pu en apprendre en douze ans. Il m'aidait dans mon Enquête Criminelle & me conseillait sur la manière d'Interroger un Suspect.

L'heure était venue de faire quelque chose pour lui en retour.

L'heure était venue de l'aider à jouer au poker.

FEUILLE DE COMPTES 32

Toujours déguisé en Indien à Couverture, je suis ressorti de l'International Hotel par la porte discrète de C. Street et me suis faufilé à travers la foule jusqu'au Virginia City Saloon de B. Street. Ne voulant pas y arriver avant Jace, j'ai marché de-ci de-là pendant quelques minutes, pour m'assurer que personne ne me « filait ».

Comme j'étais sûr qu'on ne me reconnaîtrait pas sous mon Déguisement, je suis passé devant l'Écurie Flora Temple. À la lumière des torches, j'ai constaté que les charpentiers retapaient déjà le mur sud. J'ai repéré Sissy & Sassy avec d'autres chevaux dans le corral, ainsi que le plus petit des deux garçons d'écurie, assoupi dans un coin, un fusil sur les genoux. Là, j'ai entendu un léger hennissement. Je me suis retourné et ai vu le mustang qui, tête levée, avait les oreilles dirigées vers moi. M'avait-il reconnu ? Même sous mon déguisement ? Un malin, ce cheval.

J'ai résisté à la tentation d'aller le caresser. Au lieu de quoi, je suis retourné vers le saloon, sur le trottoir ouest de B. Street, côté nord.

En général, quand j'entre dans un saloon, j'aime bien pousser les portes battantes, si l'établissement a des portes battantes. Le Virginia City Saloon en a, mais ce soir-là, je me suis glissé dessous pour entrer sans me faire remarquer. Dans la salle, ce n'était que fumée de cigare, odeur de whisky, voix d'hommes & banjo à vous mettre en transe.

Moins d'une semaine auparavant, des desperados avaient tenté de me truffer de plomb dans ce saloon. J'étais certain que, ce soir-là, ça n'arriverait pas. On dit que la foudre ne s'abat jamais deux fois au même endroit. En plus, l'autre soir, je portais mon Déguisement n° 3 : robe en calicot rose et bonnet.

Là, j'en avais mis un autre.

Enroulé dans ma Couverture paiute et agitant ma coupe de mendiant, je me suis attiré quelques mauvais regards, mais personne ne s'est plaint ouvertement. C'était au barman de décider si, oui ou non, il autorisait les Indiens à Couverture & autres indésirables à fréquenter son établissement. Je me suis dit que Jace avait dû lui glisser un mot, vu qu'il m'a adressé un petit signe de tête pour m'autoriser à rester.

J'ai jeté un coup d'œil rapide autour de moi et repéré Jace assis à une table ronde recouverte d'un tapis vert. Comme d'habitude, il tournait le dos au mur et avait baissé le bord de son chapeau pour faire ombre à ses yeux. Je me suis installé de sorte à pouvoir le voir lui, ainsi que les pieds de ses adversaires sous la table.

Ma mère indienne m'avait appris à toujours chercher où se trouvent les issues dans une pièce, au cas où j'aurais à filer en vitesse. Là, il y avait les portes battantes de l'entrée ; une porte normale, en bois, à côté du banjoïste ; l'escalier qui conduisait au couloir de l'étage, avec les chambres du Virginia City Hotel et une porte aux deux bouts du couloir. Moi-même, je me trouvais entre un crachoir (à ma droite) et une table où on jouait au pharaon (à ma gauche).

Le Virginia City Saloon est très bien éclairé, grâce à des lampes à pétrole accrochées au mur et à un grand chandelier doté de globes en verre suspendu au plafond. Une demi-douzaine de tables étaient occupées par des hommes qui jouaient aux cartes. Une poignée de filles de bastringue, en robe très décolletée, étaient adossées au mur ou traînaient près du bar.

Je me suis intéressé à la table de Jace. Quatre autres hommes jouaient avec lui. Deux avaient une épaisse moustache tombante, un autre l'avait cirée. Le quatrième, c'était Absalom Smith. Je l'ai reconnu au tabac qu'il fumait – le même que Pa Emmet – et à ses sourcils qui se rejoignaient presque au-dessus de ses yeux. Ça m'a surpris, car j'aurais cru qu'il se produirait au Music-Hall, à cette heure-là. Mais j'ai alors vu que l'horloge indiquait minuit, et je me suis dit que le spectacle devait être terminé, au Topliffe Theatre.

Il faisait encore des contrepèteries :

— Vous savez pourquoi les guêpes adorent jouer au poker ? a-t-il demandé à ses adversaires.

— Pour butiner les trèfles ? a essayé un des joueurs.

— Non, s'est esclaffé Absalom Smith. Parce qu'elles préfèrent un carré d'as, à un dard cassé !

Pendant l'heure qui a suivi, ses contrepèteries sont devenues de plus en plus pitoyables à mesure qu'il était de plus en plus « pété ».

Au milieu de la cinquième main, Absalom Smith a demandé à l'homme à la moustache cirée :

— Vous surenchérissez... ? Ou vous avez les chocottes ?

Son accent sudiste ressortait, sans doute à cause du whisky.

— Je réfléchis... a répondu l'homme à la moustache cirée.

Je me suis alors rendu compte que c'était un étranger. Un Français, à son accent.

— Vole, vole, Bruant jaune, a ricané Absalom Smith.

Dès que quelqu'un m'apprend une nouvelle expression ou un nouveau mot, tout de suite je l'entends partout. Là, je me suis rappelé que Stonewall avait prononcé ces mêmes paroles quelques heures plus tôt.

Je me suis tourné vers lui, il était à moitié affalé sur le bar. Il ne pensait qu'à son verre & n'avait pas entendu la phrase.

— Comment ça, « bruyant jeune » ? a mal compris le Français.

— Je pense qu'il vous traite de poltron, lui a expliqué Moustache Tombante n° 1.

— Paul qui ?

— Un gros lâche, a explicité Moustache Tombante n° 2.

Le Français a alors regardé tour à tour les deux moustachus, puis a posé ses cartes sur la table.

— Je ne joue plus ! a-t-il proclamé.

— Vole, vole, Bruant jaune, a répété Absalom Smith.

— Fermez votre bouche, ou je vous la ferme moi-même ! l'a menacé le Français.

— Messieurs, messieurs, est intervenu Jace. Tâchons de rester civilisés.

Le Français est resté un instant à souffler comme un bœuf, puis il a tourné les talons & a quitté le saloon.

Jace l'a regardé partir, a secoué la tête puis a tiré une bouffée de son cigare.

— Vous continuez ? a-t-il lancé aux autres.

Tous ont fait signe que oui et ont fini de miser.

— Préparez-vous à pleurer, messieurs, a annoncé Absalom Smith en étalant son jeu sur la table.

Il devait avoir une bonne main, vu que tous les autres se sont affaissés sur leur chaise. Lui, il s'est penché pour récupérer ses gains.

— Permettez que je me joigne à vous ? a demandé une voix familière.

C'était celle d'un grand homme mince portant le bouc. Il avait l'accent anglais, comme Ma Evangeline des fois. Mais ce n'est que lorsqu'il s'est assis à la place que le Français venait de laisser que je l'ai reconnu à la cicatrice ronde qu'il avait à la joue.

C'était Langford Farner Peel, le nouveau Chef de la région de Comstock.

FEUILLE DE COMPTES 33

— Çui-là, mieux vaudrait pas le traiter de lâche ou de poltron, a conseillé un des hommes à Absalom Smith.

— Ou lui sortir un de vos jeux de mots pourris, a ajouté un autre. C'est une célèbre gâchette de Salt Lake City. Je ne me trompe pas ?

— Je suis seulement venu jouer au poker, a répondu Farner Peel en tirant sur sa pipe.

— Du moment que vous ne trichez pas, vous êtes le bienvenu, a déclaré Jace. Mon nom est Jason Montgomery, mais tout le monde m'appelle Jace.

— *Poker Face* Jace, a précisé Absalom Smith. Vous avez intérêt à ouvrir l'œil.

Farner Peel s'est alors tourné vers Absalom Smith.

— Et vous, si je peux me permettre, vous vous appelez comment ?

Absalom Smith s'est légèrement incliné puis a répondu, avec son accent sudiste :

— Absalom Smith, comédien et créateur de contrepèteries. Chanteur, aussi, à l'occasion. (Aussitôt, il a entonné :) *Oh ! je suis l'idiot de la famille, et les gens me prennent pour une bille...*

C'étaient les paroles de la chanson que je l'avais entendu siffloter une ou deux fois.

M. Jasper Leeky, barman et propriétaire du saloon, a apporté une bouteille de whisky et un verre propre pour Peel.

— Avec les compliments de la maison, a-t-il annoncé.

Tout à coup, M. Jasper Leeky a gonflé la poitrine & ses narines se sont ouvertes – comme Jace m'avait dit de me méfier. Sauf qu'il n'a pas frappé Peel. Il lui a tendu la main en disant :

— C'est un honneur de faire votre connaissance, monsieur.

Peel lui a serré la main & M. Leeky a servi tous les joueurs de la table.

Je me dis qu'il a eu besoin d'inspirer un grand coup pour trouver le courage de serrer la main à cette fine gâchette.

Tous les joueurs ont pris une gorgée de whisky, sauf Jace, qui distribuait les cartes.

Le saloon est resté quelques minutes silencieux. Je pense que les gens attendaient de voir si Farner Peel allait dégainer son six-coups et arroser l'endroit.

Mais il s'est contenté de jouer bien gentiment aux cartes & bientôt le brouhaha des conversations a repris son niveau normal.

J'étudiais les pieds des adversaires de Jace pour deviner qui était sûr de lui et qui bluffait. Si l'un d'eux se mettait à danser ou à relever le bout des orteils, j'agitais ma coupe puis la posais en tournant l'anse dans sa direction.

Si un joueur calait ses pieds contre ceux de sa chaise, ou les reculait dessous, ça signifiait qu'il bluffait. Je devais alors agiter ma coupe & tourner l'anse dans sa direction mais garder la coupe dans ma main.

Tout se passait bien, à la table de Jace. Les hommes buvaient, misaient & tous gagnaient de temps en temps – moins souvent que Jace, cela dit. La fumée de cigare & l'heure tardive me donnaient sommeil. Un ou deux fois, j'ai piqué du nez & ai dû me pincer très fort pour rester éveillé.

Et c'est là que c'est arrivé.

À la table de Jace, la mise était d'environ 400 $: une sacrée somme, y compris pour Jace. Trois hommes s'étaient couchés, ça allait se jouer entre Farner Peel et Jace.

Absalom Smith donnait les cartes. Peel et Jace en ont demandé une chacun. Une fois servi, Jace est resté immobile, comme d'habitude, mais Peel, lui, il a fait la grimace, caressé sa moustache & s'est calé sur sa chaise. Je m'attendais à ce qu'il se couche mais là, il a légèrement gonflé la poitrine en prenant une grande inspiration, puis il a misé trois pièces d'or en annonçant « Soixante dollars ».

Aussitôt, je l'ai vu caler ses chevilles contre les pieds de sa chaise. En plus, il s'était figé & retenait son souffle. Ces indices m'ont fait dire qu'il bluffait. Je l'ai indiqué à Jace en agitant ma coupe & en la gardant en main tout en pointant l'anse vers Peel.

Je sais que Jace a repéré le coup, sauf qu'il n'a pas suivi la mise de Peel. Au lieu de ça, il s'est couché et a posé ses cartes, retournées, sur la table.

— Vole, vole… a murmuré Absalom Smith avant de boire une gorgée de whisky. Bruant jaune.

Langford Farner Peel s'est levé si brusquement que sa chaise en a été projetée par terre. Il écartait les bras, si bien que nous pouvions tous voir que les rabats de ses étuis à revolver étaient ouverts.

Instantanément, tout le monde s'est tu dans le saloon.

— Me tue pas, a bredouillé Absalom Smith en levant les mains. Je disais ça de Jace... pas de toi.

Sauf que Farner Peel ne regardait ni Smith ni Jace.

— Vous deux, à la porte, a-t-il lancé. Vous venez pour moi ?

Toutes les têtes se sont tournées vers la porte, y compris la mienne.

Deux hommes se tenaient là, chacun contre un battant. Une seconde plus tard, ils sont entrés, laissant la porte se refermer derrière eux. Leurs éperons cliquetaient.

— Nan, a dit Boz de sa voix pleureuse. On vient pas pour toi.

— On vient pour lui ! a ajouté Extra Dub de sa voix râpeuse.

Là-dessus, ils se sont tournés vers moi, leur arme déjà en main.

FEUILLE DE COMPTES 34

Je n'ai pas eu besoin de regarder leurs narines pour savoir que je devais filer.

Cinq détonations ont résonné coup sur coup tandis que je me jetais sur la droite. *Bang ! Bang ! Bang ! Bang ! Bang !*

J'ai ramassé le crachoir plein, l'ai balancé sur les desperados puis ai plongé sur ma gauche, sous la Table où on jouait au Pharaon.

Voulant éviter le crachoir, Boz a reculé, a buté contre Extra Dub & les deux hommes se sont effondrés dans une mare de crachats aux relents de tabac.

Bang ! Bang !

Leurs armes ont fait feu dans le plafond. Une balle a touché le chandelier & déclenché une pluie de verre. Les femmes hurlaient, les hommes juraient & de nouveaux coups de feu ont retenti dans d'autres coins du saloon.

Bang ! Bang !

De mon abri sous la table, j'ai vu Farner Peel qui se tenait là, ses deux Colt Navy fumants à la main. Il ne respirait même pas fort.

Boz, par contre, il gigotait et gémissait par terre. Les deux coquards que je lui avais donnés l'autre jour étaient si gonflés que je me demandais s'il voyait grand-chose. Il dégoulinait de jus de tabac et de sang.

— Dub ! a-t-il pleurniché. Où que t'es, Dub ? J'm'ai pris une balle !

— Ton pote a déguerpi, a déclaré Farner Peel avec son accent anglais. Tourne-toi, tu verras les portes battantes qui bougent encore.

Boz a levé les yeux vers Farner Peel et lui a demandé :

— Pourquoi que tu m'as tiré dessus ? J'allais pas te faire de mal.

— Je déteste les lâches et les petits durs. Lève-toi et disparais de cette ville. Si jamais je te revois, je te colle une balle entre tes coquards.

Boz a voulu se remettre debout & c'est là qu'il m'a repéré, accroupi sous la Table du Pharaon.

— Sale petit morveux ! a-t-il craché. C'est ta faute. J'vais te choper et te trancher la gorge !

Bang !

Farner Peel venait de tirer à son tour dans le plafond. Cette fois, c'est de la poussière et du plâtre qui ont plu.

— Je compte jusqu'à dix... a commencé Peel.

Il en était à peine à six quand les portes du saloon se sont mises à battre, et que l'endroit où se tenait Boz s'est retrouvé vide.

J'ai poussé un ouf de soulagement, suis ressorti de sous la table et me suis épousseté.

Quelques clients ont applaudi, mais M. Leeky n'avait pas l'air bien content.

— Monsieur, a-t-il dit à Langford Farner Peel, surtout ne le prenez pas mal. Mais il y a eu une fusillade ici la semaine dernière, et je viens tout juste de faire replâtrer le plafond.

— Vous me demandez de partir et de ne plus jamais remettre les pieds dans votre saloon ? a proposé Peel avec un demi-sourire & un sourcil relevé.

— Si ça ne vous dérange pas, monsieur, a répondu M. Jasper Leeky en s'inclinant un peu. (J'ai remarqué que ses mains tremblaient.)

— Très bien, a conclu Peel en remettant son chapeau mou sur sa tête et se dirigeant lentement vers la sortie.

Quand il est passé devant moi, je lui ai dit : « Merci, monsieur Peel. »

Il m'a adressé son étrange demi-sourire et a touché le bord de son chapeau.

Après quoi, lui aussi, il est passé par les portes battantes.

— Eh, toi, l'Indien ! a poursuivi M. Jasper Leeky.

J'ai levé les yeux, sachant qu'il s'adressait à moi. Là, il a tendu un bras vers la porte et m'a ordonné :

— Toi aussi tu files ! Tu apportes que du vilain.

J'ai adressé un coup d'œil discret à Jace, qui était occupé à épousseter son manteau et ne m'a pas vu.

Je me suis dit qu'il comprendrait que je parte en avance.

J'ai fait un petit signe de tête à M. Jasper Leeky, me suis penché pour récupérer ma coupe de mendiant & suis sorti après les trois tueurs.

Une fois sur le trottoir, je me suis assuré qu'aucun ne traînait par là. Visiblement, ils avaient disparu.

Cela dit, je suis rentré chez moi par les rues les plus passantes & en restant dans l'ombre.

Il devait être pas loin de 2 h 30 quand enfin j'ai gravi mon échelle & me suis glissé par ma fenêtre entrouverte.

J'ai retiré mon chapeau, ai rangé ma coupe & me suis agenouillé à côté de mon lit de camp pour dire mes prières. Mais avec tout ce qui m'était arrivé depuis le matin, mon esprit tournait encore comme une toupie.

J'avais reçu un horrible paquet contenant un Bébé de Pierres avec les lettres R.I.P. marquées sur son ventre. J'avais vu les conséquences d'une fusillade & aidé le Doc à effectuer une opération délicate. On m'avait pourchassé, frappé & quasiment embrassé. J'avais rencontré le nouveau Pasteur & interrogé quatre dames en corset. J'avais découvert les Minstrels, des Danseuses déguisées en Pompiers mais aussi vu de vrais Pompiers en action. J'avais reçu ma première Vraie Cliente, puis l'avais perdue, puis retrouvée, puis encore failli la perdre dans un incendie. J'avais failli me faire brûler vif et/ou lyncher. Jace m'avait enseigné encore deux ou trois choses utiles pour comprendre les gens, et j'avais vu Stonewall pleurer comme un bébé. Enfin, juste là, j'avais empêché deux desperados de me tuer en leur jetant un crachoir presque plein à la figure.

Je me suis dit : « Oui, cette ville est un bon endroit pour apprendre à comprendre les gens et la méchanceté qu'ils ont en eux. »

Je ne me doutais pas de ce que me réservait la journée du lendemain.

FEUILLE DE COMPTES 35

Le matin du vendredi 3 octobre, j'ai été réveillé par des coups insistants donnés à la porte de mon bureau.

Je me suis dégagé de ma couverture de mendiant & assis sur mon lit de camp. Mon bras gauche me lançait à cause de ma blessure par balle & des deux ou trois personnes qui m'avaient empoigné par là la veille. Mon oreille me faisait mal, là où Ludwig Hamm m'avait giflé. Ma cheville se ressentait encore de mon entorse de la semaine passée. Et à présent, j'avais le cœur qui martelait ma poitrine parce qu'on m'avait réveillé en sursaut.

Je me sentais épuisé & démoralisé, mais en me levant, la vue que j'avais de ma fenêtre – jusqu'à l'horizon en passant par le désert, les montagnes et la Sugar Loaf Mountain baignant dans le soleil – m'a un peu requinqué. À travers la semelle de mes mocassins, je sentais les battements d'un millier de Concasseurs de Quartz qui transformaient le minerai en poussière. Ces battements remontaient par les pilotis sur lesquels était bâtie ma chambre. C'étaient comme le cœur de la montagne.

Je m'étais endormi en mocassins, pantalon en daim, chemise de flanelle rouge délavé & emmitouflé dans ma couverture de mendiant paiute. Mes cheveux sont encore très courts, depuis que Ma Evangeline me les avait rasés à cause des lentes, du coup je n'ai pas eu à me peigner ni à m'habiller pour aller ouvrir. Juste, j'ai enfilé mon manteau bleu foncé avec les boutons en cuivre.

En sortant de ma chambre, j'ai distingué une silhouette à travers ma porte vitrée. En m'approchant, j'ai compris que c'était M. Sam Clemens. Il regardait de l'autre côté de la rue, en direction du Shamrock Saloon. Quand il a entendu la clé dans la serrure, il s'est tourné, m'a souri & a retiré sa pipe de sa bouche.

— Aucune fleur ne pousse ici, et aucune verdure ne flatte le regard, a-t-il déclaré, de son accent sudiste, en indiquant les alentours avec sa pipe. Les saloons, par contre, ça pousse comme du chiendent. Celui-là, par exemple, on croirait qu'il est sorti de terre pendant la nuit. Tu as su, pour Murphy ? L'homme qui s'est fait tirer dessus hier ? Il paraît qu'il va vivre ! L'atmosphère raréfiée de cette ville doit être bonne pour les blessures par balle.

— Vous voulez quoi ? lui ai-je demandé.

— Tu sais, P.K., a-t-il dit en pénétrant dans mon bureau, maintenant que tu t'es établi Détective Privé, tu devrais peut-être songer à adopter une façon plus formelle d'accueillir tes clients. « En quoi puis-je vous aider ? » ou « Quel est votre problème ? », cela vaudrait toujours mieux que « Vous voulez quoi ? »

— En quoi puis-je vous aider ? ai-je repris en étouffant un bâillement.

— Oh ! mais je suis désolé, a-t-il aussitôt réagi en tirant sur sa pipe nauséabonde. T'aurais-je réveillé ? Serais-tu resté jusqu'à pas d'heure dans quelque saloon hier soir ?

Il avait posé cette question en gloussant, mais il s'est arrêté quand j'ai fait signe que oui.

— Oui. Je suis resté au Virginia City Saloon jusque vers 2 heures. Deux desperados sont venus pour me tuer mais j'ai détourné leur attention à l'aide d'un crachoir le temps que Farner Peel dégaine son arme et les fasse fuir.

— Purin, Pinky... Tu as une Veine de tous les Diables. Tu te trouves toujours au bon endroit au bon moment, on dirait. (Là, il a croisé les mains derrière son dos, s'est balancé un peu sur ses talons, a regardé par le vasistas puis a tiré une bouffée de sa pipe.) J'aurais donné une fortune, moi, pour vivre seul et fréquenter les saloons jusqu'à 2 heures du matin quand j'avais ton âge. Ça c'est la vie.

— Tout n'est pas si rose. Être Détective est plus dur que je l'aurais cru.

Sam Clemens a alors retiré sa pipe de sa bouche & l'a regardée d'un air renfrogné.

— Dan De Quille a eu vent de la Fusillade d'hier soir. Il a déjà interrogé des témoins et rédigé un article. Il a trouvé Boz par hasard, qui se vidait de son sang. Il l'a remis au Marshal & a empoché les 200 $ de récompense.

— Il a remis Boz au Marshal ? Du coup, je n'ai plus à m'en faire à cause de lui ?

— Il semblerait.

— Et pour Extra Dub ?

— Plusieurs témoins l'ont vu filer vers Carson City à bride abattue. Son cheval écumait comme un navire en plein typhon.

— C'est une bonne nouvelle, ai-je jugé.

Je me suis ensuite assis à ma table, et Sam Clemens s'est installé sur la chaise des Clients.

Je me suis servi une tasse de café froid.

— Tu comptes m'en offrir un peu ? m'a demandé le reporter.

— Je n'ai qu'une seule tasse, ai-je répondu en buvant une gorgée. En plus, il est froid et noir.

— Comme ton cœur… a-t-il marmonné. P.K., j'ai un problème. J'ai décroché mon poste au *Territorial Enterprise* grâce à la lettre spirituelle que j'avais envoyée au Rédacteur en Chef. Sauf qu'à présent ils veulent que je noircisse deux colonnes par jour. Et tu peux me croire, c'est pas évident. Surtout que Dan a la priorité sur tout ce qui est fusillades et événements vraiment intéressants. En ce moment, mon calepin est vide. Aucune idée à l'horizon. Le désert.

J'ai fait oui de la tête, pour montrer que j'écoutais.

Lui, il a rabattu sa chaise en arrière avant de continuer :

— Après m'être fait souffler le duel entre Patrick Murphy et Farner Peel, j'ai dégotté une belle bagarre dans C. Street. Mais comme personne n'a été tué ou mortellement blessé, ça n'intéresse pas le journal. J'ai ensuite repris espoir quand la cloche d'incendie a résonné hier soir. J'ai foncé à l'Écurie Flora Temple mais, le temps que j'arrive, le feu était quasiment éteint. Les pompiers ont fait tellement vite qu'aucune perte d'homme ou de bête n'a été à déplorer. Or, visiblement, les bagarres et les incendies qui ne font aucune victime n'intéressent personne. (Là, il a tiré une bouffée de sa pipe, puis a déclaré :) Je rêve d'un bon meurtre.

— Moi j'essaie de résoudre celui de la Petite Sally.

— Déjà dépassé, ça.

Je n'ai rien répondu. Je n'avais pas envie qu'il vienne brouiller mes pistes. Sam Clemens avait le chic pour déformer toutes les informations qui lui parvenaient.

Sur ce, il s'est penché vers moi & a repris :

— Hier, Dan m'a suggéré d'aller trouver le Coroner et de lui extirper quelques histoires. Tu vois le genre : des gamins renversés par des Chariots de Quartz ou des chiots tombés dans des Puits de Mines. C'était une bonne idée, les lecteurs raffolent de ces Tragédies. Le hic, c'est que nous sommes un peu en froid, le Coroner et moi.

— Vous voulez parler de M. G.T. Sewall ? Un grand bonhomme à la figure rouge et qui marche à l'aide d'une canne à embout argenté ?

— Lui-même – cette vermine ! s'est écrié Sam Clemens en pointant le tuyau de sa pipe vers moi. Tu vois ? Nous sommes arrivés à Virginia le même jour tous les deux et tu en sais déjà plus que moi sur cette ville et ses habitants.

— Je n'aime pas G.T. Sewall.

— Moi non plus. Alors voilà ce que je te propose. Je te donne un dollar si tu acceptes d'aller trouver le Coroner et de voir s'il n'aurait pas de récentes histoires de cadavres bien lugubres.

— Non, ai-je répondu.

— Comment ça, non ?

— Je suis allé interroger le Coroner à propos de mon Affaire, hier même. Il a cru que c'est vous qui m'envoyiez et il a failli me fendre le crâne avec sa canne à embout argenté. Il pense déjà que je suis de mèche avec vous.

— Ça pourrait être problématique, a estimé Sam Clemens en se calant sur sa chaise & en tirant sur sa pipe.

Je me suis calé sur la mienne et ai bu une gorgée du café noir et froid de la veille.

J'ai eu une idée.

— Ça leur plairait, à vos lecteurs, l'histoire d'un homme découpé en deux par un Chariot de Quartz ?

— Trop banal, a-t-il dit en secouant la tête. Il y en a un toutes les semaines. Moi il me faut de la nouveauté.

J'ai songé : « Je parie que vous adoreriez l'histoire d'une fillette qui a assisté à un meurtre et qui est poursuivie par le tueur. » Mais je ne l'ai pas dit à voix haute.

Au bout d'un moment, Sam Clemens s'est penché en avant et m'a proposé :

— Tu pourrais y aller Déguisé…

— Mes déguisements me servent à filer les gens. Pas à les interroger. Ils ne fonctionnent que parce qu'ils me permettent de me fondre dans le décor. Pour peu qu'on m'observe, ça ne marche plus.

— Tu en as pourtant un qui pourrait faire l'affaire…

— Lequel ?

Je me doutais bien de celui auquel il pensait.

— Ton déguisement de petite fille. Ça te transforme carrément.

— Oui, mais il me faut des heures rien que pour l'enfiler. Et là, je suis au beau milieu d'une enquête importante. Je dois découvrir où se trouvaient les différents Suspects vendredi soir dernier.

— Donne-moi leurs noms, m'a lancé Sam Clemens. Je les interrogerai avec tact & discrétion, au prétexte de rédiger un article. Et je saurai vite lesquels ont un alibi ou non.

J'ai pris une nouvelle gorgée de café froid en étudiant sa proposition.

Elle était valable. Je n'avais pas eu beaucoup de chance avec les Suspects que j'avais interrogés jusque-là. Chaque fois, ils s'étaient emportés après moi – sans doute parce que j'avais utilisé l'approche directe, comme avait dit Jace. Sam Clemens maîtriserait peut-être mieux l'approche indirecte.

— D'accord, ai-je accepté. Je vais interroger personnellement mon voisin, M. Isaiah Coffin. Et si vous interrogez un barbier du nom de Pierre Forote, un policier du nom d'Isaac Brokaw et un opérateur de télégraphe du nom de Iouri Ivanovich, alors moi j'irai trouver le Coroner pour vous.

Je ne l'ai pas dit à voix haute, mais j'ai pensé : « Si mon déguisement est suffisamment convaincant, je récolterai peut-être quelques indices au sujet du tueur de la Petite Sally. »

FEUILLE DE COMPTES 36

Avant d'aller chez le Coroner pour y apprendre des histoires de morts bien lugubres à l'intention de M. Sam Clemens, j'ai pris des forces en dégustant un bon Petit Déjeuner de Détective : deux côtelettes de mouton, des œufs & des toasts beurrés avec de la marmelade.

Ensuite je suis allé interroger le Suspect n° 6 de ma liste. J'étais toujours quasi convaincu que le numéro 1 – Ludwig Hamm – avait fait le coup, mais au moins ça me permettrait de m'entraîner à l'approche indirecte.

J'ai frappé à la porte du Studio d'Ambrotypes & de Photographies d'Isaiah Coffin.

Son assistant chinois, Ping, m'a ouvert en me lançant un regard mauvais.

— Comment vas-tu, Ping ? lui ai-je demandé prudemment. Et à la maison, tout le monde va bien ?

— Tout bien, a-t-il répondu en haussant les épaules. Ils dorment.

J'ai fait signe que je comprenais, puis lui ai demandé si je pouvais entrer.

— Pourquoi ? a-t-il rétorqué.

— J'ai besoin d'emprunter un costume. Et aussi d'interroger ton patron.

— Lui occupé. Lui m'apprendre mélanger produits chimiques. Aussi, lui pas content parce que tu empruntes tout le temps habits. Il dit, tu uses habits.

— Je le rembourserai, ai-je promis. Tu me laisses entrer, s'il te plaît ?

Il s'est reculé et m'a laissé entrer. Il portait un tablier par-dessus un élégant costume gris. Ce costume avait l'air d'être de confection. Je me suis dit qu'il avait dû se l'offrir avec une partie des 500 $ que je lui avais remis pour m'avoir aidé la semaine précédente.

Ping m'a suivi jusqu'au placard.

La porte de la petite Chambre Noire était ouverte. J'ai vu & senti M. Isaiah Coffin en train de mélanger des produits chimiques. Isaiah Coffin est grand, mince, il porte un bouc clairsemé & a un sourcil relevé presque en permanence.

— Bonjour, P.K., m'a-t-il salué avec son accent anglais. Comment va, aujourd'hui ?

— Bien, je vous remercie. Ping m'a dit que vous en aviez après moi.

— Il a raison, a confirmé Isaiah Coffin en relevant encore son sourcil. Tu t'es servi de mes costumes. Et ça les use, mon garçon, ça les use. Ce qui m'ennuie, vois-tu, c'est qu'ils appartiennent à mon ami Maguire. Je me contente de les garder pour lui, le temps qu'il ouvre son théâtre.

— Pourrais-je vous emprunter le costume de la Fillette Modèle une dernière fois, si je vous en achète un autre ?

— Je suppose, oui. Du moment que celui que tu achètes en remplacement est de la même qualité.

Je l'ai remercié, puis suis allé me changer derrière un portique à vêtements. J'aurais pu aller le faire chez moi, mais il me fallait une excuse pour rester interroger Isaiah Coffin.

Me rappelant le conseil de Jace, j'ai tenté l'approche indirecte : une « manœuvre de contournement ».

Je me suis éclairci la voix et ai demandé :

— Monsieur Coffin, est-ce qu'il vous arrive d'aller au Melodeon ou d'assister à des Combats de Chiens, le soir ?

— Plaît-il ? a-t-il fait en passant la tête par la porte de la Chambre Noire.

— Le Topliffe Theatre, par exemple. Vous y allez, des fois ?

— Mais tout à fait. J'adore le théâtre, sous toutes ses formes.

J'ai déboutonné ma chemise en flanelle rouge délavé (pas rose), puis poursuivi l'interrogatoire.

— Vous n'y seriez pas allé vendredi soir dernier, par hasard ? J'ai vu sur une affiche qu'une femme devait y présenter une « Danse Fantaisie » et je me demandais de quoi il s'agissait.

— Non, je n'y étais pas. J'avais un Rendez-Vous Secret. Mais j'imagine qu'une « Danse Fantaisie » doit être une sorte de gigue énergique.

— Un Rendez-Vous Secret ? ai-je répété en me tournant vers sa porte ouverte. Quel Rendez-Vous Secret ?

— C'est un secret, a-t-il répondu d'une voix étouffée car il se penchait sur un plateau.

J'ai donc tenté une autre approche.

— Où est-ce que vous habitez, monsieur Coffin ? lui ai-je demandé en passant la robe en calicot.

— Dans une pension située au sud d'ici, près de la Butte.

— Vous vous êtes couché tard, vendredi soir dernier ? Après votre « Rendez-Vous Secret » ?

Cette fois, il a carrément passé la tête par-dessus le portique et m'a fait sursauter.

— Pourquoi toutes ces questions ?

— Simple curiosité.

— Dans ce cas, cela doit cesser. J'essaie d'apprendre à Ping comment développer des ferrotypes, et nous utilisons des produits dangereux. Là, tu me distrais.

— Toutes mes excuses. Je ne vous embêterai plus.

Sur ce, il a refermé la porte de la petite chambre noire & j'ai poussé un soupir.

Ma manœuvre de contournement avait échoué. J'espérais que Sam Clemens aurait plus de chance avec le barbier français, le policier américain et l'opérateur de télégraphe russe.

J'ai terminé d'enfiler mon Déguisement de Fillette Modèle. Il me faut dans les cinq minutes pour boutonner tous les petits boutons de chaque bottine. J'étais bien content de ne pas avoir à porter cette tenue tous les jours.

Ce qu'il y a de bizarre, quand on est déguisé, c'est qu'on se sent différent. Un peu comme si on devenait quelqu'un d'autre. Quand on enfile une robe en calicot, des bottines & un bonnet, on peut presque imaginer ce que ça fait d'être une Fillette Modèle. On ne marche pas de la même façon et on ne voit pas le monde de la même façon. La robe vous picote le cou, le bonnet vous empêche de bien voir partout & vos bottines trop serrées vous font mal & vous obligent à faire des petits pas. La culotte bouffante aussi, c'est bizarre, surtout quand un courant d'air passe sous votre jupe & vous chatouille les parties intimes. Ça peut être gênant. Comme la température avait baissé, j'ai pris aussi un châle de femme en laine. Il était dans les violets, et jurait un peu avec ma robe en calicot rose, mais je n'y pouvais rien.

Quand j'ai rapporté mes affaires à mon bureau, j'ai constaté qu'il n'y avait toujours pas le moindre client venu m'engager.

Je me suis dit : « Mieux vaut que je résolve cette enquête, ou ma carrière de Détective s'arrêtera vite et je n'irai jamais à Chicago. »

Quand enfin je me suis présenté au bureau du Coroner, il était environ 11 heures du matin. La porte était fermée.

J'ai frappé, poliment.

— Entrez ! s'est écriée une voix, à l'intérieur.

J'ai ouvert la porte. J'avais bel et bien devant moi cette fripouille de G.T. Sewall avec sa figure rouge.

— Bonjour, monsieur, ai-je dit d'une voix de fillette. (Je gardais la tête baissée, comme si j'étais timide, de sorte qu'il ne voie pas bien mon visage. Sous mon bonnet rose, je portais une perruque avec des anglaises noires.) Vous êtes bien le Coroner ?

Là, je me suis assis sur le bord d'une chaise en bois face à son bureau.

— Oui c'est moi, m'a-t-il répondu. Qu'est-ce qui t'amène ?

— Mon frère a disparu. Ma mère m'a envoyée voir si on ne vous aurait pas rapporté de cadavre, récemment. Elle est trop bouleversée pour venir elle-même.

C'est Sam Clemens qui m'avait conseillé de sortir cette histoire. Il m'avait recommandé d'être le plus vague possible concernant « mon frère ».

— Il me semble te reconnaître, a fait le Coroner. On s'est déjà vus ?

— Non, monsieur, ai-je menti.

Là, je me suis surpris à tirer sur mon col en dentelle, alors je me suis forcé à me tenir tranquille, les mains sur mes genoux.

— Tu es mexicaine ? a voulu savoir G.T. Sewall en m'observant. Tu as la peau comme colorée.

— Seulement du côté de mon père, ai-je répondu en baissant encore la tête.

— Des prospecteurs ont bien trouvé le corps d'un jeune homme hier soir, mais il n'est pas mexicain.

— Mon frère avait un autre père, ai-je ajouté sans relever la tête. Du coup c'était peut-être lui. Il est mort comment ?

— Semblerait qu'il ait pris un coup de sabot. D'un mulet ou d'un cheval. Ils l'ont retrouvé dans le Six Mile Canyon avec un coup en forme de sabot dans le crâne.

Ça m'avait l'air intéressant. Je me suis un peu redressé.

— Est-ce que je pourrais voir son corps ? ai-je demandé en jetant un coup d'œil vers la morgue.

(Sam Clemens m'avait conseillé de poser cette question, de sorte que je puisse examiner le cadavre & voir s'il ne présentait pas des blessures lugubres.)

— Crois-moi, Petite, il vaut mieux pas. Les coyotes sont passés par là. En plus, son cadavre n'est plus chez moi, mais aux pompes funèbres.

— Oh !... Et auriez-vous entendu parler d'autres accidents lugubres ?

— Je sais qu'il y a eu deux fusillades hier, mais les victimes s'accrochent encore à la vie. L'une d'elles est un Irlandais du nom de Murphy. Tu serais pas à moitié irlandaise, des fois ?

J'ai fait signe que non.

— Puis il y a eu le meurtre de D. Street. Deux ivrognes qui se disputaient à cause de la guerre & de la nouvelle proclamation. Le Rebelle a planté le Yankee.

— Planté ?

— Planté. Un coup de fourchette dans le cou. Le Yankee a eu la carotide tranchée. Il s'est vidé de son sang dans les cinq minutes.

— Vous voulez dire qu'il est mort.

— Il est mort, a confirmé G.T. Sewall.

J'ai médité quelques instants là-dessus. J'avais vu deux hommes survivre à des blessures par balle infligées à bout portant, et là j'apprenais qu'un autre homme était mort en cinq minutes d'une blessure par fourchette. J'étais certain que M. Sam Clemens adorerait cette histoire.

— Est-ce que je pourrais voir son corps ? ai-je demandé. C'est peut-être mon frère.

— M'étonnerait. Le bonhomme a bien 40 ans.

— Mais c'est peut-être lui. Pourrais-je le voir ?

— Tu as un frère de 40 ans ? Et comment tu t'appelles, au fait ?

Soudain, il plissait les yeux. Expression n° 5 : la Colère ou le Soupçon. Voire les deux.

Sam Clemens et moi n'avions pas décidé quel nom me donner.

Je devais en trouver un rapidement.

— Maisie, ai-je affirmé en reprenant le prénom que Dan De Quille m'avait donné la semaine passée.

— Maisie comment ?

— De Quille. Maisie De Quille.

— Hein ? T'es la p'tiote à Dan De Quille ?

— Oui. Je suis la p'tiote à Dan De Quille.

— Tu parles d'une histoire ! Dan, il est pas mexicain !

C'est là que je me suis rappelé – trop tard – lui avoir dit que mon père était mexicain.

— En plus, a ajouté G.T. Sewall en se levant de sa chaise, il se trouve que je sais que la famille de Dan ne vit pas à Virginia. Il les a laissés dans l'Est. Et figure-toi que « Dan De Quille » c'est même pas son vrai nom.

Tout ça, je l'ignorais. J'ai levé les yeux en disant :

— Ah bon ?

— Comme je te dis. Maintenant dis-moi qui t'es ?

J'ai vite baissé les yeux, histoire de trouver une réponse convaincante.

— Mais c'est que t'es le purin d'Indien d'hier, pas vrai ? Sauf que là t'es venu déguisé en gamine ! Je parie que c'est cette vermine de Sam Clemens qui t'envoie. Tu diras à cette espèce de fouine qu'il ne tirera aucune info de moi. Quant à toi...

Là, il a empoigné sa canne à embout argenté.

Je n'ai pas entendu la fin de sa menace, vu que j'ai filé plus vite qu'un grillon qui se serait posé sur des charbons ardents.

FEUILLE DE COMPTES 37

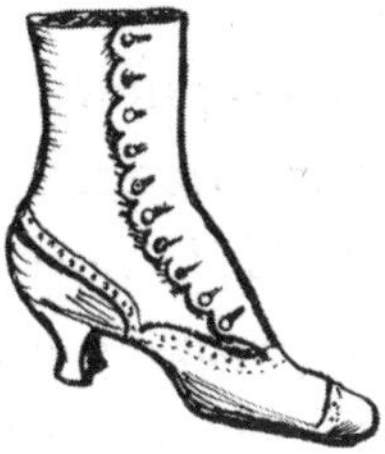

J'ai échappé au Coroner en m'engouffrant dans l'entrée de service de l'International Hotel, en grimpant son escalier en bois puis en ressortant par la porte de B. Street. Personne n'a fait attention à la fillette essoufflée qui passait avec châle et bonnet. En ressortant dans B. Street, j'ai failli être renversé par la marée de mineurs, de marchands & même de femmes qui se dirigeaient à toute allure vers le sud par les deux trottoirs de la rue.

— Encore un duel ! ai-je entendu quelqu'un lancer.

J'ai adressé une prière de remerciements au Seigneur et me suis laissé entraîner par cette marée humaine. Quelques instants plus tard, je me retrouvais devant le Niagara Hall & Billiard Saloon.

Je me suis faufilé entre les gens pour entendre ce que disaient ceux de devant.

— Il est fou, affirmait un homme.

— Croyez qu'il va le faire ? demandait un autre.

Je me suis extirpé de la foule, au premier rang. Mon bonnet s'était enfoncé jusque sur mes yeux. Quand je l'ai relevé, je n'ai rien vu d'autre que les portes d'un saloon.

J'ai donc tiré sur la redingote de l'homme qui se tenait à ma droite et lui ai demandé :

— Que se passe-t-il ? Qu'est-ce qu'il y a ?

— Rentre vite chez toi, petite. Ça va pas tarder à barder, dans le coin.

— Qui c'est ? a voulu savoir un homme derrière moi.

— Un dingo d'Irlandais, a répondu un autre. Pat Lynch était en train de balayer devant le saloon quand ce gars lui a sorti : « Pat, tu penses que je ferais quel genre de cadavre ? Est-ce que tu crois que je ferais un joli cadavre ? »

— Il se fait appeler El Dorado Johnny, a avancé un troisième. Il a sur lui deux revolvers Colt Navy.

— Pat a bien essayé de l'empêcher d'entrer, mais le gars voulait rien entendre, a repris le premier.

— Qui qu'il cherche ? a demandé une femme.

— Farmer Peel, pardi ! s'est exclamé le premier homme. Celui qui se fait appeler le Chef de Virginia City.

Soudain, la foule a retenu son souffle et s'est reculée d'un même mouvement : un homme venait de franchir les portes du saloon.

Mais ce n'était qu'un mineur roux et barbu, portant une chemise en flanelle.

— Ça va chauffer, a-t-il annoncé. Je mets les voiles.

Au lieu de se disperser, la foule s'est de nouveau avancée. J'étais au premier rang, je n'allais rien louper.

Plus personne ne me disait de rentrer chez moi, à présent. Ils étaient tous trop occupés à essayer d'entendre ce qui se passait à l'intérieur. Le silence était tel que nous avons tous pu entendre la voix trop forte d'un jeune homme qui avait trop bu.

— J'ai dit : « Est-ce qu'y a des Chefs dans le coin ? » M'appelle John Dennis. El Dorado Johnny, pour tout le monde.

Une pause. Puis une autre voix qui réplique, mais pas assez fort pour nous.

— N'importe qui peut l'prendre, si y veut, a déclaré la voix forte.

L'espace d'un instant, il y a eu un grand silence, mis à part les battements réguliers de la montagne & la musique qui nous parvenait d'un autre saloon. Après quoi les portes du saloon se sont ouvertes et un jeune homme est apparu, tête nue, les cheveux lissés en arrière & les éperons calés contre le trottoir. Il tripotait son étui à revolver. Pas de doute, c'était celui que j'avais vu au Fashion Saloon la veille : El Dorado Johnny. Tous les spectateurs présents se sont dispersés comme les cailles quand un faucon arrive, mais moi je suis resté à ma place.

Bang ! Bang ! Bang !

Farner Peel a surgi du saloon en faisant feu.

Le jeune homme s'est écroulé à mes pieds, ses revolvers à moitié dégainés.

Une femme a hurlé et trois hommes ont proféré des injures que je ne peux pas reproduire ici.

Deux des balles de Farner Peel avaient atteint El Dorado Johnny à la poitrine. Un morceau de bourre enflammée était accroché à l'une d'elles, si bien qu'une petite flamme brûlait au revers de la veste d'El Dorado Johnny. Mais c'est la troisième balle, l'ayant touché en plein front, qui l'a tué. Il était tombé du trottoir & avait atterri dans la rue, juste devant moi. L'espace d'un instant, j'ai lu l'étonnement dans ses yeux bleus. Puis l'étincelle de vie s'est éteinte. J'imagine que mon visage encadré par mon bonnet est la dernière chose qu'auront vue – à l'envers, en plus – ses yeux de mourant.

— Purin ! s'est écrié un homme en s'agenouillant auprès du cadavre de Johnny. (Il a éteint la flamme qui brûlait sa veste, puis s'est retourné, l'air mauvais, vers Peel, qui se tenait toujours sur le trottoir.) C'est pas juste ! Vous avez pas respecté les règles du duel. Vous auriez dû attendre d'être tous les deux sortis et vous mettre face à face.

— C'est une réclamation officielle ? a demandé Farner Peel, ses revolvers fumants toujours en main.

— Non, a fait l'autre en baissant les yeux. Non, ça va.

Farner Peel a regardé autour de lui. À le voir pas trop stable sur ses pieds, j'ai su qu'il était « pété ».

— Quelqu'un d'autre ? a-t-il lancé avec son accent anglais. Quelqu'un d'autre qui veut se battre – flingue, couteau, fourchette, que sais-je ?

Personne n'a pipé mot, alors il a rengainé ses armes, a tourné les talons & est rentré dans le saloon.

Les conversations venaient juste de reprendre, quand Farner Peel a de nouveau franchi les portes de l'établissement.

Aussitôt, plus personne ne parlait.

— Je ne pense pas que je fréquenterai ce saloon à l'avenir, a-t-il indiqué avant de se diriger vers Union Street.

Un homme portant un tablier est sorti à son tour de l'établissement et a regardé Farner Peel s'éloigner. Puis il a baissé les yeux vers le cadavre & a secoué la tête.

— Rentrez donc ce pauvre Johnny, les gars, a-t-il ordonné de sa voix d'Irlandais. Couchez-le sur le billard. Il voulait laisser un joli cadavre, il laissera un joli cadavre. Un verre offert aux quatre premiers qui me le rentrent.

Dans la seconde, quatre hommes ont soulevé le cadavre d'El Dorado Johnny & l'ont transporté dans le saloon.

Je les ai suivis & les ai regardés le préparer. Le barman lui a délicatement refermé les yeux & après ça il avait l'air mieux. Plus apaisé. Moins surpris. Joli, même.

Je me suis dit : « Je parie que M. Sam Clemens sera ravi d'apprendre l'histoire du duel entre Farner Peel et El Dorado Johnny, qui est à présent un joli cadavre. »

Puis j'ai pensé : « C'est encore mieux qu'un Yankee planté par un Rebelle. »

Et enfin : « Je me demande s'il a des informations pour moi. »

Je ne supportais pas de devoir courir avec ces bottines blanches trop serrées & cette culotte trop aérée tout en retenant mon bonnet d'une main & mon châle violet de l'autre.

Mais une nouvelle pareille ne pouvait pas attendre.

FEUILLE DE COMPTES 38

— Tiens, mais bonjour, Maisie, m'a fait Dan De Quille quand j'ai poussé la porte de l'*Enterprise*. (Un clin d'œil, puis :) Comment vas-tu, aujourd'hui ?

La plupart des bureaux étaient inoccupés. Dan, lui, était assis à un modèle à cylindre, près de la fenêtre.

— M. Sam Clemens est-il là ? ai-je demandé, un peu essoufflé après ma course dans l'air raréfié de Virginia City.

— Ma foi non, il est parti faire des recherches à Silver City. Il ne rentre que ce soir.

Ça m'a surpris. Je pensais que Sam Clemens interrogeait des témoins pour moi. La déclaration de Dan aurait dû m'inciter à réfléchir, mais il me semblait arborer l'Expression n° 1 – le Vrai Sourire – alors je ne l'ai pas mise en doute. En plus, j'étais distrait par les regards insistants de certains reporters, et notamment d'Horace, l'Attrape-Science de l'imprimeur. Il se dirigeait vers moi avec un drôle d'air au visage. Il venait sûrement de préparer la presse, vu que son tablier & ses doigts étaient maculés d'encre & qu'il en avait même une traînée sur son nez – entre les taches de rousseur.

— 'Jour, Maisie, m'a-t-il dit. Comment tu vas ?

— Pas maintenant, Horace, l'a interrompu Dan De Quille avant de se tourner vers moi. Que lui voulais-tu, à Sam ?

— Rien, ai-je menti.

— Tu voulais forcément quelque chose. Tu es entré ici en courant, comme si tu avais des desperados à tes trousses. (Là, son sourire a disparu & il s'est à moitié levé de sa chaise.) Tu n'as pas *encore* des desperados à tes trousses ? Ne me dis pas que je vais devoir partir vivre à Carson City sous un faux nom…

Ça m'a rappelé quelque chose.

— « Dan De Quille », c'est votre vrai nom ? lui ai-je demandé.

— En fait, non, a-t-il avoué en se rasseyant. C'est un Nom de Plume.

— Un quoi.

— Un Nom de Plume. (Il me l'a écrit sur un papier.) C'est-à-dire le nom avec lequel je signe mes articles. Nombre d'écrivains et de reporters en ont un. Ça se fait beaucoup.

— Et votre vrai nom, c'est quoi ?

— William Wright.

J'ai réfléchi un moment.

— Et Charles Dickens, c'est son vrai nom ?

— Oui. Bien qu'il lui arrive d'écrire sous celui de « Boz ».

— Et M. Sam Clemens ?

— C'est bien son nom ! s'est esclaffé Dan. Mais des noms de plume, il en a tout un carquois. Il n'arrive pas à se décider. Mon préféré, c'est « W. Epaminondas Adrastus Blab ». Mais chez nous, il signe le plus souvent « Josh ».

— J'ignorais que les écrivains et les reporters pouvaient avoir d'autres noms, ai-je dit.

— Pas seulement les écrivains et les reporters. Les Desperados optent souvent pour un « Surnom » ; les acteurs et les actrices appellent ça un « Nom de Scène ». Les colombes de suie et autres femmes de petite vertu se choisissent elles aussi des noms plus colorés. Tu n'imaginais tout de même pas que Belle Donne s'appelait réellement Belle Donne, si ?

Je l'ai regardé, incrédule.

— Certains appellent ces faux noms des « pseudonymes ». (Voyant ma tête, il m'a également écrit ce mot.) Eh oui, tu vois, n'importe qui peut changer de nom s'il le souhaite. Notamment si la personne a un secret à cacher ou un passé à oublier.

— Alors « P.K. Pinkerton » aussi, c'est comme un pseudonyme, ai-je fait.

— Ah ? s'est étonné Dan De Quille en allumant sa pipe. Et quel est ton vrai nom ?

— C'est celui que ma mère indienne m'a donné quand je suis né : Œil du Buisson.

— Ha, ha ! Amusant. Bon, maintenant dis-moi ce qui t'amène réellement ici.

— Je suis venu rendre un service à Sam Clemens, nous avons un accord, mais j'ai l'impression qu'il s'est payé ma tête.

— Il aime bien faire ça, a approuvé Dan. (Ensuite, il a tiré quelques bouffées de sa pipe avant de me demander :) Pourquoi tu ne me confierais pas ce que tu voulais lui dire... ?

L'espace d'un instant j'ai hésité.

Après quoi j'ai songé : « Pourquoi pas ? » Après tout, Sam Clemens m'avait laissé tomber. En plus, Dan De Quille avait la priorité sur les Fusillades.

J'ai pensé qu'il valait mieux tout lui révéler.

Alors j'ai pris une grande inspiration & tout déballé.

— Farner Peel et El Dorado Johnny viennent de se battre en duel devant le Niagara Music Hall & Billiard Saloon de B. Street. Johnny était allé chez le barbier hier. Il disait vouloir être le « Chef de la région de Comstock » ou bien un « Joli Cadavre ». Peel lui a tiré une balle de Navy dans le front qui l'a tué sur le coup. Une autre balle a mis le feu à la veste de Johnny. Là, son joli cadavre est allongé sur le billard du saloon.

— Grands dieux, Pinky ! s'est exclamé Dan en se levant d'un bond. Un joli cadavre dans une veste en feu. Mais c'est de l'or en barre ! (Aussitôt, il m'a remis un demi-dollar en argent, a récupéré son chapeau & m'a lancé :) Je te bénis, mon petit !

Et il est sorti.

Horace, lui, n'était pas parti. Il restait là à me dévisager. Puis il s'est approché.

— Tu vas bien, Maisie ? a-t-il voulu savoir. Tu n'es pas blessée ?

— Non, ai-je répondu en reculant vers la porte. Non, je vais très bien.

— Pourquoi est-ce qu'il t'a appelée « Pinky » ? C'est ton p'tit nom ? En tout cas, c'est mignon tout plein. Presque autant que toi.

Disant ça, il s'avançait & moi je reculais. Je me suis roulé dans mon châle pour me protéger.

Sur ce, il a avalé sa salive avec difficulté, puis m'a fait :

— Miss Pinky ? Est-ce que vous pensez que je pourrais avoir un baiser ?

— Non, ai-je affirmé en cherchant d'une main la poignée de la porte derrière moi. Je n'aime pas qu'on me touche. Au revoir.

J'ai trouvé la poignée, l'ai tournée, ai ouvert la porte & suis sorti dans le matin frais d'octobre.

Tout en martelant le trottoir de C. Street de mes bottines, je me disais : « Qu'est-ce que c'est que cette ville ? À Virginia City, les gens veulent ou bien vous tuer ou bien vous embrasser. »

Quand j'ai été certain de ne pas être suivi, j'ai ralenti le pas – avec ces bottines, j'avais l'air de boitiller.

J'ai regagné mon bureau & suis allé me changer dans ma remise.

Je me sentais ronchon et démoralisé.

Le bras où j'avais pris une balle me faisait mal & mon oreille aussi.

Cette vermine de Sam Clemens m'avait laissé tomber.

À présent, j'allais devoir interroger le barbier français Pierre Forote, le policier américain Isaac Brokaw et l'opérateur de télégraphe russe Iouri Ivanovich pour les retirer de ma liste de Suspects.

Sauf si Martha était en état de parler.

Si elle pouvait me dire quel accent avait le Tueur, je n'aurais aucun mal à éliminer les Suspects.

J'ai adressé une prière au Seigneur afin que Martha soit en état de parler & suis aussitôt parti, direction son « Abri Super-Sûr ».

Ma cliente se trouvait dans un lieu pas banal, mais elle était réveillée & consciente.

— Martha ! me suis-je exclamé. Tu es réveillée !

Elle a fait mollement oui de la tête. Elle était assise dans un lit de fortune, dans un coin de la pièce. Elle était propre et n'avait plus un seul brin de paille dans les cheveux.

— Tu te sens comment ? lui ai-je demandé. Tu as encore de la fièvre ?

Elle a fait non de la tête.

— Ils s'occupent bien de toi ?

Elle a légèrement acquiescé, puis d'une voix très faible, a ajouté :

— Par contre, le manger qu'ils me donnent, l'est bizarre.

— Martha, j'ai besoin que tu m'aides à découvrir qui a tué Miss Sally. J'ai une liste de Suspects, et chacun parle avec un accent différent. Iouri Ivanovich a l'accent russe, Pierre Forote est français, Isaiah Coffin anglais et Ludwig Hamm allemand. Autrement, le tueur peut aussi être américain.

Martha a fermé les yeux.

— Pourquoi que tu me dis tous ces noms ? Son nom au tueur je te l'ai déjà dit.

— De quoi ?

Je me suis approché pour mieux l'entendre.

Là, elle a rouvert les yeux.

— Son nom au tueur je te l'ai dit hier, avant que tu me laisses tomber. Me suis rappelé que Miss Sally l'appelait Dee Forest. Le lieutenant Dee Forest Robards.

Je suis resté à la dévisager, entre incrédulité & consternation.

La veille, Martha ne m'avait pas annoncé qu'elle partait se cacher en forêt. Elle n'avait pas parlé d'une « barque ». Non, elle m'avait donné le nom du Tueur : Dee Forest Robards.

J'avais passé une journée et demie à tenter de retrouver un homme dont j'aurais déjà pu connaître le nom.

Je me suis dit : « De tous les Détectives du monde, je dois être le plus mauvais. »

FEUILLE DE COMPTES 39

— Dee Forest Robards ? a fait le Rév. C.V. Anthony que j'avais injustement soupçonné. Non, ce nom ne me dit rien.

J'ai poussé un gros soupir. J'avais demandé à tout le monde s'ils avaient entendu parler de Dee Forest Robards. En pure perte. Le pasteur méthodiste était ma dernière chance.

— Désolé, a-t-il ajouté. Je ne suis en ville que depuis quelques semaines. Aussi ne suis-je pas encore bien familier avec tous mes paroissiens. Cela dit, j'ai en ma possession des dossiers que mon prédécesseur a laissés. Je vais les consulter. Au fait, ce nom s'écrit sans doute en un seul mot : D-E-F-O-R-E-S-T. Les Sudistes aiment donner comme prénom à leurs enfants un nom de famille.

J'ai fait signe que je comprenais & ai adressé une prière silencieuse au Seigneur tandis que le pasteur allait chercher un gros livre en cuir. Il fumait une pipe en cerisier.

Les gens du *Territorial Enterprise* m'avaient déjà expliqué que le nom pouvait s'écrire de plusieurs façons – mais personne n'avait entendu parler de cet homme. Le Répertoire d'Adresses de Virginia ne faisait état d'aucun Dee Forest ou D. Forest Robards, ni Deforest ou aucune combinaison de ces noms. Doc Pinkerton et sa femme ne l'avaient jamais entendu prononcer. Pas plus qu'Isaiah Coffin, Titus Jepson, ni aucune des filles de chez la Grosse Gussie ou les barmen des saloons proches de mon bureau.

Pire, même : les deux personnes sur qui je comptais le plus avaient quitté la ville. Le barman de l'International Hotel m'avait expliqué que Jace et Stonewall étaient partis pour Carson City et qu'il ignorait quand ils rentreraient.

Du coup, le Révérend était mon dernier espoir.

— Dans une ville minière comme celle-ci, il y a beaucoup de passage, m'a expliqué le Révérend C.V. Anthony tout en feuilletant son épais volume en cuir. Ces dossiers sont tous dépassés. (Quelques instants plus tard, il s'est retourné vers moi en secouant la tête.) Je suis navré, mais je n'ai trouvé aucun Robards, Deforest ou ne serait-ce que Forest. Est-ce l'homme que tu soupçonnes dans ton enquête criminelle ?

— Martha s'est souvenue de ce nom, lui ai-je confié d'un air abattu.

— P.K., tu devrais laisser cette enquête au Marshal. Je ne pense pas qu'un enfant de ton âge doive interroger des colombes de suie et fréquenter des saloons à la recherche d'un meurtrier. Et Martha, au fait, comment va-t-elle ?

— Mieux. Elle se trouve dans un Abri Sûr. (Nouveau soupir. Arriverai-je un jour à comprendre les gens ?) Dites-moi, Révérend Anthony, qu'est-ce qui pousse les gens à s'entretuer ?

— Tu veux parler du « meurtre », par opposition à la légitime défense ou à la guerre ?

— Oui, monsieur.

— Parce que nous sommes des pécheurs, P.K. Les hommes tuent parce qu'ils convoitent les biens de leur prochain ou parce que leurs amours sont contrariées. Ils tuent pour défendre leur fierté blessée, parfois même pour défendre leur vanité. Dans cette ville, les hommes s'entretuent souvent pour la seule raison qu'ils sont ivres.

J'ai fait signe que je comprenais, même si je ne comprenais pas grand-chose à ce qu'il me racontait.

— Bonjour, Charles ! s'est exclamé quelqu'un derrière moi.

Le Révérend et moi nous sommes retournés et avons vu un grand barbu pénétrer dans l'église.

— Bonjour, Bill, l'a salué le Révérend. Comment va, aujourd'hui.

— À merveille ! À merveille ! Et vous-même ?

— Très bien, je vous remercie. Nous étions en train de discuter de la nature du mal, et des raisons qui poussent les hommes à tuer d'autres hommes.

— Ça je peux vous en parler, a annoncé le grand barbu prénommé Bill. L'homme tue pour trois raisons : l'amour, l'envie et la colère.

Sa réponse me plaisait bien & lui aussi il me plaisait bien. Il mesurait environ 1,85 m, était maigre & portait une barbe de la taille d'un petit buisson d'armoise. J'étais quasi certain de ne jamais le confondre avec personne. J'ai sorti mon Carnet de Détective et ai noté : AMOUR, ENVIE & COLÈRE.

— Vous ne pensez pas réellement à l'« amour », si ? l'a repris le Rév. C.V. Anthony.

— D'accord. Disons le Désir, alors. Ou bien la Jalousie qui résulte de l'amour ou du désir.

J'ai barré AMOUR et ai marqué JALOUSIE à la place.

Mon Carnet de Détective disait donc à présent : JALOUSIE, ENVIE & COLÈRE. Les initiales de ces trois mots faisaient JEC, ça m'a fait penser à Jace & je me suis dit que j'aurais moins de mal à me les rappeler.

L'homme à la barbe en buisson d'armoise a dit :

— Qui est donc le philosophe en herbe avec lequel vous discutez de sujets si intéressants, Charles ?

— Il s'agit de P.K. Pinkerton, le tout nouveau détective privé de Virginia.

— Par les mânes du grand César ! s'est exclamé l'homme. J'ai vu ton enseigne dans la rue, mais je n'imaginais pas que tu étais si jeune. Je ne crois pas avoir jamais rencontré d'Enfant Détective.

— Eh bien c'est fait, ai-je déclaré.

— P.K., a repris le Rév. C.V. Anthony, permets-moi de te présenter M. William Morris Stewart, le « grand avocat » de la région.

J'ai dévisagé M. William Morris Stewart. D'après mon père adoptif mort, les Avocats sont pires que les tueurs ou que les desperados. Il les appelait « les Suppôts de Satan » & affirmait qu'avec leurs belles paroles, ces escrocs pouvaient vous obliger à donner tout ce que vous possédiez.

— D'après mon père adoptif mort, les Avocats sont pires que les tueurs ou que les desperados. Il les appelait « les Suppôts de Satan ».

M. William Morris Stewart m'a fixé un instant bouche bée. Puis il a basculé sa tête en arrière et est parti d'un grand rire.

Aussitôt, le Rév. C.V. Anthony s'est tourné vers moi, un sourcil relevé.

— P.K., m'a-t-il grondé, c'est très blessant, de dire ça en face à un homme. Même à un Avocat.

— Du tout ! s'est récrié M. William Morris Stewart en s'essuyant les larmes de rire qu'il avait aux yeux. Du tout ! C'est sans doute la première phrase honnête qu'on m'ait dite dans cette ville. (S'adressant à moi :) Fiston, si jamais tu as besoin d'un Avocat, je t'en prie, viens me trouver. Ton approche de la vie est rafraîchissante – j'adore. Un jour, il me faudra peut-être recourir aux services d'un Détective Privé dans ton genre. Et donc, en cas de besoin… (Là, il m'a tendu sa carte.) Mon bureau est situé juste en face du tien.

J'ai fourré sa carte dans ma poche en me demandant si, malgré tout ce qu'avait pu me dire Pa Emmet, il n'y aurait pas des cas où le Seigneur utiliserait un Avocat pour faire le bien et non le mal.

— J'aurais quelque chose à vous demander… ai-je dit.

— Je t'en prie ! s'est-il exclamé.

— Avez-vous déjà entendu parler d'un dénommé Deforest Robards ?

M. William Morris Stewart a incliné sa grosse tête de côté & retroussé ses lèvres.

— Ma foi, non, a-t-il ensuite répondu. Ce nom ne me dit rien. Mais j'ai des contacts à Washington & à Richmond. Je vais leur télégraphier sans tarder. Toutefois, à ta place, je ne me ferais pas trop d'illusions.

Ma piste semblait avoir refroidi. Ma cible m'avait échappé. J'ai remercié M. William Morris Stewart d'un signe de tête & suis rentré à mon bureau en traînant les pieds.

FEUILLE DE COMPTES 40

De retour à mon bureau, je me suis assis à ma table et me suis balancé d'avant en arrière en fredonnant doucement. J'avais faim, mais il n'y avait rien à manger chez moi et je n'étais pas d'humeur à faire les courses.

J'étais trop déprimé.

Je pensais avoir résolu ma première grande affaire, mais apparemment j'avais tout faux. Je n'avais même pas réussi à identifier l'homme qui avait tué Sally Sampson.

Je m'étais rendu sur la Scène du Crime. J'avais cherché des Indices. J'avais interrogé les témoins et dressé la liste des Suspects – 6 dans un premier temps, puis 9.

Et maintenant tout semblait indiquer que le tueur n'en faisait pas partie. C'était un homme tellement futé que personne n'avait jamais entendu parler de lui. Comme s'il s'était envolé… et pourtant il devait encore être en ville, vu qu'il avait tenté de mettre le feu à la cachette de Martha.

J'avais « le moral en berne ».

Pour oublier mes soucis, j'ai sorti ma Collection des Bons Tabacs & me suis mis à la ranger. J'ai ainsi pu noter quelques détails intéressants. Par exemple, les cigares cubains « Banana » ont un tabac légèrement jaune, comme une peau de banane. Les cigares « touche de cannelle », du Connecticut, sont marron rougeâtre avec des points blancs. Le tabac à priser « Feuille d'Érable » sent un peu le sirop d'Érable.

Je me consolais dans les différentes formes & couleurs des cigares. Je trouvais du réconfort dans les différents parfums des chiques.

Je possédais plus de 100 échantillons et étais capable de les identifier tous en un clin d'œil. Quant aux tabacs pour lesquels je n'avais pas l'étiquette du paquet – comme le Killickinick de Sam Clemens – je m'en étais confectionné à partir de feuilles de comptes.

J'étais justement en train de préparer l'étiquette du tabac à pipe « Cavendish Gold » du Révérend lorsque ma porte s'est ouverte d'un coup sec.

C'était mon voisin, Isaiah Coffin.

— Tu m'as blessé ! a-t-il déclaré. Et je souffre.

— Où ça ? ai-je voulu savoir. Où est-ce que je vous ai blessé ?

— Ici, m'a-t-il répondu en appuyant sa main sur son cœur. Je me suis montré bon voisin ; je t'ai fourni en déguisements. Et toi, comment me rembourses-tu ? En couchant mon nom dans une liste de Suspects.

J'allais lui répondre, mais il ne m'en a pas laissé le temps.

— De plus, tu es allé dire à Belle que j'avais fréquenté Miss Sally Sampson, et que je suis soupçonné de l'avoir tuée. C'est un mensonge, monsieur. Un purin de mensonge !

— Dans ce cas, pourquoi la fréquentiez-vous ?

Là, il a violemment posé un paquet de petites photographies sur ma Collection de Tabacs.

— Je la prenais en photographie pour ses Cartes de Visite. Elle ne tenait pas à salir ses différentes tenues en se déplaçant elle-même jusqu'à B. Street.

J'ai étudié ces photographies. On y voyait une jolie dame blonde dans toute une série de robes. Au bas de l'une d'elles, on avait imprimé **SALLY SAMPSON COUTURIÈRE**.

— Et Mme Zoe Brown ? ai-je demandé à Isaiah Coffin. Vous la fréquentiez. Je vous ai vu.

— J'achetais un chapeau pour Belle.

— Chez une Nymphe de la Nuit ?

— Mme Zoe Brown n'est pas une Nymphe ! s'est insurgé Isaiah Coffin. C'est la meilleure chapelière de Virginia City.

— Chapière ? Qu'est-ce que c'est, une chapière ?

— Pas chapière : cha-pe-lière. La personne qui fabrique des chapeaux.

— Mais votre Rendez-Vous Secret de vendredi soir… ?

Là, il s'est reculé d'un pas, s'est redressé fièrement & m'a toisé du regard. J'ai vu ses narines s'ouvrir en même temps qu'il bombait le torse.

Aussitôt, je me suis accroupi derrière ma table, mais Isaiah Coffin ne m'a ni frappé ni tiré dessus.

Il s'est contenté de déclarer :

— Il s'agissait d'une réunion secrète visant à discuter de la création d'une nouvelle section de Youf.

— De quoi ? ai-je demandé en me rasseyant.

— De Ioof, enfin ! Ioof ! (Voyant à ma figure que je ne comprenais pas, il a soupiré, levé les yeux au ciel &

m'a expliqué :) I-O-O-F : l'Independent Order of Odd Fellows. Il s'agit d'un ordre des plus respectables, dans l'esprit de la Franc-Maçonnerie.

Cette fois, je me sentais vraiment mal. Stupide & mal.

Isaiah Coffin a tourné les talons, s'est dirigé fièrement vers la porte & est sorti.

Avant que la porte ait eu le temps de se refermer en plein, quelqu'un l'a poussée.

C'était Sam Clemens.

— Purin de toi, P.K., a-t-il lancé en serrant sa pipe entre ses dents. Cette fois, je suis franchement furieux. Tu as donné ton histoire à Dan alors que j'avais passé un marché avec toi. Moi je suis allé interroger ton Russe, ton Américain et ton Français, je les ai éliminés de la liste des Suspects et j'ai attendu gentiment à mon bureau que tu m'apportes un Scoop !

— Ah oui ? Vraiment ? Pourtant je suis passé deux fois à l'*Enterprise* aujourd'hui sans vous y voir.

— C'est que je devais encore être en train d'interroger tes Suspects. Tout le monde aurait pu te le dire, si tu avais posé la question.

— On m'a dit que vous étiez à Silver City.

— Et qu'est-ce que je serais allé faire à Silver City, alors que je travaillais pour toi ? Tu sais que les collègues aiment se payer ma tête. Tu aurais dû me faire confiance. Et le Coroner, au fait ? Qu'est-ce qui s'est passé quand tu es allé le voir ?

— Il m'a reconnu malgré mon déguisement, ai-je avoué piteusement. Et il m'a jeté de son bureau avec sa canne.

— Purin de purin, P.K. ! Comment veux-tu devenir Détective un jour si tu n'arrives même pas à berner une cruche comme Sewall ? Tu es un piètre détective. Le pire que j'aie jamais rencontré. (Avisant les mégots de cigare et les miettes de tabac rangés par ordre alphabétique sur ma table, il s'est écrié :) Et puis tes manies et tes excentricités ! Tout ça c'est que de la blague ! (Là, il a envoyé valser ma Collection des Bons Tabacs d'un revers de la main.)

Insulte finale, il a dégommé l'horrible Bébé de Pierres dans sa boîte de cigares.

— Aaaïe ! s'est-il alors écrié.

Là-dessus, il s'est mis à sautiller sur un pied en lâchant une bordée de jurons telle que je n'avais jamais entendu auparavant et que j'espère ne plus jamais entendre. Il va sans dire que je ne peux pas les reproduire ici.

Sauf que, de but en blanc, il s'est arrêté en plein torrent de jurons.

Il regardait le Bébé de Pierres, une drôle d'expression au visage.

Je n'arrivais pas à la déchiffrer.

Sans dire un mot, il a tourné les talons & est sorti de mon bureau en boitillant.

La porte venait à peine de se refermer derrière lui qu'elle s'est rouverte pour la troisième fois en autant de minutes.

Se tenaient là Jack Williams, l'Adjoint du Marshal, et un autre homme dont j'ai appris plus tard qu'il était policier.

— P.K. Pinkerton ? a demandé l'Adjoint en me fixant de son regard froid & impassible.

— C'est moi, ai-je répondu.

— Il y quelque chose qui cloche chez toi, a-t-il grondé. Et je compte bien trouver ce que c'est. En attendant… j’ai un mandat d’arrêt à ton nom. Suis-moi.

— Comment ? Mais pourquoi ?

Je l’ai alors vu sourire pour la première fois.

Ses lèvres se sont étirées mais ses yeux sont restés froids & plissés. Pas de doute, c’était bien l’Expression n° 2 – un Faux Sourire.

— Je t’arrête pour le meurtre brutal d’une femme du nom de Sally Sampson, a-t-il déclaré. Et rien ne t’oblige à m’accompagner docilement. Je me ferai une joie de te traîner de force.

FEUILLE DE COMPTES 41

Je me trouvais sur la cime d'une haute montagne – j'étais heureux et calme – mais quelqu'un essayait de m'en faire tomber.

— P.K. ? m'a demandé une voix très lointaine. P.K., qu'est-ce qui ne va pas ?

J'ai ignoré cette voix. Ma montagne de pierre grise était aussi étroite et découpée qu'un pin. La cime sur laquelle je me trouvais était entourée d'autres cimes, mais elle les dépassait toutes en taille. J'avais posé ma couverture en peau de bison sur une petite surface plate, et m'y étais assis. Je voyais à un millier de kilomètres de distance dans toutes les directions. J'étais plus haut que l'Oiseau-Tonnerre. Si haut que je pouvais presque toucher Dieu. Ne me parvenait que le bruit du vent & des chants.

Une voix gênante, aussi.

— P.K. ? m'a fait cette voix gênante et lointaine.

— Je vais le réveiller, moi, nom de Dieu ! a lancé une autre voix lointaine.

— Non, a repris la première. Laissez-moi essayer une dernière chose.

C'est là que j'ai entendu une voix d'homme murmurer une prière.

Il priait comme Pa Emmet, avant. Alors je suis redescendu sur terre. Les chants ont cessé dans mes oreilles et j'ai ouvert les yeux.

Tout paraissait étrange. Comme si je me trouvais à l'intérieur de la montagne, et pas sur son sommet. J'ai cligné des yeux. Autour de moi, tout était en pierre grise. Ça m'est alors revenu : j'étais en Prison. Deux hommes étaient dans la cellule avec moi.

— P.K. ?

Un visage est apparu devant moi. Un homme aux yeux bleus, à la moustache & à la barbe claires.

Il me semblait vaguement familier.

— Qui êtes-vous ? ai-je demandé.

J'avais la langue engourdie et ma voix sonnait bizarrement.

— C'est moi, le Révérend Charles Volney Anthony. As-tu conscience que tu te balançais d'avant en arrière en chantant ? Le gardien m'a dit que tu faisais ça depuis plusieurs heures.

— 'Demment qu'il le sait ! a dit la voix furieuse. C'était rien que pour me faire enrager.

— P.K., je suis venu avec quelqu'un qui va peut-être pouvoir t'aider.

— Bonjour, P.K., a commencé une autre voix.

Ça n'était pas la voix furieuse. J'ai tourné la tête à grand-peine. Un autre homme aux yeux bleus et à la barbe immense m'est apparu. Ma mère indienne appelait les Blancs les « chouettes », parce qu'ils ressemblent à ces oiseaux, avec leurs yeux tout blancs qui vous fixent et leurs figures pleines de poils. J'ai fait oui de la tête : oui, ces deux hommes ressemblaient à des chouettes.

— C'est moi, a poursuivi le barbu. Bill Stewart. J'ai trouvé un renseignement au sujet de l'homme que tu recherches. Deforrest Robards. Son prénom s'écrit avec deux « R ».

J'ai de nouveau cligné des yeux, et l'homme ressemblait un peu moins à une chouette.

— Il a déserté, m'a expliqué Bill Stewart. Il était Lieutenant dans le 22ᵉ Régiment d'Infanterie de l'Alabama.

J'ai cligné des yeux. J'essayais de me rappeler qui était « Bill Stewart ».

L'homme a encore parlé.

— Tu m'entends ? Deforrest Robards est un Lieutenant confédéré qui a levé un groupe de volontaires – en grande partie pour faire plaisir à son père. Mais lorsqu'il s'est retrouvé à leur tête lors de la bataille de Shiloh, il s'est figé de terreur puis s'est enfui, provoquant la déroute de ses hommes, ce qui a entraîné de nombreuses pertes. Il est recherché : un procès l'attend, et un peloton d'exécution, si nécessaire.

C'est là que ça m'est revenu :

— Vous êtes avocat, ai-je dit. M. William Morris Stewart. Mon père adoptif disait que les Avocats sont les Suppôts de Satan.

— Nous avons déjà évoqué le sujet, inutile d'y revenir.

— P.K., est intervenu le Révérend Anthony, tu m'as l'air d'être comme ailleurs. Aurais-tu bu, par hasard ?

Avec un grand effort, je me suis retourné vers la première chouette.

— Non. J'ai promis à Ma Evangeline de ne jamais tuer, ni boire d'alcool, ni jouer aux jeux d'argent.

— Tu as peut-être fumé de l'opium, dans ce cas ? a proposé M. William Morris Stewart.

— Non, ai-je répondu. Je ne suis pas toxicomane.

— Qu'est-ce qui t'arrive, alors ?

— Ma Evangeline appelait ça « les Sales Transes ». Ça me prend quand j'ai peur ou quand je déprime.

M. William Morris Stewart a passé son grand bras sur mes épaules et s'est penché en avant.

— N'aie pas peur, m'a-t-il dit. Et tu n'as pas à déprimer. Je vais être ton Champion.

— Pour quelle raison ? ai-je demandé en fixant le sol de ma cellule. Je vous ai traité de « Suppôt de Satan ».

— Je vais être ton champion parce que tu me rappelles ma mère.

J'ai relevé les yeux, soudain tiré de mon brouillard.

— Ma mère n'a jamais dit le moindre mensonge de toute sa vie, a déclaré M. William Morris Stewart. Elle passait souvent pour quelqu'un de brusque. Tu es pour ainsi dire aussi honnête qu'elle, et bien davantage que certains révérends méthodistes que j'ai pu rencontrer – exception faite de vous, cher Charles. C'est pour cette raison que je suis heureux de te représenter. Et maintenant, pourrais-tu me dire ce qui s'est passé ?

J'ai réfléchi un moment, le temps de mettre de l'ordre dans mes idées. Puis j'ai secoué la tête.

— C'est trop le bazar, ai-je déclaré. Dans ma tête, c'est trop le bazar.

Ensuite, une idée m'est venue.

— Dans mon bureau, j'ai des livres de comptes vierges sur une étagère. Apportez-m'en un, j'écrirai tout.

— Des livres de comptes ? s'est étonné M. William Morris Stewart.

— Pourquoi des livres de comptes ? a poursuivi le Révérend.

— Parce que j'ai noté le compte rendu de ma première affaire sur des feuilles de comptes, et que, après, je me suis acheté une dizaine d'autres livres pour mes futures affaires, en même temps qu'une demi-douzaine de carnets comme celui-ci.

Disant cela, je leur ai montré mon Carnet de Détective.

— Mais pourquoi des livres de comptes ? a répété le Révérend.

— Pour que ça fasse joli sur mon étagère, ai-je expliqué.

M. William Morris Stewart a secoué la tête et m'a adressé un demi-sourire en me demandant :

— Il te faut autre chose ?

— Du café, ai-je répondu. Noir, s'il vous plaît. Et aussi : j'ai faim.

Voilà donc comment je me suis retrouvé dans cette cellule, accusé d'avoir commis le crime que je m'efforce d'élucider. À présent il est tard, j'ai fini mon café & les deux parts de gâteau fourré que mon Avocat m'a apportées en dessert. Le gardien de nuit lui-même est endormi, alors je vais me coucher.

J'ai écrit ce compte rendu de la façon la plus honnête & précise que j'aie pu.

Je le jure sur la Bible.

Vous constaterez que Jack Williams, l'Adjoint du Marshal, en a après moi parce qu'il me tient responsable des récentes fusillades qui ont eu lieu à Virginia City & aussi parce que je suis un paria & à moitié indien.

Oui, je le confesse, je suis à moitié indien.

Oui, je le confesse, j'ai supprimé l'ancien Chef de la région de Comstock la semaine passée, et peut-être causé une guerre de succession.

Oui, je le confesse, les Ennuis semblent me suivre où que j'aille.

Par contre, non, je n'ai pas tué la Colombe de Suie qui se faisait appeler la Petite Sally Sampson. D'accord, je n'ai pas d'alibi pour la majeure partie de cette nuit-là, hormis les quelques heures que j'ai passées dans une Fumerie d'Opium, mais si vous lisez le compte rendu de ma précédente affaire ainsi que celui-ci, vous verrez que la seule chose dont je sois coupable c'est d'avoir voulu aider une pauvre fille terrorisée & d'avoir cherché à faire la Lumière sur une sale affaire que la Justice avait oubliée.

Chers Monsieur le Juge et/ou Messieurs les Jurés : je vous en supplie, ne me déclarez pas COUPABLE, mais libérez-moi afin que je puisse élucider ce crime.

FEUILLE DE COMPTES 42

Comme vous vous en doutez sûrement, vu que j'écris à l'encre et plus au crayon, je ne suis plus en Prison.

Voilà comment c'est arrivé.

Quand j'ai terminé le compte rendu que vous venez de lire, j'ai posé mon crayon, me suis allongé sur la couchette étroite & dure de ma cellule & me suis aussitôt endormi.

Le lendemain matin, j'ai été réveillé par des éclats de voix.

C'étaient le gardien de nuit et un nouveau gardien que je n'avais jamais vu. Je me disais qu'il devait être le Gardien du Samedi, puisqu'on était samedi. Ils se disputaient à cause d'un article de journal.

Le nouveau gardien n'arrêtait pas de répéter :

— Je te dis que c'est vrai.

— Mais nan, rétorquait l'autre. Moi je te dis que c'est une grosse Farce.

— N'importe quoi ! Je te jure qu'ils ont trouvé un Cadavre Pétrifié dans le désert. L'endroit s'appelle Gravelly Ford.

— Jamais entendu ce nom-là, a fait le Gardien de Nuit.

— Mais jamais ils l'auraient imprimé si c'était pas vrai, a martelé le premier en reprenant le journal. Écoute voir comment ils décrivent la position du cadavre.

Entendre le mot position, ça m'a rappelé les leçons de Jace & je me suis mis à adopter la posture que décrivait le gardien :

« Le corps était assis, adossé à une saillie rocheuse, dans une attitude pensive : le pouce de la main droite appuyé contre un côté du nez ; le pouce de la main gauche à moitié sous le menton, l'index tirant le coin intérieur de l'œil gauche pour l'entrouvrir ; l'œil droit était fermé et les doigts de la main droite écartés. »

Dans cette position, je me retrouvais à faire un pied de nez avec ma main droite, comme Belle Donne sur scène, et j'abaissais la paupière de mon œil gauche comme M. Absalom Smith au Topliffe Theatre quand il disait une blague.

— Vaaalà ! s'est exclamé le Gardien de Nuit. Regarde le petit ! Il fait comme dans le journal. Tu vois ? Leur reporter il se fout de nous.

Les autres prisonniers rigolaient et faisaient oui de la tête.

— Mais jamais ils l'auraient imprimé si c'était pas vrai, a répété le Gardien du Samedi.

— Sûr que si. Regarde le nom du gars qu'a écrit l'article.

— Josh ? Qu'est-ce que ça prouve ?

— Ça prouve que c'est pas un nom de famille. Le gars a juste signé de son prénom.

— Si ça se trouve c'est son nom de famille.

— Fais pas l'andouille. Ces gars-là jamais ils utilisent leurs vrais noms.

À ce moment-là, j'ai eu une Révélation.

Comme si les Nuages des Cieux s'étaient écartés et que Dieu m'avait envoyé un Rayon d'Illumination dans le cerveau.

Martha avait entendu Sally appeler le Tueur « Deforrest » & « Lieutenant Robards ».

Mon Avocat m'avait parlé d'un certain « Lieutenant Deforrest Robards » qui avait déserté l'Armée Rebelle.

Mais pourquoi un déserteur garderait-il son vrai nom en arrivant dans une nouvelle ville ?

Il aurait plus de chances d'adopter un faux nom, comme Sam Clemens qui se faisait appeler « Josh » & par tout un tas d'autres Noms de Plume. Je me suis alors rendu compte que je connaissais pas mal de gens qui portaient des faux noms : Dan De Quille, Poker Face Jace, Stonewall, El Dorado Johnny, Walt-les-Copeaux, Boz & Extra Dub. Il y avait aussi la Grosse Gussie & ses quatre filles : aucune d'elles ne se faisait appeler par son vrai nom. Moi-même, j'ai utilisé d'autres noms que mon nom indien – il m'arrive même de me faire appeler « Maisie ».

En fait, je connaissais davantage de personnes portant des faux noms que leurs vrais noms.

Le Lieutenant Deforrest Robards était peut-être connu de centaines d'habitants de Virginia City, mais pas sous son *vrai nom*. Seule la Petite Sally Sampson, sa « vieille amie », l'avait reconnu & appelé par son vrai nom en présence de Martha.

Et comme avec les dominos, cette révélation m'en a apporté une autre : c'était sûrement ça, le mobile du Meurtre ! La Petite Sally avait reconnu ce lâche de

Deforrest Robards. Elle s'était peut-être même moquée de lui. Ou l'avait menacé de révéler sa véritable identité. Voire les deux. S'il était démasqué, on le renverrait chez lui pour être jugé, puis pendu ou abattu, parce qu'il avait été officier avec des hommes sous ses ordres.

L'excitation emballait mon cœur. Tout se tenait, maintenant. C'était la « purin de théorie des dominos ».

Ça signifiait que je pouvais me pencher à nouveau sur ma liste de Suspects.

J'ai donc sorti mon Carnet de Détective et l'ai ouvert d'une main tremblante.

Voici la liste que j'avais dressée :

Suspects Pour Le Meurtre De Sally Sampson

(hommes grands, minces, cheveux clairs, petite barbe, ayant fréquenté Sally)

1. Ludwig Hamm, barman, allemand
2. Pierre Forote, barbier, français
3. John Dennis, mineur, américain
4. Iouri Ivanovich, opérateur télégraphe, russe
5. Isaac E. Brokaw, policier, américain
6. Isaiah Coffin, photographe, anglais

Hommes qui correspondent au portrait du tueur

mais qui ne fréquentaient apparemment pas Sally

7. Farner Peel, pistolero, anglais

8. Absalom Smith, comédien et créateur de contrepèteries, américain
9. C.V. Anthony, révérend, américain

Je savais à présent que le Tueur – le Lt. Deforrest Robards – était un Confédéré : je devais donc chercher un homme à l'accent sudiste. J'ai commencé à rayer les noms des Suspects qui n'étaient pas américains, mais me suis arrêté presque aussitôt.

L'homme avait pu changer d'accent comme il avait changé de nom.

Une pensée encore plus horrible m'est alors venue : il avait aussi pu changer d'apparence.

Après tout, à moi aussi il m'arrivait de me déguiser & d'employer d'autres noms & accents.

Lui, il avait pu se raser la moustache & la barbe, & même se teindre les cheveux en noir.

Si ça se trouve, il prenait maintenant l'accent italien. Ou français.

Si ça se trouve, il n'était même pas dans ma liste.

Toutes ces idées me donnaient le tournis.

Il me fallait trouver un autre moyen pour identifier le Tueur. Quelque chose qui ne se rapporte ni à son nom, ni à son apparence, ni à son accent. Mais quoi ?

Je suis allé agripper les barreaux de ma cellule & me taper la tête contre : quoi ? Quoi ? Quoi ?

— 'Rête ça, m'a lancé le Gardien du Samedi.

Assis à son bureau, il lisait le journal en buvant un café & fumant une pipe.

À l'odeur, j'ai reconnu qu'il fumait le tabac n° 31 de ma liste : « Taylor Made » – vendu dans une blague en mousseline avec un sceau bleu et des lettres blanches.

Et là, le Seigneur m'a de nouveau lancé un Rayon d'Illumination : zoum ! Droit dans mon cerveau.

L'idée était tellement géniale que j'en ai poussé un cri de joie & me suis mis à faire la Danse de la Victoire dans ma cellule.

Le gardien s'est levé d'un bond, si vite qu'il en a fait tomber sa pipe dans son café, que ça l'a énervé & qu'il m'a crié d'arrêter « cette chierie de boucan ».

Moi, je m'en moquais.

Je savais comment identifier le Tueur.

FEUILLE DE COMPTES 43

M. William Morris Stewart est arrivé pendant que je mangeais le porridge gluant préparé par le gardien. J'ai failli renverser mon assiette, tellement j'avais hâte de lui parler. Je suis retourné agripper les barreaux de ma cellule.

— Monsieur Stewart, lui ai-je demandé, est-ce que vous pourriez me faire sortir d'ici ? Ne serait-ce que quelques heures ? Je sais comment retrouver le Tueur de Miss Sally Sampson, mais je n'y arriverai pas si je reste ici.

— Il y a bien un moyen. Mais il va falloir verser une caution. (Là, il s'est tourné vers le Gardien.) À combien se monte la caution du petit Indien ?

— Deux mille dollars, a répondu le gardien sans même relever les yeux.

— Deux *mille* ? s'est étouffé M. William Morris Stewart.

— Il est accusé de meurtre, nan ? a fait le Gardien en tirant sur sa pipe & en tournant une page du journal. Enfin, c'est ce qu'a dit l'Adjoint du Marshal.

— J'ai près de quinze cents dollars sur mon compte, chez Wells, Fargo & Co., ai-je annoncé.

M. William Morris Stewart a alors secoué sa grosse tête.

— Ça nous laisse encore cinq cents dollars à lever. Tu ne connaîtrais pas quelqu'un qui ait cette somme à disposition ?

Ma première pensée a été pour Jace. Lui, il possédait sûrement des milliers de dollars & aurait payé ma caution en un clin d'œil. Sauf qu'il avait filé à Carson City & que j'ignorais quand il en reviendrait.

Mais j'ai eu une autre idée.

Ça n'était pas gagné d'avance, mais ça en valait le coup.

— Est-ce que vous connaissez la Grosse Gussie ? La dame qui tient une Pension en brique dans D. Street ?

M. William Morris Stewart a alors affiché l'Expression n° 4 : la Surprise. Après quoi il a répondu :

— Bien sûr que je la connais. Qui ne connaît pas Gussie ?

— Elle m'a dit d'aller la trouver si j'avais besoin de quoi que ce soit.

— J'irai la voir dès que tu m'auras signé une procuration pour la banque.

Il a tenu parole et, moins d'une heure plus tard, il revenait avec un sac rempli d'or.

— J'ai retiré quatorze cents dollars sur ton compte, m'a-t-il expliqué en faisant signer un reçu au Gardien du Samedi. La Grosse Gussie et ses filles ont levé les six cents restants. Elles sont toutes folles de toi, à la Maison de Brique.

— Tant mieux, ai-je dit. Parce que je compte m'y rendre tout de suite.

— J'aime étudier les crimes et leurs châtiments, a déclaré M. William Morris Stewart tandis que le Gardien ouvrait la porte de ma cellule. Tu permets que je t'accompagne ?

Je suis sorti de ma cellule, et ai levé les yeux vers lui.

— Je préfère travailler seul, ai-je commencé, mais vous avez agi en ami, aujourd'hui. Alors, oui, vous pouvez venir.

Tout en marchant dans le frais matin clair d'octobre, j'ai expliqué mon raisonnement à M. William Morris Stewart.

Je lui ai dit comment Martha était restée cachée plusieurs jours au seul endroit qu'elle connaissait en dehors de la crèche de Sally : l'Écurie Flora Temple. Elle avait survécu en mangeant de l'avoine, en buvant à l'abreuvoir des bêtes, et en se cachant sous un tas de foin. Mais elle commençait à désespérer sérieusement. Et c'est là qu'un beau matin elle a entendu les employés de l'Écurie Flora Temple lire l'Annonce que j'avais fait passer dans l'*Enterprise*.

La faim & le désespoir ont été plus forts que sa peur, et Martha est venue à mon bureau.

— Sauf que, ai-je poursuivi, des fillettes à la peau bronzée il n'y en a pas tant que ça, à Virginia City. Et elle a eu la malchance de se faire repérer par Robards – l'homme qu'elle cherchait précisément à éviter. Il a dû la suivre jusqu'à mon bureau. Quand je suis sorti chercher à manger pour Martha, lui est venu jeter un œil par la fenêtre. Si ça se trouve, il a gratté à la porte. Je l'avais fermée à clé, mais Martha a paniqué et est sortie par la fenêtre de derrière en descendant par l'échelle. Après quoi elle a foncé à l'écurie. Robards a perdu sa piste, alors il est resté à traîner près de mon bureau et m'a suivi à la place. Je crois qu'il espérait que je le conduise à Martha, de sorte qu'il puisse la tuer, vu qu'elle était l'unique témoin de l'acte horrible qu'il avait commis. Je pensais l'avoir semé – apparemment je me trompais, puisque quand j'ai compris où Martha se cachait et que je suis allé la trouver, j'y ai aussi conduit Robards. Il a mis le feu à l'écurie.

— L'incendie d'hier, à l'Écurie Flora Temple ! s'est exclamé M. William Morris Stewart.

À ce moment-là, il a tendu le bras pour m'empêcher de m'engager dans C. Street et de passer sous une Diligence.

— Exact, ai-je confirmé tandis que nous attendions sur le trottoir que passe la diligence. Mais les braves pompiers de Virginia City sont intervenus rapidement & personne n'est mort.

— Quel poltron ! s'est insurgé M. William Morris Stewart lorsque nous avons traversé la rue. Il était prêt à brûler toute une écurie – que dis-je ? toute une ville – rien que pour protéger son secret. Et tu me dis que Martha n'a pas bien vu cet homme ?

— Exact. Sauf que lui, il ne le sait pas.

— Où se trouve-t-elle, en ce moment ?

— Dans un Abri Sûr, ai-je répondu alors que nous nous engagions dans D. Street. Ce matin, quand les Gardiens lisaient l'article sur l'Homme Pétrifié retrouvé à Gravelly Ford, l'un d'eux a dit que les reporters signaient rarement leurs papiers de leurs vrais noms. Du coup, j'ai pensé que Robards utilisait peut-être lui aussi un faux nom.

— Par les mânes du grand César, mais tu as raison ! Virginia abrite pas mal d'anciens soldats qui ont fui la guerre, mais ce Robards n'est pas comme les autres. Non seulement c'est un officier confédéré, mais c'est aussi un lâche qui s'est figé sous la pression de la bataille et a causé la mort de nombreux hommes.

— Sauf que la Petite Sally ignorait qu'il avait déserté quand elle l'a aperçu au Topliffe Theatre vendredi soir dernier. Et lui, il n'allait pas risquer qu'elle l'apprenne et qu'elle le trahisse. Ou qu'elle révèle son vrai nom à quiconque.

— Et c'est pour ça qu'elle a été tuée, a compris M. William Morris Stewart.

J'ai fait signe que j'étais d'accord.

— Si ça se trouve, ai-je ajouté, il s'est aussi déguisé. Et s'il a changé d'apparence une fois, alors il l'a peut-être fait encore après avoir tué la Petite Sally.

— Dis-moi comment tu comptes le trouver ? Sally Sampson était la seule à l'avoir connu dans le Sud, et maintenant elle est morte.

J'ai levé les yeux vers lui. Sa tête me semblait n'être qu'une grosse barbe surmontée par un chapeau mou, avec un gros cigare cubain coincé entre les deux.

— J'ai un ami qui prétend que le tabac que fume un homme est son premier amour, ai-je annoncé.

— Et... ?

— Et un homme peut penser à changer de nom, voire à changer d'apparence, mais il ne lui viendra pas forcément à l'idée de changer aussi de marque de tabac.

— Tout à fait. Cela peut lui procurer du réconfort. Le réconfort du familier dans un monde nouveau et étrange.

— Oui. C'est pour ça que j'ai voulu revenir à la crèche de la Petite Sally. Elle ne recevait plus de

Messieurs depuis près d'un mois. En plus, Martha balayait la crèche tous les matins jusqu'à ce que ça brille. Le Tueur – le Lieutenant Deforrest Robards – est sans doute la dernière personne à avoir rendu visite à Sally. Mon idée est la suivante : tous les meubles de Sally ont peut-être été emportés, mais le Tueur a pu laisser un mégot de cigare ou une pincée de tabac.

— Et qu'est-ce que ça va changer ?

Là, j'ai souri. Puis je lui ai expliqué :

— Je sais identifier plus de cent sortes de tabac à fumer ou à mâcher. Et pour ça, une ou deux miettes me suffisent.

— Bigre ! Mais comment est-ce possible ?

— Un peu grâce à mes talents de pisteur indien, et un peu parce que j'aime faire des collections. Ma Evangeline disait que c'était une de mes Excentricités. J'ai une grande collection de tabacs dans mon bureau. Vous, le cigare que vous fumez, c'est un « La Honradez ».

— Par les mânes du grand César ! Tu as tout à fait raison !

— Je l'ai reconnu à sa couleur, à sa forme et à son odeur.

À ce moment-là, nous sommes arrivés devant la porte jaune de la Crèche de Sally. Il y avait là un cheval et un chariot chargé de meubles.

La porte de la Crèche était ouverte.

De toute évidence, une nouvelle Nymphe de la Nuit emménageait.

Je me suis précipité à l'intérieur.

Une jolie Dame vêtue d'une robe en velours verte & d'un chapeau assorti regardait autour d'elle, les mains sur ses hanches.

— Sainte Marie, Mère de Dieu, a-t-elle prononcé avec l'accent irlandais. Ils n'ont même pas passé le balai.

— Alléluia ! me suis-je écrié.

Aussitôt, je me suis mis à quatre pattes pour renifler par terre & jusqu'aux moutons de poussière qui s'entassaient au bas des murs.

— Mais qu'est-ce que tu fabriques donc là ? m'a demandé la jolie dame à la robe en velours verte.

— Je vous présente P.K. Pinkerton, a annoncé M. William Morris Stewart de sa voix grave. Il cherche des indices. Tu trouves quelque chose, P.K. ?

— Une seconde, ai-je dit en levant la main.

Puis je me suis remis à renifler.

Un instant plus tard, une odeur m'a cloué sur place, dans l'angle sud-est de la pièce. Était-ce possible ?

Mais oui, c'était bien ça.

Tous les petits poils de ma nuque se sont dressés.

J'ai ramassé délicatement deux miettes de tabac et les ai posées au creux de ma main. Elles avaient la bonne couleur et la bonne texture.

Je me suis relevé & tourné vers le devant de la pièce.

M. William Morris Stewart se tenait là, flanqué de la Dame en Vert. La Grosse Gussie a alors fait son apparition, avec ses quatre filles : Rose Dublin, Choupine, Petite Poulette et Annie La-Grande-Bouche.

— Tu sais qui c'est qu'a fait le coup ? a demandé Gussie.

Elle tenait dans ses mains un balai et une pelle à poussière.

J'ai regardé les deux petites miettes de tabac que j'avais récupérées.

— Oui, ai-je annoncé d'une voix enjouée. Je sais qui a fait le coup.

— Grâce à *ça* ? s'est étonné M. William Morris Stewart en s'approchant pour mieux voir.

— Oui, monsieur.

Là, les Filles de la Pension m'ont encerclé en faisant des « Oooh ! » et des « Ah ! »

Seule la Dame irlandaise, qui venait d'arriver en ville, répétait :

— Qui qu'a fait quoi ?

— P.K., a déclaré M. William Morris Stewart, je suis fort impressionné par tes pouvoirs de déduction. Mais même un grand avocat comme moi aura besoin de davantage que quelques miettes de tabac pour reconnaître un homme coupable de désertion et de meurtre. Aurais-tu un autre atout caché ?

J'ai réfléchi un instant puis j'ai fait signe que oui.

— Je crois bien, ai-je répondu.

FEUILLE DE COMPTES 44

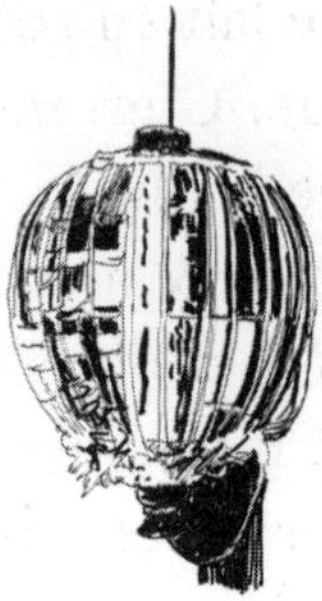

Je suis retourné à mon bureau & me suis déguisé afin de ne pas me faire filer par Deforrest Robards qui était toujours en liberté. Ensuite, je suis descendu par l'échelle branlante sous la fenêtre de ma chambre & suis allé voir Martha dans son Abri Sûr par un itinéraire compliqué.

Elle était chez Ping, à Chinatown.

Deux soirs auparavant, je m'étais rendu à la Laverie de son oncle & l'y avais trouvé. En échange de 20 $ par jour, Ping avait accepté de protéger Martha & de s'occuper d'elle.

Quand je suis retourné à la Laverie de Hong Wo, déguisé en Fillette Modèle & ai demandé à voir Ping, une jolie petite Chinoise m'a fait non de la tête. J'étais quasi sûr de l'avoir vue la veille mais, n'étant pas fortiche pour retenir les visages, j'avais un doute.

— Je suis P.K. Pinkerton, lui ai-je dit. Je suis passé hier. J'ai besoin de voir Martha.

La jolie Chinetoque a souri & a de nouveau fait non de la tête.

— Moi chercher fille, ai-je essayé de me faire comprendre. Peau foncée. Vous protéger. (Puis, pointant un doigt sur ma poitrine :) Moi vouloir voir elle.

Nouveau sourire. Haussement d'épaules.

— Regarde… ai-je fait en relevant mon bonnet et le bord de ma perruque. C'est moi !

— Ah ! s'est écriée la fille.

Elle s'est mise à rire & à battre des mains puis, regardant par-dessus son épaule, elle a lancé trois mots. Quatre autres Chinetoques sont sortis de nulle part & sont venus vers moi. Ils m'ont encerclé en me dévisageant de la tête aux pieds tout en discutant à toute allure dans leur langue. Quand l'un d'eux s'est approché un peu plus & a voulu soulever ma perruque pour regarder dessous, je me suis dit « Ça suffit ».

— Stop ! ai-je crié. Je veux voir Martha.

La sœur de Ping, ou sa cousine, je n'en sais rien, m'a alors conduit à travers un labyrinthe de pièces & de couloirs. J'étais venu la veille, d'accord, mais j'étais tout aussi perdu.

J'étais certain que personne venant de l'extérieur n'aurait pu retrouver Martha dans un endroit pareil. Pour un Abri Sûr, c'était un Abri Sûr.

Enfin, la Jolie Chinoise s'est écartée & m'a fait une petite révérence. Je me trouvais bien devant le petit cabanon en bois où j'étais venu la veille. Il était toujours rempli de draps, de tables, de vapeur & d'effluves d'amidon. Martha était recroquevillée sur un gros tas de draps froissés dans un coin de la laverie. Elle portait un pyjama chinois bleu pâle & jouait à un casse-tête chinois. Comme elle était tête nue, j'ai noté qu'on lui avait lavé les cheveux & fait une natte. Ils avaient dû se servir d'une autre pommade, car elle sentait l'encens chinois.

— Qui que c'est ? a-t-elle demandé en levant les yeux quand je suis entré.

— C'est moi. P.K. Pinkerton. Je suis déguisé en Fillette Modèle.

Elle s'est rassise, a tapé des mains & affiché l'Expression n° 1 : un Vrai Sourire.

— Rôô, dis, P.K., t'as l'air d'une vraie fille ! C'que t'es chic avec ta robe et ton bonnet.

— Tu m'as l'air d'aller mieux.

— Oui, monsieur. (À nouveau l'Expression n° 1 : un Vrai Sourire.) Une vieille dame chinoise m'a donné un thé tout dégueu, mais après j'ai dormi & dormi. Doc Pinkerton y vient juste de partir et il a dit je vais mieux. Il a dit il aurait pas su me soigner mieux. Il a dit j'ai plus qu'à me reposer.

J'ai fait oui de la tête et me suis rapproché d'elle.

— Martha, ai-je dit à voix basse. Je pense avoir trouvé le Lieutenant Deforrest Robards.

— Oh ! s'est-elle écriée en se couvrant la bouche à deux mains. Tu l'as r'trouvé ?

— Je crois, oui. Mais je dois en avoir le cœur net. Miss Sally l'a appelé par son vrai nom, alors qu'en fait il en utilise un autre en ville. En plus, il a pu changer d'apparence, mais d'après mon avocat les gens ne modifient pas leur voix quand ils sont emportés par la passion. Donc je vais te poser une question très importante. Saurais-tu me dire quel accent avait le Tueur ?

— Comprends pas.

— Avait-il l'accent allemand ? Irlandais ? Anglais ? Français ? (Une pause, puis, en articulant bien :) Sudiste ?

— Nan, rien de tout ça, a-t-elle grimacé. L'avait pas d'accent.

Ça m'a coupé les jambes. Je m'attendais à une autre réponse.

— Aucun accent, tu es sûre ?

— Sûre, oui. Y parlait comme moi et Miss Sally.

Voilà qui était mieux.

— Donc il avait le même accent que toi ?

— Mais moi j'ai pas d'accent, moi, qu'il est bête ! s'est-elle esclaffée. Toi oui t'en as un d'accent, toi.

— Moi, un accent ?

— Sûr ! Tu parles comme un Yankee du Mississippi.

— Mais toi, non, tu n'as pas d'accent ?

Là, elle a penché la tête de côté et calé ses mains sur ses hanches.

— 'Demment que non. Moi je parle normal, moi.

J'ai fait signe que je comprenais. J'étais aux anges.

— Dis-moi, Martha, quand le Lieutenant Deforrest Robards a tué Miss Sally, tu étais dans la remise à regarder par le trou du loquet. Je sais que tu ne vois pas trop bien de loin, mais tu l'as entendu parler, pas vrai ?

Les yeux écarquillés, elle a fait oui de la tête, puis ajouté :

— Y m'ont réveillée tellement y gueulaient fort.

— Et le Lieutenant, quand il gueulait, est-ce qu'il aurait dit quelque chose comme... (Là, je me suis penché & lui ai murmuré trois mots à l'oreille.)

— Nan. Sûr que nan.

Nouvelle déprime.

Puis Martha a repris :

— C'est Miss Sally qu'a dit ça. Juste avant que l'autre y l'étrangle.

Cette fois, plus de doute, je savais qui était le Tueur.

FEUILLE DE COMPTES 45

— Dis-moi, Martha, ai-je repris, si je retrouve le Lieutenant Deforrest Robards, est-ce que tu accepteras de témoigner contre lui au tribunal ?

Martha m'a regardé, puis s'est affalée dans son nid de draps & s'est pris la tête à deux mains. Elle m'a bien répondu quelque chose, mais ses mots me sont parvenus étouffés. Entre ça et son gros accent du sud, j'avais du mal à la comprendre.

— Qu'est-ce que tu as dit ? lui ai-je demandé en m'accroupissant à côté d'elle.

— J'ai trop peur qu'y m'attrape. Je suis même pas sûre de savoir à quoi il ressemble. Mais lui y sait de quoi que j'ai l'air.

— Il n'oserait pas te faire du mal dans un lieu public. (Une pause, puis j'ai ajouté :) Tu as été très courageuse, jusqu'ici. La Chance aide les courageux. Tout ce que tu auras à faire, c'est te mettre face à lui, le montrer du doigt et dire « C'est toi le coupable ».

Elle est restée muette un moment, la tête toujours baissée. Puis elle l'a secouée.

— Nan je peux pas. Je suis pas courageuse comme toi t'as du courage.

Je lui ai fait signe que je la comprenais, me suis relevé & ai promené mon regard dans le cabanon rempli de draps blancs étincelants mais tout fripés qui attendaient qu'on les repasse.

J'avais résolu le plus grand Mystère de Virginia City mais, apparemment, il n'y avait aucun moyen de faire condamner le Tueur.

— P.K. ? a dit Martha en levant les yeux vers moi.

— Oui ?

— Toi t'as du courage. Pourquoi tu ferais pas moi ?

— Pardon ?

— T'as l'air d'une vraie fille avec tes habits. T'as qu'à te noircir la peau et faire comme si que t'étais moi. Et c'est toi que tu le pointeras du doigt.

— Des déguisements, j'en ai essayé pas mal. Mais là, ce serait le plus difficile. Les hommes qui se noircissent la figure, déjà, ils ne sont pas convaincants.

Là, Martha s'est levée et m'a dit :

— Mais pas comme les Minstrels avec leur cirage. Tu fais brûler un bouchon et tu mélanges à de la crème jusqu'à la bonne couleur. Mais y'aura pas que ça. Faudra que tu marches et que tu parles comme moi. (Sur ce, indiquant sa chemise de nuit et son bonnet lavés & repassés sur une table :) Mets mes affaires, je te montre.

J'ai ensuite passé l'une des heures les plus bizarres de ma vie. Martha m'a appris à marcher comme elle, puis à prononcer une phrase que nous avions mise au point : « C'est lui le tueur de la Petite Sally. Son vrai nom est Deforrest Robards. C'est un Rebelle qui s'est figé pendant une bataille puis s'est enfui. Il est recherché. »

C'est moi qui avais résumé l'affaire, mais c'est Martha qui l'avait formulée avec ses mots. Elle m'a expliqué que Miss Sal' l'avait emmenée une fois ou deux au Melodeon, et qu'elle voulait être actrice ou chanteuse quand elle serait grande.

Pendant que nous répétions dans le cabanon, Martha a repris de la vigueur. Elle ne semblait plus être la fillette terrifiée que j'avais rencontrée deux jours plus tôt.

— Tu sembles bien différente de la fillette terrifiée que j'ai rencontrée il y a deux jours, lui ai-je dit.

— C'est parce que matnant j'ai des amis, comme toi et ces gentils Chinois, pour me protéger. Plus personne y me bat plus, matnant.

— Est-ce que Miss Sal' te battait ?

— Un peu, juste. Mais c'était pas méchant. C'était pour mon bien. Elle risquait sa vie pour me sauver. Elle me le disait tous les jours.

— Ça te plairait, que je te donne cette robe en calicot rose et ce bonnet ? Tu peux avoir les bottines, aussi. Moi elles me serrent trop, mais je crois qu'à toi elles devraient t'aller.

Martha a levé les yeux vers moi ; ils étaient écarquillés comme dans l'Expression n° 4. Ensuite, sa bouche s'est ouverte en un Vrai Sourire.

— Pour de bon ? s'est-elle étouffée. Tu blagues pas ?

— Pour de bon, ai-je confirmé. Je ne blague pas. Là je dois changer de déguisement.

J'ai donné 2 $ à la jolie cousine de Ping en échange d'une tenue de petit Chinois. Elle m'a aussi montré comment plier la chemise de nuit et le bonnet de Martha

– avec ma perruque brune cachée dedans – de sorte qu'on croie que c'est du linge à livrer. Entre mon chapeau de paille tout plat et mon paquet de linge, j'avais tout d'un petit livreur chinois.

— Oh ! P.K., a dit Martha quand elle m'a vu. On dirait un vrai Chinois. Toi aussi tu pourrais faire l'acteur.

Elle, elle avait enfilé ma robe en calicot rose et il lui restait à finir de boutonner la seconde bottine blanche.

— Tu n'es pas mal non plus, l'ai-je complimentée. Les bottines te vont ?

— Oui, monsieur, on les dirait faites pour moi.

— Bon, je dois y aller.

Mais avant que j'aie pu l'en empêcher, elle a bondi et m'a embrassé sur la joue.

En général, je n'aime pas qu'on me touche, mais ç'a été très rapide alors ça ne m'a pas trop gêné.

— Souhaite-moi bonne chance, ai-je dit en rajustant mon chapeau de paille tout plat.

— La chance aide les courageux.

Je l'ai laissée là, occupée à boutonner sa bottine gauche, assise sur un tas de draps propres.

Dans mon déguisement de livreur chinois, je suis remonté de F. Street à B. Street en veillant bien à ce que personne ne me suive. La matinée était belle et ensoleillée, presque chaude. Arrivé dans B. Street, je ne suis pas allé à mon bureau.

Au lieu de ça, je me suis rendu au Cabinet de M. William Morris Stewart, Avocat. Il était 11 h 20, on était samedi, mais j'ai tout de même aperçu mon avocat à la barbe en buisson d'armoise par la porte vitrée. Assis à son bureau, il parcourait des documents & fumait le cigare.

J'ai tapé à la porte puis appuyé sur la poignée. C'était ouvert.

M. William Morris Stewart avait beau m'avoir vu moins de deux heures plus tôt, il ne m'a pas reconnu.

— C'est moi, P.K. Pinkerton, ai-je annoncé. Je suis déguisé.

Ça l'a tellement bluffé qu'il en a laissé tomber son cigare La Honradez sur son bureau.

— Grands Dieux ! s'est-il exclamé en s'empressant de récupérer son cigare avant qu'il ne mette le feu à ses papiers. P.K. le Chinetoque ! Mais tu es une vraie Boîte de Pandore aux mille surprises. Viens donc dans mon bureau privé.

Il m'a conduit dans une pièce aux grandes fenêtres & aux murs ornés de tableaux, dans laquelle trônaient un grand bureau en noyer & un fauteuil en cuir. Je me disais que c'était là qu'il devait recevoir ses clients les plus importants.

Je lui ai rapidement expliqué pourquoi j'étais déguisé & que j'avais demandé à Martha de témoigner contre l'homme qui avait tué la Petite Sally. Il ne m'a pas laissé le temps de finir.

— Quand bien même cette petite aurait une vue d'aigle et autant de mémoire qu'un dictionnaire, m'a-t-il annoncé, ça ne marcherait pas. L'an dernier, une loi a été votée, qui interdit à un Noir, un Mulâtre, un Chinois ou un Indien – même à moitié seulement, comme toi –, de témoigner contre un Blanc au tribunal.

— Mais alors, est-ce que Martha pourrait montrer du doigt le Tueur dans un lieu public bourré de monde ?

M. William Morris Stewart a pincé les lèvres avant de faire lentement oui de la tête.

— Ça pourrait attirer l'attention des gens oui. Et peut-être obliger les Autorités à agir. (Là-dessus, il a pris une grande bouffée de cigare qu'il a ensuite recrachée tout doucement en secouant la tête.) Mais à ce que tu m'as dit de cette fille, ça n'arrivera pas. Elle a trop peur.

— Vous jugez bien les gens, ai-je reconnu. Et vous avez raison. Sauf que Martha et moi avons mis au point un plan.

— Raconte-moi, a-t-il fait en se penchant en avant.

— Je vais tendre un piège au Tueur. Avec un appât. Comme pour prendre un rat.

— Et que comptes-tu utiliser, comme appât ?

— Moi-même. L'appât, ça sera moi.

FEUILLE DE COMPTES 46

Un quart d'heure plus tard, à 11 h 45, je frappais à la porte de l'entrée des artistes du Topliffe Theatre. Quand elle s'est ouverte, elle s'est ouverte sur nulle autre que... Miss Belle Donne ! Celle-ci bâillait et avait ses cheveux brun clair à moitié décoiffés.

Voyant ce qu'elle a pris pour un Chinois en pyjama bleu et chapeau de paille tout plat, elle m'a parlé petit nègre.

— Toi vouloir quoi ? Toi livrer linge ?

— Laissez-moi entrer, Belle, ai-je dit. C'est moi, P.K. Pinkerton. Je suis déguisé.

Là, elle a écarquillé les yeux, puis les a plissés. Expression n° 5.

— Va-t'en, P.K.

— Vous avez dormi ici ? lui ai-je demandé en utilisant mes Techniques de Détective.

— Oui. Isaiah et moi, nous nous sommes disputés et c'est ta faute. Maintenant, va-t'en !

— Belle, l'ai-je rappelée en coinçant ma sandale de Chinois dans la porte. Vous devez m'aider.

— Je ne dois rien à personne, a-t-elle répliqué en poussant la porte.

— Il n'allait voir Sally que pour la prendre en photographie.

Elle résistait encore.

— Et il n'est allé voir Mme Zoe Brown que pour vous acheter un nouveau chapeau.

Là, elle a arrêté de pousser, la porte s'est ouverte d'un coup & je suis tombé en avant.

— Oh ! Pinky, s'est-elle écriée en se tordant les mains. Je suis si triste sans lui. J'ai été à deux doigts d'aller fumer une pipe d'opium. Mais j'ai résisté à la Tentation et me suis contentée de quelques verres de whisky.

Je me suis relevé, ai ramassé mon linge & me suis épousseté.

— Je suis ravi que vous n'ayez pas cédé à la Tentation, lui ai-je dit. Maintenant, dites-moi : avez-vous déjà vu des Minstrels se noircir la figure ?

— Oui. Pas plus tard qu'hier soir.

— Vous pourriez m'aider à faire comme eux ? Sauf que je voudrais que ça ait l'air vrai.

— Tu veux ressembler à un petit Noir ?

J'ai fait signe que non, puis lui ai montré la chemise de nuit propre et bien pliée de Martha.

— Je veux ressembler à une petite Noire ; une fillette qui a été réveillée en pleine nuit par un événement effrayant.

Belle a ouvert les yeux encore plus grand.

— Tu veux te déguiser en... *Noire* ?

— Oui. Vous vous rappelez ? Je vous avais dit qu'un Détective devait parfois se déguiser. Eh bien là, je compte piéger l'homme qui a tué la Petite Sally grâce à ce Déguisement. Vous voulez bien m'aider ?

— Un peu, oui ! Je vais adorer t'aider à te transformer en pauvre petite Noire. Suis-moi.

FEUILLE DE COMPTES 47

J'ai répété à Belle l'idée de Martha : faire brûler des bouchons et les mélanger à une crème que les gens du théâtre utilisent. Comme ça, le noir ressemblera moins à du cirage. Pendant qu'elle m'aidait à me noircir la figure et les mains, je lui ai raconté mon enquête & mon plan. Elle a trouvé ça très osé & futé.

À un moment donné, elle m'a demandé où Martha se cachait, mais j'avais appris qu'il valait mieux ne pas trop faire confiance à Belle. Alors je lui ai simplement répondu qu'elle se trouvait dans un Abri Sûr.

Belle m'a trouvé une paire de gros vieux souliers à peu près à ma taille. L'un avait la semelle grande ouverte comme la gueule d'un chien qui meurt de chaud, mais je me suis dit qu'ils allaient bien avec mon déguisement. En plus, comme ça, je n'aurais pas à me noircir les pieds.

Pour finir, Belle m'a enfilé le bonnet de nuit de Martha puis s'est reculée pour mieux me regarder.

— Alors ? lui ai-je demandé. De quoi j'ai l'air ?

— On va enlever la perruque, a-t-elle répondu. Les Noires ne portent pas d'anglaises.

J'ai retiré la perruque noire aux anglaises & ai remis le bonnet de nuit en coton de Martha.

— Purin ! s'est exclamée Belle. Si je ne savais pas que c'est toi, je n'aurais pas su que c'est toi. (Sur ce, elle m'a pris par les épaules et m'a tourné face à un grand miroir.) Regarde donc.

Dans le miroir se tenait une pauvre petite Noire en chemise de nuit blanche, bonnet & gros vieux souliers.

La fille du miroir se tenait bien droite, avait les épaules carrées & les bras qui pendaient. Martha avait passé une heure à m'apprendre comment me tenir. J'ai joint les mains devant ma poitrine, baissé les épaules & rentré la tête comme Martha m'avait dit qu'elle faisait quand elle avait peur.

— P.K., ça c'est épatant ! a lancé Belle en battant des mains. C'est encore mieux que parfait. Où comptes-tu aller, maintenant ? J'ai envie de voir ça.

— Je me rends chez Currie, au 13 de B. Street, côté nord. Pour la vente aux enchères. M. William Morris Stewart a dû faire circuler la nouvelle, à l'heure qu'il est.

— La nouvelle ? Quelle nouvelle ?

— La nouvelle que quelqu'un a assisté au meurtre brutal de la Petite Sally et va prononcer le nom du tueur en public aussitôt après la vente aux enchères des biens de Sally.

— Dans ce cas, faut pas traîner !

Belle s'est immédiatement recoiffée, puis elle a mis le chapeau à plumes que je lui avais vu le jour où je l'avais rencontrée.

— Une seconde, ai-je dit. Il me faut un autre déguisement.

— Comment ça ? On vient de passer une demi-heure à te transformer en Martha...

— Oui, et le Tueur va chercher à la repérer. S'il me tue avant que j'arrive à la salle des ventes, je ne pourrai pas le dénoncer en public.

— En plus, tu seras mort.

J'ai fait oui de la tête.

— Il va me falloir entrer chez Currie sans que le Tueur me remarque. J'ai besoin d'un Cheval de Troie.

— Tu comptes y aller à cheval ? M'enfin, c'est à deux pas...

Lui montrant une penderie où étaient accrochés des costumes, j'ai expliqué à Belle :

— Non. Je veux qu'on m'emmène là-bas caché dans cette penderie.

— Hein ?

— Moi je me cache à l'intérieur, et vous vous engagez deux hommes pour la transporter chez Currie. Dites-leur que c'est pour les enchères. (Là, j'ai sorti une pièce de mon sac-médecine.) Tenez, pour les payer.

— Oh ! s'est-elle exclamée. Quelle idée épatante ! On va la faire porter jusque dans la salle sans que personne ne soupçonne rien.

Quelques minutes plus tard, je me retrouvais enfermé dans l'obscurité camphrée d'une penderie en pin, direction la salle des ventes Currie.

J'ai été secoué quand les deux hommes ont déposé le meuble par terre, après quoi j'ai entendu une voix déclarer :

— Désolé, Miss, mais il y a une vente en cours. Pas moyen d'entrer.

— Vous voulez bien vous pencher, a répondu Belle, que je vous parle à l'oreille ?

Un instant plus tard, j'ai entendu la voix dire :

— Suivez-moi, Miss !

Là-dessus, j'ai de nouveau été trimballé et secoué. J'entendais des pas sur des marches en bois, et la voix de Belle qui demandait :

— Doucement ! Par ici ! Voilà, ici ce sera parfait.

Les pas de mes porteurs se sont éloignés et la voix du commissaire-priseur m'est parvenue, forte quoique étouffée par les portes de la penderie.

Quelques secondes plus tard, l'une des portes s'est entrouverte et Belle m'a chuchoté :

— Tu peux sortir. Tu ne risques rien.

Je me suis donc retrouvé dans une espèce de remise sombre, au milieu de meubles, de boîtes, etc. J'entendais très clairement la voix du commissaire-priseur, à présent. Il était en face de moi. Nous étions sur la scène !

Belle s'était accroupie derrière un bureau à cylindre en noyer et me faisait signe de me taire.

Puis elle m'a fait venir à elle et nous nous sommes rapprochés du commissaire-priseur en zigzaguant entre les meubles.

— Huit cinquante, huit cinquante, huit cinquante, NEUF ! a lancé le commissaire-priseur.

Il portait un haut-de-forme, une redingote en velours bleu et se tenait derrière un podium. Il avait un maillet en bois à la main & l'air très moralisateur.

— Neuf une fois, a-t-il annoncé. J'ai neuf cinquante !

Nous nous sommes encore avancés, toujours accroupis. La robe à cerceaux de Belle la ralentissait, alors je suis passé devant jusqu'à arriver derrière un buffet en noyer surmonté d'un miroir. Il y avait un espace d'environ deux centimètres entre le dessus du buffet et le miroir. Nous avons collé notre figure à ce long & étroit judas.

— Neuf cinquante, neuf cinquante, neuf cinquante, DIX ! a claironné le commissaire-priseur.

Par le judas, j'ai vu l'immense salle des ventes, très lumineuse avec deux grandes fenêtres orientées à l'ouest qui donnaient sur les bâtiments de l'autre côté de la rue et sur la pente raide du mont Davidson. La salle était pleine aux trois quarts, et il y avait à peu près autant d'hommes que de femmes. Belle et moi, nous nous tenions sur une scène, à côté du commissaire-priseur, la scène étant surélevée par rapport au public. Entre cette différence de niveau et les meubles qui nous cachaient, j'ai pu reconnaître pas mal de monde sans me faire voir.

— Dix ! Dix ! Dix ! disait le commissaire-priseur. Dix cinquante ! Onze ! Onze cinquante !

J'ai repéré la Grosse Gussie & ses quatre Filles. Mme Zoe Brown se tenait près d'elles – elle était habillée en noir et portait un chapeau à plumes assorti.

J'ai avisé mon Avocat, M. William Morris Stewart. Difficile de le rater, vu qu'il dépassait tout le monde d'une tête.

— Onze cinquante, onze cinquante, onze cinquante, DOUZE !

J'ai repéré quatre hommes de ma Liste de Suspects :

M. Isaiah Coffin, photographe.

Le Rév. C.V. Anthony, pasteur méthodiste.

M. Absalom Smith, comédien & créateur de contrepèteries.

Et Langford Farner Peel, pistolero.

L'un d'eux n'avait pas l'air comme d'habitude parce qu'il était *déguisé*, mais je l'ai reconnu à sa pipe, à son tabac et à ses sourcils.

C'était le Tueur.

FEUILLE DE COMPTES 48

Le commissaire-priseur parlait mais je ne l'écoutais pas.

J'observais le Tueur. Il était déguisé en mineur : long cache-poussière en tissu, chemise en flanelle rouge, pantalons enfoncés dans ses bottes, petit chapeau mou et grande barbe noire – fausse. Il avait une main dans la poche de son cache-poussière & semblait regarder droit dans ma direction !

Je me suis dit : « Il ne peut quand même pas me voir derrière la penderie. »

Puis j'ai pensé : « Il n'osera pas me tirer dessus en présence de tant de monde. C'est un lâche et un poltron. »

Cela dit, pour plus de sûreté, je me suis lentement mis à genoux.

BANG !

J'ai failli bondir au plafond quand le marteau du Commissaire-Priseur s'est abattu sur le podium.

— Vendu ! s'est-il exclamé. À Miss Gertrude Holmes pour douze dollars ! Une crédence en bois dur.

Le coup de marteau m'avait fait sursauter et le commissaire-priseur avait dû percevoir le mouvement du coin de l'œil. Il a tourné la tête & nous a repérés, Belle & moi, accroupis derrière le buffet en noyer. Il a écarquillé les yeux. Belle lui a fait signe de ne rien dire en me montrant dans mon déguisement de Martha.

Le commissaire-priseur a très légèrement baissé la tête puis s'est retourné vers le public. Je me suis dit que ça devait être M. J.C. Currie, propriétaire de la salle des ventes, à qui mon Avocat avait promis d'expliquer mon plan.

— Voilà qui clôt la vente des biens de Miss Sally Sampson, a déclaré M. J.C. Currie. Comme nombre d'entre nous, elle n'était pas parfaite, mais elle avait du courage et était très aimée.

— On est où, là ? a lancé un homme à l'accent sudiste. À une vente aux enchères ou à un éloge funèbre ?

Il y a eu quelques rires, après quoi un groupe de femmes l'a fait taire.

M. Currie a baissé la tête le temps que le silence revienne.

— Je sais que vous avez tous été peinés d'apprendre la mort tragique de Sally Sampson, la semaine dernière. Son meurtre brutal.

Certaines personnes ont fait oui de la tête. J'ai entendu des hommes et des femmes qui murmuraient.

— Vous aurez peut-être eu vent de la rumeur, a poursuivi M. Currie. Un témoin a assisté à ce crime sans nom.

Certaines personnes ont retenu leur souffle ; des voix se sont élevées.

M. Currie a tapé le podium avec son marteau pour obtenir le silence.

— Certains parmi vous ont peut-être entendu la rumeur selon laquelle la servante de Miss Sally Sampson était un Témoin Oculaire du crime. D'autres ont pu lire l'avis placardé aux vitrines de plusieurs commerces de cette ville.

M. Currie a alors montré un de ces avis à la foule, qui a de nouveau retenu son souffle. Le texte disait :

LE MEURTRE DE SALLY SAMPSON ÉLUCIDÉ !

Aujourd'hui, vers 14 h, à la Salle des Ventes Currie
Après la vente des biens de Sally Sampson
Un Témoin Oculaire du Crime révélera qui est le Coupable !

Mon Avocat & moi, nous avions rédigé à la hâte une dizaine d'avis le matin, et les avions placardés aux vitres de nos bureaux ainsi qu'à d'autres endroits où nous pensions que le Suspect pourrait les voir. La présence du Tueur indiquait que notre plan avait fonctionné.

— Jusqu'à présent, a repris M. Currie, cette jeune fille est restée cachée, craignant pour sa vie. Mais elle est maintenant décidée à se présenter devant vous et à révéler qui a commis ce crime sans nom.

Tout le monde a fait « Oh ! » & toutes les têtes se sont tournées vers la porte située sur le côté de la salle des ventes. Le Tueur aussi a regardé par là.

Ensuite, toutes les têtes se sont braquées vers la scène et je me suis avancé, dans mes souliers un peu trop grands. Je n'avais pas trop de peine à faire semblant d'être une fillette effrayée de dénoncer un Tueur... vu qu'un homme déterminé à me tuer se trouvait à quelques mètres de moi. J'avais assuré à Martha qu'il ne tenterait rien dans un lieu public, mais là je commençais à douter. Je me suis forcé à faire s'entrechoquer mes genoux et à faire semblant de trembler, et je vous garantis que je ne levais pas la tête.

— Oh ! s'est écriée une femme.

Il y a eu un peu d'agitation parmi les filles de la Grosse Gussie, et j'ai vite compris pourquoi.

Mme Zoe Brown venait de s'évanouir.

Le Tueur n'en menait pas large non plus. Il avait la figure blanche comme un linge sous le bord de son chapeau mou et derrière sa fausse barbe. Je ne pense pas qu'il s'attendait à voir surgir le Témoin Oculaire de son crime, même s'il était sans doute venu pour ça.

À ma droite, M. Currie a repris :

— Oui. Cette courageuse jeune fille est apparue à la onzième heure. (Se tournant vers moi :) Qu'as-tu à nous dire, Martha ? Qui est le coupable ?

Imitant du mieux que je pouvais la voix de Martha, j'ai répondu :

— Le tueur est un déserteur rebelle. Y s'appelle Deforrest Robards. Y s'est figé pendant une bataille et s'est enfui. Il est recherché.

— Et cet homme, le vois-tu dans cette salle ? a relancé M. Currie.

Je voyais le Tueur sourire derrière sa barbe. Il ignorait que je l'avais reconnu à sa pipe et à ses sourcils.

J'ai alors pointé mon doigt vers lui en m'écriant :

— L'est là ! 'Vec le chapeau et la fausse barbe !

Une moitié de la pipe du tueur est tombée sur le parquet de la salle. De rage, il l'avait cassée en la mordant.

La Grosse Gussie, qui se trouvait près du Tueur, s'est exclamée :

— Une Fausse barbe ? 'Tendez voir !

Et aussitôt, elle lui a arraché sa barbe et son chapeau.

Le lâche restait figé, ses cheveux blonds et son bouc exposés à la vue de tous.

— C'est lui ! ai-je crié. Lui qu'a étranglé Miss Sally !

— Absalom Smith ! s'est étouffée Belle, dans mon dos.

— Oui ! ai-je confirmé. Il se fait appeler Absalom Smith, mais son vrai nom c'est Deforrest Robards. (Je l'ai répété pour que tout le monde entende bien :) De Forrest Ro-bards ! Il a étranglé Miss Sally et moi je l'ai vu faire !

M. Absalom Smith restait pétrifié de peur.

— Miss Sally elle vous connaissait de l'Alabama, ai-je continué. Vous l'avez tuée parce qu'elle allait vous dénoncer. Et aussi parce qu'elle s'est moquée de vous. (Prenant ma voix la plus aiguë, je me suis exclamé :) Vole, vole ! Bruant jaune !

— Ferme ta grande bouche ! s'est-il enfin écrié.

Puis :

— 'Rête de dire ça !

Et enfin :

— Si je dois partir, nom de Dieu, je t'emmène avec moi !

J'ai alors vu ses narines s'ouvrir, sa poitrine se gonfler ; il a sorti son revolver de la poche de son cache-poussière, m'a visé & a tiré.

FEUILLE DE COMPTES 49

Tout est allé très vite.

Sitôt que j'avais vu ses narines s'ouvrir et sa poitrine se gonfler, je m'étais jeté par terre.

Derrière moi, un miroir s'est brisé en mille morceaux & Belle a poussé un cri. J'avais oublié qu'elle se tenait là. Dans la salle, plein de gens se sont mis à plat ventre eux aussi. Les hommes criaient, les femmes hurlaient.

— Belle ! s'est exclamé Isaiah Coffin en s'élançant vers elle alors qu'un second coup de feu retentissait.

Je n'ai pas eu le temps de sortir mon arme du sac-médecine que je portais sous ma chemise de nuit, du coup j'ai empoigné le premier objet pas trop lourd que j'aie rencontré & l'ai jeté sur le tueur.

C'était une Crédence en Acaj.

Elle a frappé Absalom Smith en plein dans le coude juste avant qu'il presse la détente.

Bang ! Son coup de feu est parti dans le plafond.

Dans la foulée, cinq autres ont retenti.

Bang !

B'dang !

Bang de bang !

BANG !

Absalom Smith, alias Deforrest Robards, a poussé un cri aigu & pivoté sur lui-même, le corps criblé de balles.

La confusion & le chaos régnaient mais, à travers la fumée des revolvers, j'ai reconnu les quatre personnes qui avaient tiré.

Langford Farner Peel avait fait feu en premier, avec son Navy à crosse d'ivoire.

La Grosse Gussie avait en main un Deringer à la crosse ornée de perles.

William Morris Stewart tenait un Texas Deringer gros calibre dans chaque main. Les deux fumaient encore.

Enfin, le Colt Army que j'avais entendu était celui de l'Adjoint du Marshal, Jack Williams lui-même.

J'avais les oreilles qui bourdonnaient mais j'ai entendu Langford Farner Peel armer son revolver & s'adresser au Tueur avec son accent anglais :

— Lâche ton flingue, Smith.

Malgré ses blessures, Absalom Smith restait debout. Figé de peur, il dévisageait Farner Peel.

Mais ça n'a pas duré. Il s'est ensuite révélé comme le lâche qu'il était.

Il a jeté son arme, fait demi-tour & s'est dirigé en boitant vers la porte. Il se vidait de son sang.

Les spectateurs qui ne s'étaient pas couchés se sont écartés devant lui en gémissant. Un homme, un seul, n'a pas bougé : mon Avocat, M. William Morris Stewart. Il bloquait le passage à Absalom Smith & braquait ses Deringer sur lui. J'ai alors remarqué que ses revolvers avaient un double canon – il lui restait donc une balle dans chaque.

— Ne bougez plus, monsieur ! a-t-il lancé.

Mais Absalom Smith alias Deforrest Robards ne lui a pas obéi.

Au lieu de ça, il a basculé sur la droite & s'est écroulé à travers une des deux grandes fenêtres de la salle, déclenchant un déluge de cris et plusieurs coups de feu.

Puis il y a eu quelques secondes de silence.

Ensuite, j'ai entendu des cris & des aboiements dans la rue & tout le monde s'est précipité vers la fenêtre pour voir.

Moi aussi j'ai accouru, mais la semelle béante de mon soulier m'a fait trébucher & j'ai failli m'étaler dans une mare de sang de Smith. J'ai malgré tout réussi à me redresser puis à me faufiler jusqu'à la fenêtre entre les robes à cerceaux. Dans la rue, je ne distinguais qu'un attroupement auprès de chariots, alors je suis sorti de la salle en même temps que la foule.

Dans B. Street, j'ai joué des coudes pour parvenir au premier rang.

C'est là qu'un Spectacle Horrible s'est offert à moi.

La justice avait rattrapé le lâche Deforrest Robards sous la forme d'un Chariot de Quartz tiré par une mule.

Quand il a sauté par la fenêtre, il a dû valdinguer sur la marquise en pente de la salle des ventes et tomber juste devant le chariot, qui lui a ensuite passé dessus. Il avait la poitrine broyée et nageait dans son sang. Mais il semblait être encore vivant. Un grand barbu en chemise en flanelle rouge se tenait là, un petit chien dans ses bras. C'était le conducteur du chariot.

— Je l'ai même pas vu venir. Un moment l'était pas là, et après l'était là-dessous. Comme si qu'il était tombé du ciel.

Je suis allé m'accroupir auprès d'Absalom Smith. Il a plissé les yeux puis les a écarquillés, surpris de me reconnaître.

— Ça m'apprendra à confondre *Mon cigare nain*... a-t-il murmuré.

— Et un *gamin noirci*, l'ai-je coupé pour résoudre sa contrepèterie. Avez-vous une dernière volonté ?

Il a fait signe que oui, faiblement.

— Ne les laisse pas publier mon vrai nom. Ça tuerait ma mère. Mon père, aussi. La honte...

Ses yeux se sont fermés et je pensais qu'il était mort. Mais ils se sont rouverts.

— Moi j'ai toujours voulu être un acteur, c'est tout. J'aurais pu vivre heureux, si elle ne m'avait pas reconnu.

Des larmes ont perlé à ses yeux & j'ai failli le prendre en pitié.

— Est-ce que vous vous repentez de vos Péchés ? lui ai-je demandé.

— Oui ! s'est-il écrié. Oh ! oui, je me repens. Puisse le Seigneur me pardonner.

— Dans ce cas je promets de ne pas les laisser publier votre vrai nom.

— Sois béni, m'a dit le Lieutenant Deforrest Robards en poussant son dernier souffle.

FEUILLE DE COMPTES 50

Ç'a été l'affaire de quelques instants : des hommes ont soulevé le corps du Tueur et l'ont couché sur le trottoir. Il est resté allongé là, le temps que les pompes funèbres arrivent.

Je ne pouvais pas détourner mes yeux du cadavre.

Je me demandais s'il avait fait la paix avec Dieu ou s'il rôtissait en Enfer. Au repos, son joli visage paraissait 10 ans plus jeune & presque paisible, alors je me suis dit qu'il avait peut-être fait la paix avec Dieu. Sa blague à tabac était tombée de sa poche, je l'ai ramassée. Elle sentait le tabac de Pa Emmet. Entre cette odeur et le visage tout jeunot du tueur, j'ai eu la gorge serrée. Machinalement, j'ai voulu fourrer la blague dans la poche de mon pantalon en daim, mais je me suis rappelé que je portais une chemise de nuit. Alors je l'ai glissée sous mon bonnet de nuit.

— Le vrai criminel c'est la guerre, a déclaré la Grosse Gussie de sa voix rauque. Les hommes ne sont pas tous taillés pour être soldats.

— Et pourtant, est intervenu M. William Morris Stewart, un meurtrier sommeille en chacun d'eux.

Ça m'a fait penser à JEC, les trois mobiles de meurtre.

Sauf qu'Absalom Smith alias Deforrest Robards n'avait tué ni par Jalousie, ni par Envie, ni par Colère. Non, il avait tué une Colombe de Suie franche & courageuse par lâcheté, honte & désir d'être acteur.

Je me dis que les gens sont parfois plus compliqués qu'on le voudrait.

Et c'est là que, soudain, quelqu'un m'a agrippé par les épaules & plaqué contre sa poitrine parfumée. Une femme en noir.

— Oh ! Martha, s'est exclamée Zoe Brown en me serrant contre elle. Je suis tellement heureuse que tu n'aies rien. Je me sentais tellement mal depuis que je t'avais dit de courir te cacher ailleurs, l'autre soir ! S'il t'était arrivé quoi que ce soit, je ne me le serais jamais pardonné !

Elle avait dû me prendre pour Martha, mais elle s'est aperçue de son erreur quand elle a passé un doigt sous mon menton et m'a soulevé la tête pour m'embrasser.

— Mais c'est que t'es pas... a-t-elle commencé, en affichant l'Expression n° 4 : la Surprise.

— Non, ai-je confirmé, c'est moi, P.K. Pinkerton. Je me fais passer pour Martha parce qu'elle avait trop peur de venir en personne.

— Oh ! non, s'est écriée Zoe Brown. Elle est blessée ?

— Ne vous inquiétez pas pour Martha, a déclaré M. William Morris Stewart. Grâce à P.K., elle est saine et sauve.

— Mais où se trouve-t-elle ? a voulu savoir Zoe Brown. Où est cette pauvre petite chose ?

— Dans un Abri Sûr, ai-je répondu. Je peux vous y conduire.

— Oh ! oui. Allons-y tout de suite. Je me sens tellement coupable...

Tout en cheminant vers Chinatown, Zoe Brown m'a raconté comment Martha était venue chercher refuge chez elle la nuit du meurtre de Sally.

— Je lui ai dit qu'elle ne pouvait pas rester parce que tout le monde savait que Sally et moi étions amies et que ma crèche serait sûrement le premier endroit où le tueur irait la chercher. Je lui ai dit qu'elle devait se cacher là où personne n'irait la trouver. (Là, elle a baissé la tête avant de poursuivre.) Mais la vraie raison pour laquelle je l'ai rejetée, c'est que je suis une lâche. J'avais peur qu'il me tue, moi aussi. Une fois que j'ai eu repris mes esprits, j'ai voulu la trouver. Je me sentais trop mal.

Il devait être aux alentours de 15 heures quand nous sommes arrivés à la laverie de Hong Wo, dans le quartier chinois de la ville. Nous y avons trouvé Ping, qui nous a emmenés voir Martha.

Elle était de bonne humeur. Elle portait la fameuse robe en calicot rose et les fameuses bottines & était assise dans son petit nid de draps, avec un petit Chinois de 2 ou 3 ans à côté d'elle. Ils mangeaient du chow-chow avec des baguettes.

Martha a levé les yeux, elle rigolait. Mais quand elle m'a vu avec la peau noircie, sa chemise de nuit sur le dos & son bonnet de nuit sur la tête, elle a comme gloussé, puis reposé son bol & tapé des mains.

— Ben ça alors ! s'est-elle écriée. C'est comme de me regarder dans un miroir. (Une pause, puis :) Dis, P.K., t'as vu c'est Ki qui m'apprend à manger le chow-chow avec des baguettes.

— C'est qui ? ai-je fait.

— Ce tout joli petit gars-là. Est-y pas chou ?

Là-dessus, Mme Zoe Brown est apparue derrière moi & Martha a de nouveau gloussé.

— Oh ! Miss Zoe.

Aussitôt, elle a bondi de ses draps & a couru se jeter dans les bras de Zoe.

Mme Zoe Brown l'a serrée un long moment contre elle, à lui demander pardon de l'avoir rejetée & à lui dire qu'elle pouvait habiter chez elle le temps qu'elle voulait. Au début, Martha n'y croyait pas trop puis, quand l'idée a fait son chemin, elle s'est mise à pleurer. Ça a fait venir des larmes à Mme Zoe Brown aussi, puis à la sœur de Ping et même au petit Ki.

Ping m'a regardé ; je l'ai regardé.

Il m'a tendu la main en disant :

— Quarante dollars. Deux jours – quarante dollars.

J'ai fouillé dans mon Sac-médecine & lui ai donné deux pièces en or.

J'étais presque à court de monnaie. J'allais devoir passer chez Wells, Fargo & Co. à la première heure lundi matin.

J'ai pensé : « Ce travail de Détective me coûte une fortune. »

Les femmes & Ki étaient encore à pleurer, alors Ping m'a reconduit dans F. Street à travers le labyrinthe de la laverie.

— Merci, Ping, lui ai-je dit avant de m'en aller.

Pour toute réponse, il a grogné, mais il m'a semblé détecter l'ombre d'un sourire sur sa figure.

En regagnant B. Street, j'ai remarqué que j'attirais des regards bizarres chez les passants, et je me suis rappelé que j'avais encore le visage noirci & que j'étais en chemise et bonnet de nuit. Je me suis arrêté à une pompe pour essayer de m'enlever la mixture noire.

L'eau claire n'étant pas très efficace, je suis retourné à mon bureau, suis allé dans ma chambre, ai retiré les souliers, la chemise de nuit & le bonnet de nuit. Ensuite, j'ai remis des habits à moi & me suis rendu dans un Établissement de Bains pour voir si l'eau chaude serait plus efficace.

Ma Evangeline m'avait amené aux bains, une fois, à côté de Salt Lake City, mais ça faisait plus de deux ans. Je n'étais plus allé aux bains depuis, et sûrement pas tout seul.

Je me suis donc rendu aux Bains Selfridge & Bach, dans B. Street, côté nord, vu que l'endroit avait été recommandé par plusieurs habitants de la ville comme l'un des meilleurs.

Sitôt que j'y suis entré, un Chinois tout mince transportant des serviettes froissées est sorti par une porte et, avant que celle-ci se referme, j'ai aperçu une grande salle embuée remplie d'hommes nus & poilus.

— Les Noirs y vont à part, a annoncé un gros bonhomme derrière un comptoir.

— Une cabine privée ça m'ira très bien, ai-je déclaré. C'est combien ?

— Deux dollars.

Ce n'est qu'à ce moment-là que j'ai repéré la pancarte derrière le bonhomme :

EAU CHAUDE 25 c
EAU CHAUDE PROPRE 35 c
SAVON 10 c SUPPL.

SERVIETTES 10 c SUPPL.
EAU CHAUDE PROPRE, SAVON & SERVIETTE 50 c
CABINE PRIVÉE 1 $

Indiquant la pancarte au bonhomme, j'ai dit :

— Il y a marqué un dollar pour une cabine privée.

— Les Noirs, faut compter un supplément. C'est le double, en fait.

Sauf qu'il ne l'a pas dit si poliment.

Je lui ai donné deux dollars.

— Si tu veux du savon, des serviettes et de l'eau chaude propre, faudra allonger encore 50 ¢.

Je l'ai dévisagé un moment puis ai sorti un demi-dollar en argent.

Il l'a pris, m'a indiqué une porte en bois & m'a fait :

— Là-dedans. (Après quoi il a crié :) Hung Lee ? Viens bosser !

Je me suis dirigé vers la porte & l'ai ouverte lentement, craignant de tomber sur d'autres hommes nus. Mais ça n'était qu'une petite pièce en bois avec une baignoire en fer galvanisé au milieu, une chaise en bois, deux ou trois patères en bois au mur & une petite lucarne en hauteur. La baignoire était vide, mis à part un drap humide qui en recouvrait l'intérieur & débordait par les côtés. J'étais sur le point de ressortir me plaindre que je ne pouvais pas me baigner avec juste un drap humide, quand la porte s'est ouverte & que le Chinois mince de tout à l'heure est entré avec un seau d'eau bouillante. Je me suis dit qu'il devait s'appeler Hung Lee.

Il a versé l'eau chaude dans la baignoire, puis s'est tourné vers moi en me montrant trois doigts.

— Toi attendre, a-t-il dit. Encore trois seaux.

J'ai fait signe que j'avais compris, puis j'ai attendu qu'il revienne trois fois & ait rempli la baignoire.

Quand elle a été pleine d'eau bouillante, il est ressorti et j'ai commencé à déboutonner ma chemise. Je me suis figé presque aussitôt car la porte s'est rouverte. Mais ça n'était que M. Hung Lee. Il apportait une serviette de bain pliée, un gant de toilette & un petit morceau de savon jaune.

Il a posé le tout sur la chaise et m'a fait une petite révérence.

— Je laisse toi. Plaisir.

— Attendez, l'ai-je retenu tout en fouillant mes poches pour lui donner de la monnaie.

— Hung Lee merci ! a-t-il dit, tout sourire, avec une nouvelle révérence. Encore chose. (Là, il s'est éclipsé puis est vite revenu, regardant autour de lui, & s'est dépêché de verser une poignée de poudre dans la baignoire.) Sel de Bain. Lavande.

M. Hung Lee a eu du mal à prononcer ce dernier mot, mais j'avais deviné ce qu'il voulait dire, à l'odeur qui emplissait la pièce.

Il s'est frotté les mains au-dessus de la baignoire bouillante puis s'est incliné.

— Maintenant je pars, a-t-il conclu.

En sortant, il m'a montré un petit crochet en cuivre fixé contre la porte pour la fermer.

J'ai fermé la porte avec le petit crochet en cuivre. Après, je me suis déshabillé & ai accroché mon pantalon, ma chemise, mon chapeau & mon sac-médecine aux patères. Ensuite, je me suis glissé tout doucement dans le bain bouillant. Ma blessure par balle à l'épaule m'a picoté au début, puis ça s'est calmé & je me suis détendu.

Quand j'habitais à Temperance, Ma Evangeline installait un rideau dans notre cabane et remplissait une petite baignoire d'eau chaude pour notre bain hebdomadaire. Elle me faisait toujours passer premier, mais l'eau n'était jamais suffisamment chaude pour qu'on ait à utiliser un drap. Elle ne nous mettait jamais non plus de Sels de Bain. Et puis notre baignoire était moitié moins grande que celle-là.

Celle-là, c'était le modèle luxe, avec eau bouillante. Elle me paraissait presque valoir la somme rondelette qu'elle m'avait coûtée : 2,75 $ (pourboire au Chinois compris). J'arrivais à m'enfoncer tout entier sous l'eau & à souffler des bulles.

Quand je fermais les yeux & plongeais sous l'eau, je voyais en pensée le Lieutenant Deforrest Robards allongé sur le trottoir. Comme c'était une image triste, je faisais ce que Ma Evangeline me disait de faire dans ces cas-là : la remplacer par une image heureuse. J'ai alors pensé à Mme Zoe Brown en train de serrer Martha dans ses bras et ça m'a procuré une agréable sensation de chaleur à l'intérieur.

En sortant ma tête hors de l'eau, j'entendais la musique d'un piano qui pénétrait par la petite lucarne. Une chanson à l'eau de rose – « Kiss Me Goodnight, Mother ». Entre ça & le bain, je me suis mis à penser à Ma Evangeline, qui m'avait appris tant de choses et qui insistait toujours pour me donner un baiser, le soir, avant que je me couche – malgré mes protestations. J'ai beau ne pas aimer qu'on me touche, je regrettais qu'elle ne puisse plus jamais me donner de baiser, le soir, avant que je me couche.

J'avais les joues humides mais, vu que je ne pleure jamais, j'imagine que c'est parce que je venais de passer la tête sous l'eau.

Je suis resté à tremper dans ce bain jusqu'à ce que la vapeur s'en aille et que l'eau commence à tiédir. Ensuite, j'ai pris le gant & le petit morceau de savon jaune sur la chaise, et je me suis frotté la figure & les mains.

Le noir est parti très vite. J'ai aussi éliminé une bonne couche de crasse, tout aussi facilement.

J'allais sortir du bain quand j'ai entendu des éperons & une voix de l'autre côté de la porte.

— L'est pas là-d'dans ! disait la voix. Z'avez pas d'autres salles ?

Cette voix m'a glacé le sang.

Elle était râpeuse.

C'était la voix d'Extra Dub Donahue, mon ennemi mortel.

Il m'avait retrouvé.

FEUILLE DE COMPTES 51

Le bruit d'un poing cognant contre la porte a empli ma cabine privée.

— Ouvre, sale petite vermine ! criait Extra Dub. Je sais que t'es là-d'dans !

J'étais assis dans une baignoire, nu comme un ver, avec pour toute arme un morceau de savon jaune & un gant de toilette.

BANG !

La porte a vibré & les éperons d'Extra Dub ont cliqueté quand il donné un coup de pied contre le battant.

BANG !

Les charnières ont grincé. Le petit crochet en cuivre n'allait plus tenir longtemps.

J'ai bondi hors de la baignoire & me suis jeté sur mon sac-médecine accroché à une patère, puis suis retourné m'accroupir derrière la baignoire.

CRAC !

La porte a cédé. Extra Dub se tenait là, avec son chapeau noir & son cachc-poussière couleur biscuit. Dans sa main droite, il brandissait un Revolver Colt Navy – armé & prêt à l'action.

Tout en l'épiant de derrière la baignoire, je m'efforçais de maîtriser mes doigts humides & paniqués pour ouvrir mon sac-médecine.

— Te v'là enfin, purin de toi, a-t-il craché en me visant.

Bang !

Je me suis mis à couvert à la seconde où une énorme détonation a empli la cabine, faisant trembler la baignoire & bourdonner mes oreilles. Mais j'avais aussi réussi à ouvrir mon sac-médecine & en ai sorti mon Sept-Coups. Je l'ai armé, ai relevé la tête & tiré plusieurs fois en direction d'Extra Dub.

Pop ! a fait mon Smith & Wesson. *Pop ! Pop !*

Extra Dub a poussé un juron d'après lequel j'ai su qu'au moins une de mes balles avait atteint sa cible.

Bang ! Bang ! a répliqué son Colt Navy.

Pop ! ai-je rétorqué.

Là, un liquide chaud m'a coulé sur la joue. L'espace d'un instant, j'ai eu peur que ce soit mon sang.

Il paraît que, quand on prend une balle, on ne le sent pas toujours sur le coup.

Je me suis touché la joue puis ai regardé mes doigts.

Ce n'était que de l'eau du bain.

Je n'avais pas pris de balle.

Malgré mes oreilles qui bourdonnaient, j'ai entendu les éperons d'Extra Dub cliqueter tandis qu'il s'avançait pour mieux viser.

Il a pressé la détente et… *clic !*

Son Colt a raté ! La capsule & la balle de son Navy l'avaient trahi.

Comme mon Smith & Wesson ne semblait pas avoir d'effet sur lui, j'ai tenté autre chose.

Aussi vif qu'un coup de fouet, j'ai soulevé un côté de ma baignoire, projetant une marée d'eau savonneuse en direction d'Extra Dub.

— Oooh ! s'est-il écrié.

Aussitôt – *Bang !* – son 4e coup de feu a touché le plafond alors qu'il se retrouvait par terre, les fesses sur le plancher trempé.

Extra Dub était assis, moi je m'étais relevé, tout nu, protégeant ma Pudeur derrière la baignoire vide.

Extra Dub est resté quelques secondes immobile, puis il s'est rassis, les jambes raides & écartées, son Colt fumant toujours en main. Son chapeau mou lui avait glissé sur les yeux. Il l'a envoyé valser & a levé les yeux vers moi, qui l'observais. Je braquais mon Sept-Coups sur son cœur.

— Pose ton flingue, sale meurtrier, lui ai-je ordonné, ou bien je te tue sur-le-champ. Mon revolver à moi, il ne fait pas de ratés.

— Tu m'as touché deux fois, a-t-il ricané, mais tes petites balles sont aussi inoffensives qu'une piqûre de moustique.

Il avait beau fanfaronner, il n'esquissait pas le moindre geste.

Moi, je restais bien droit sur mes pieds.

— Pose ton flingue ! ai-je répété.

Ses narines se sont ouvertes, il a armé son revolver et...

Pop !

J'ai tiré sur son Colt, qu'il a aussitôt laissé tomber. Mais pour ce faire, j'avais dû lâcher la baignoire et ainsi exposer ma Pudeur.

Extra Dub s'est interrompu au milieu d'un chapelet d'injures et a écarquillé les yeux.

— Hein ? a-t-il fait. Mais t'es pas...

CLANG !

M. Hung Lee venait d'écraser un seau en métal vide sur la tête nue d'Extra Dub.

Le Desperado est resté assis, mais ses yeux ont roulé en arrière & il s'est mis à baver. Son Colt Navy était par terre à quelques centimètres de lui, le Chinois s'est dépêché de le pousser vers moi d'un coup de sandale.

Je l'ai récupéré avant de retourner me cacher derrière la baignoire. J'ai alors armé le Colt & l'ai pointé sur Extra Dub.

Encore groggy, il n'a pas protesté quand M. Hung Lee lui a retourné le seau sur la tête. Après ça, le Chinois lui a défait sa ceinture pour lui ligoter les mains dans le dos.

— Là ! s'est exclamé M. Hung Lee en se frottant les mains. Très bien. Oui ?

— Oui, ai-je confirmé. (Il ne semblait pas avoir remarqué ma Pudeur.) Il y a une récompense de deux cents dollars pour sa capture. On fait moitié-moitié ?

— Oui, s'il vous plaît ! a accepté M. Hung Lee. (Un large sourire au visage, il s'est mis à traîner le corps du Desperado hors de la cabine.) Je laisse maintenant. Toi habiller. Après nous chercher récompense.

Il a refermé la porte derrière lui et, bien qu'elle ne se soit pas fermée en plein, j'ai reposé la baignoire, me suis séché & ai commencé à m'habiller. Je me débattais avec les boutons de ma chemise quand j'ai repéré trois balles en plomb fichées dans le drap au fond de la baignoire.

Aussitôt, mes genoux se sont mis à trembler, j'ai dû m'asseoir & respirer profondément.

Puis, au bout d'un moment, je suis ressorti de la cabine. M. Hung Lee m'attendait, toujours radieux. Il tenait Extra Dub d'une main. Celui-ci s'était relevé mais il avait toujours le seau en métal sur la tête.

— Nous voir Marshal ? a demandé Hung Lee.

J'ai réfléchi un instant puis ai fait non de la tête.

— Il vaudrait peut-être mieux l'amener au Juge Atwill. Le Marshal n'est pas encore rentré en ville et son Adjoint Jack Williams ne m'aime pas.

— Juge Atwill bien, a estimé le Chinois. Je sais où.

Au moment où je me suis tourné pour suivre Hung Lee & notre prisonnier qui sortaient des Bains Selfridge & Bach, j'ai remarqué que le gros bonhomme du comptoir me regardait les yeux écarquillés & la bouche grande ouverte. Je me suis dit que c'était l'un des exemples les plus extrêmes de l'Expression n° 4 que j'aie jamais vus.

FEUILLE DE COMPTES 52

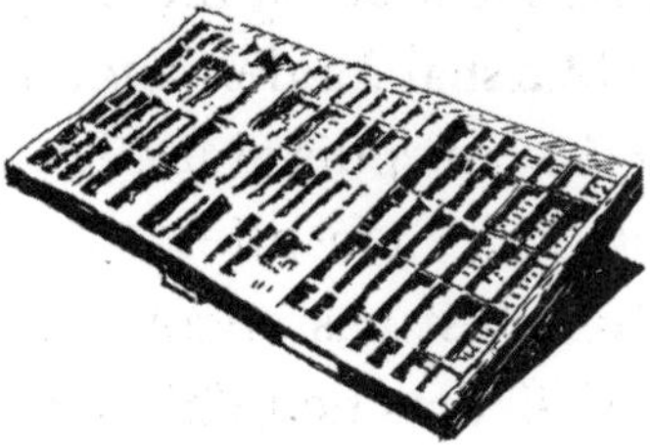

Tôt le lendemain matin, je revenais du Colombo Restaurant où je m'étais régalé d'un petit déjeuner dominical aux Pancakes, quand j'ai trouvé M. Sam Clemens qui rôdait devant mon bureau. Il avait un objet sous le bras. Une espèce de grand tiroir plat en bois, divisé en petits casiers.

— Qu'est-ce que c'est ? lui ai-je demandé.

— Bien le bonjour à toi aussi, m'a-t-il fait d'une voix encore plus lente que d'habitude. C'est un cadeau pour toi.

Tout en ouvrant la porte de mon bureau, j'étudiais le visage de Sam Clemens en utilisant mes Techniques de Détective. Il ne s'était pas rasé, avait le blanc des yeux tout rouge & la fumée de sa pipe nauséabonde était imprégnée de l'odeur du whisky.

— Vous avez encore passé une nuit blanche, non ? ai-je dit en entrant.

— Excellente déduction, m'a-t-il complimenté en me suivant. J'ai fait la bringue avec Dan, Joe et les autres. Mais toi, tu n'es pas ouvert, aujourd'hui ?

s'est-il étonné en constatant que je n'avais pas retourné l'écriteau **FERMÉ** pour afficher **OUVERT** à ma porte.

— Seigneur non. Sûrement pas le jour du Sabbat. Mes parents adoptifs m'ont appris à respecter les commandements, et en particulier le quatrième.

— On est donc dimanche ? a fait Sam Clemens en regardant mes étagères comme s'il allait y trouver la réponse.

— Oui, ai-je répondu. Aujourd'hui c'est le Sabbat.

— Ça explique qu'il n'y ait eu personne du journal au Old Corner Saloon.

— Pourquoi donc ? Vos collègues respectent le Sabbat ?

— Le Sabbat hébreu, a corrigé le reporter, qui tombe le samedi. Le dimanche, on travaille.

Là, il a posé son gros tiroir sur ma table. Il comportait environ 90 petits compartiments de différentes tailles. J'avais déjà vu des tiroirs comme ça dans les locaux du *Territorial Enterprise*.

— C'est une casse, m'a-t-il expliqué en retirant sa pipe de sa bouche & en en tapotant la tête contre le talon de sa botte pour en faire sortir le tabac.

— Une casse ?

— Voilà – un casier à caractères d'imprimerie, si tu préfères. Elle est vieille et elle a un peu souffert pendant notre récent déménagement. J'ai pensé que tu pourrais l'utiliser pour ta Collection de Tabacs.

Tandis qu'il bourrait sa pipe de tabac Killickinick, j'examinais la casse en bois. J'allais pouvoir ranger des miettes de tabac ou des mégots de cigare dans les compartiments & ainsi éviter de les mélanger. Ce grand plateau allait m'être bien utile dans mon étude et mon recensement des différents tabacs.

— Ce grand plateau va m'être bien utile dans mon étude et mon recensement des différents tabacs, ai-je déclaré.

— Tout le plaisir est pour moi.

Sur ce, Sam Clemens s'est assis sur la chaise réservée aux Clients, a croisé les jambes & frotté une allumette au talon d'une de ses bottes. Ensuite, il s'en est servi pour enflammer sa pipe.

Me rappelant soudain les bonnes manières, j'ai dit :

— Merci. Mais pourquoi me faites-vous ce cadeau ?

— Déjà, pour me faire pardonner d'avoir envoyé valdinguer ta collection de tabacs. Ensuite, pour te remercier.

— Vous aviez dit que ma Collection des Bons Tabacs, ça n'était « que de la blague », lui ai-je rappelé.

— C'était avant que j'apprenne que tu étais capable de reconnaître plus de cent variétés de tabacs, et que cette faculté t'avait aidé à traduire en Justice un Criminel & à sauver la vie à une pauvre servante. Je suis à présent convaincu des mérites de cette collection. Grâce à toi !

— Il m'en faudrait bien deux ou trois de plus, de ces casses, ai-je annoncé.

À ce moment-là, la porte de mon bureau s'est ouverte. C'était Bee. J'ai remarqué qu'elle était moins enjouée que d'habitude.

— Bonjour, P.K., a-t-elle dit. Je vois que tu as de la compagnie, alors je ne vais pas m'éterniser.

Sam Clemens s'est retourné pour voir qui parlait. Sans se lever de sa chaise, il a touché le bord de son chapeau et lancé :

— 'Jour, Miss.

Bee lui a poliment répondu par un mouvement de tête, puis s'est avancée & a déposé sur ma table un paquet à peu près gros comme deux briques.

— C'est du tabac, a-t-elle annoncé. Du magasin de Papa. Des échantillons d'une trentaine de marques que tu ne possèdes pas encore, il me semble. Il y a l'étiquette et tout, et tout. (Elle se mordillait la lèvre inférieure & regardait par terre. Puis elle a débité d'une traite :) Je me sens vraiment mal, de ne pas t'avoir aidé la seule fois où tu me l'as demandé. J'étais triste pour cette fille & j'aurais sûrement trouvé le moyen de l'aider si tu ne m'avais pas prise au dépourvu. C'est pour me faire pardonner.

Elle s'est tournée vers Sam Clemens puis à nouveau vers moi.

— Je ne t'embêterai plus avec *tu sais quoi*, a-t-elle ajouté. Si tu as encore besoin d'aide, tu voudras bien me donner une autre chance, dis ?

Je n'ai pas eu le temps de répondre, qu'elle tournait les talons & sortait de mon bureau.

Sam Clemens a fait pivoter sa chaise pour la regarder partir.

Je n'arrivais pas à déchiffrer son expression.

Les yeux rivés sur le paquet que Bee m'avait apporté, il m'a demandé :

— Bon alors, tu comptes l'ouvrir, oui ou non ?

— Pas tout de suite, ai-je répondu. Je le garde pour plus tard.

Sam Clemens m'a fait signe qu'il comprenait, puis il a sorti un calepin de sa poche.

— Écoute un peu, a-t-il commencé. Je veux que tu me dises ce que tu penses de l'article que je viens d'écrire sur la mort de ce lâche d'Absalom Smith.

— Je lui ai promis que nous ne révélerions pas sa véritable identité.

— Et nous respecterons ta promesse. À aucun moment je ne mentionne son vrai nom. Écoute. (Là, il s'est mis à lire.) Il était environ 14 heures, samedi, quand la Justice a fini par rattraper un déserteur confédéré se faisant passer pour un Artiste de Music-Hall. Absalom Smith a trouvé la mort au cours d'une vente aux enchères organisée dans B. Street. L'enquête a démontré qu'il avait reçu plusieurs coups de feu avant de sauter par une fenêtre située au premier étage de l'établissement des ventes, et de passer sous les roues d'un chariot de quartz. Après délibération, le jury a rendu un verdict de mort « par punition divine ». Le président du jury s'est également fendu de ce commentaire : « Quoi de plus normal, pour un amateur de jeux de mots, que de mourir d'une mauvaise chute ! »

Sam Clemens a pouffé & s'est tapé la cuisse avec son calepin.

— Épatant, tu ne trouves pas ? m'a-t-il demandé. Avec ce genre d'article, j'ai trouvé un filon que je vais pouvoir exploiter pendant des années.

Puis il s'est levé, s'est penché par-dessus ma table & m'a saisi par les épaules.

J'ai grimacé – je priais bien fort pour que les gens arrêtent de m'empoigner par les épaules.

— P.K., a-t-il déclaré, je n'ai jamais eu que deux ambitions dans la vie. L'une était d'être pilote de bateau à aubes, l'autre de devenir millionnaire. La première, je l'ai accomplie, mais j'ai lamentablement échoué dans la seconde. Sauf qu'à présent, j'ai une « Vocation ».

— Une Vocation ? ai-je répété en essayant de me dégager.

— Tout à fait ! Une Vocation ! L'Appel de la littérature ! Certes pas la grande littérature, non, mais au contraire la plus basse qui soit – la littérature humoristique. Je confesse que ce n'est pas un motif de fierté, mais c'est là mon point fort. Et pour ça je dois te dire merci.

Il m'a alors relâché & a ramassé la boîte de cigares avec le Bébé de Pierres à l'intérieur.

— Les gars de l'*Enterprise* cherchaient à se payer ma tête et la tienne, avec ce bébé, m'a-t-il expliqué. Moi, ça m'a donné une idée de canular sensass. Mon papier sur l'« Homme Pétrifié » a fait un Tabac. Il est repris par des journaux des quatre coins du pays. Les demandes d'Abonnement au *Daily Territorial Enterprise* ont augmenté de dix pour cent, d'après Joe Goodman.

Sa pipe s'étant éteinte, il a reposé le Bébé de Pierres, a frotté une autre allumette à la semelle de sa botte, a approché la flamme du tabac & a aspiré à petits coups.

— En plus, a-t-il continué dans un nuage de fumée, j'ai pu me venger de cette vermine de George *Sewell*. J'ai maquillé son nom dans mon article, mais ça n'empêche pas les gens de lui écrire et de passer à son bureau par chariots entiers. Ils veulent tous qu'il les conduise à Gravelly Ford et leur fasse voir le Prodige. Ha ! Ha !

— Et pourquoi devez-vous me dire merci ? l'ai-je relancé.

— Parce que si tu n'avais pas laissé traîner ce bébé de pierres, et si tu ne m'avais pas fait enrager, alors je n'aurais jamais donné un coup de pied dedans, ni eu l'idée d'écrire ma propre version de l'histoire.

— Mais cette histoire d'Homme Pétrifié, justement, elle était entièrement inventée, non ?

— 'Videmment ! s'est-il esclaffé en tirant sur sa pipe. La vengeance n'en est que plus douce.

— Seul le Seigneur a le droit d'exercer la vengeance. Méfiez-vous que la vôtre ne se retourne pas contre vous.

— Purin, P.K., ne sois donc pas si sentencieux, à la fin. Viens plutôt avec moi au Niagara Music Hall & Billiard Saloon. Qu'on se paie un peu de bon temps. Il me semble que El Dorado Johnny est toujours couché sur le billard de l'établissement. Je t'offrirai une salsepareille et nous verrons bien s'il est toujours un joli cadavre. Nous porterons un toast à ma « Vocation d'Auteur Humoristique ». (Là, il s'est interrompu le temps de tirer quelques bouffées de sa pipe, avant d'ajouter :) Ta présence ne manquera pas de causer une nouvelle fusillade...

— Je suis désolé, ai-je dit. Mais j'entends les cloches de l'église appeler les fidèles. Vous m'accompagnez ?

— Pas si j'ai le choix.

FEUILLE DE COMPTES 53

J'ai emprunté D. Street pour aller assister à mon premier office dans le Terrain de Jeu du Diable. J'avais sans doute rarement été aussi propre de ma vie. Je portais mes mocassins et mon pantalon en daim, mon manteau en laine bleu avec six boutons en cuivre & mon chapeau de feutre noir planté d'une plume de faucon. J'avais envoyé ma chemise en flanelle rouge délavé (pas rose) chez Hong Wo pour qu'il la lave, et passé à la place une chemise rose toute neuve. Oui, elle était Rose. Pas rouge délavé : rose. J'aime la flanelle pour sa douceur & je me suis habitué au rose.

Si quelqu'un trouve que c'est une couleur de fillette, je lui botte les tibias sans compter jusqu'à dix ni même citer l'Épître de Paul aux Philippiens, chapitre 4, verset 5.

L'Église Épiscopale Méthodiste était bourrée jusqu'aux chevrons, comme on dit. À ma grande surprise, j'y ai reconnu une vingtaine ou une trentaine de Colombes de Suie, ainsi que deux ou trois barmen et le Coroner du Comté de Storey, M. George Sewall

– et pas *Sewell*. Doc Pinkerton & son épouse étaient eux aussi présents, tout comme Isaiah Coffin et Miss Belle Donne, bras dessus bras dessous.

(Leur amour avait resurgi de ses cendres quand Isaiah Coffin avait volé au secours de Belle Donne en présence d'un tueur détraqué.)

Mon Avocat, M. William Morris Stewart, assistait également à l'office. Il m'a annoncé avoir reversé sur mon compte les quatorze cents dollars qu'il y avait retirés, et aussi remboursé la Grosse Gussie et les Filles de sa Pension.

Je me suis assis au fond de l'église, au bout d'un banc, afin de pouvoir sortir rapidement si nécessaire. Parfois, l'office dominical me donne la nausée et j'ai besoin d'aller prendre l'air. Gussie & les filles m'ont fait signe, de l'autre bout de l'église. Elles avaient l'air sensass, dans leurs habits du dimanche.

Mme Zoe Brown était là, elle aussi, dans sa plus belle robe de deuil, à manchettes en dentelle noire. Martha se tenait à côté d'elle. Elle portait la robe en calicot rose et avait aux pieds les bottines blanches, mais sa tête était coiffée d'un chapeau neuf. Un chapeau de paille orné de petites fleurs roses assorties à la robe.

(Je suppose qu'il va me falloir acheter 2 robes en calicot, 2 bonnets & 2 paires de bottines : Une pour remplacer la tenue que j'ai empruntée à Isaiah Coffin & l'autre qui me servira de Déguisement de Fillette Modèle. Mais ça ne me dérange pas. Au moins, cette fois, j'aurai des bottines à ma taille.)

Le Rév. C.V. Anthony a prononcé un joli sermon sur la Grâce de Dieu et nous avons chanté des hymnes qui m'ont fait penser à Pa Emmet et à Ma Evangeline. Je me sens toujours plus proche de Dieu quand j'ai le ciel au-dessus de ma tête – et pas un clocher d'église – mais là ça allait quand même.

L'office terminé, je suis resté devant l'église, au soleil, à observer les jambes & les pieds de tous ceux qui s'arrêtaient pour remercier le Révérend.

Dans un buisson d'armoise, une caille a lancé « Chicago ! Chicago ! » pour me rappeler mon objectif.

Je me suis dit : « Quand je serai prêt. »

Mme Zoe Brown & Martha sont ensuite apparues à la porte : le Révérend a incliné la tête & prié pour elles. Après, elles m'ont rejoint à côté des futurs rosiers du Révérend.

— Nous venons te dire au revoir, a déclaré Mme Zoe Brown avec son doux accent du Sud.

— On va à Frisco ! a ajouté Martha avec son fort accent du Sud.

— Vous quittez Virginia City ? ai-je demandé.

— Oui, m'a répondu Zoe Brown en passant un bras sur les épaules de Martha. Nous partons tout de suite, pendant que le temps le permet encore. Avec le boghei de Sally. Une fois à Frisco, je m'installerai comme chapelière et Martha sera mon apprentie.

— Tout comme Miss Sal' a comptait faire, m'a rappelé Martha.

— Vous êtes sûres que c'est une bonne idée ? J'ai entendu dire qu'on mettait quatre jours à rallier Frisco avec un boghei. Les pentes sont tellement raides qu'elles épuisent les bêtes. Sans compter le ferry depuis Sacramento. Vous auriez meilleur compte à vendre le boghei et les chevaux et vous payer la diligence.

— Non, m'a assuré Zoe Brown. J'ai pris ma décision et planifié notre itinéraire : la station de Van Sickles ce soir, lundi à Strawberry Flat, mardi à Sacramento, puis le ferry jusqu'à San Francisco. Je fais ça pour honorer la mémoire de cette pauvre Sal'. Et puis aussi, le Révérend vient d'adresser pour nous au Seigneur la Prière des Voyageurs.

— Je joindrai mes prières aux siennes, ai-je promis.

— La Chance aide les courageux, a ajouté Martha.

Là-dessus, Zoe Brown a ouvert son sac & en a sorti une pièce en or de 20 $.

— Je tiens à te récompenser d'avoir aidé Martha.

J'ai compris que ça représentait une grosse somme pour elles.

— Je n'en ai pas besoin, ai-je dit. J'ai plein de pièces comme celle-là dans mon coffre chez Wells, Fargo & Co. Gardez la vôtre. Mais ça me rappelle... (Là-dessus, j'ai retiré de ma poche la chaîne & la croix de Martha et les lui ai tendues.) Prends-les. Elles te rappelleront Sally.

Martha a ouvert de grands yeux puis s'est tournée vers Zoe.

Zoe Brown avait les yeux baignés de larmes.

— Tu en es sûr ? m'a-t-elle demandé.

— J'en suis sûr.

— Oh ! P.K., a murmuré Martha. Merci !

Elle a pris la chaîne et la croix, que Zoe Brown l'a aidée à accrocher autour de son cou.

— En retour, nous devons te donner quelque chose nous aussi, a déclaré Zoe Brown.

Elle a regardé Martha & Martha l'a regardée. Puis, avant que j'aie pu l'en empêcher, Zoe Brown m'a saisi par les épaules, attiré à elle & m'a donné un baiser sur la joue. Martha a gloussé avant de m'embrasser sur l'autre joue.

— Mais qu'est-ce qui ne tourne pas rond, dans cette ville ? ai-je fait en m'essuyant les joues à la manche de mon manteau.

— Oh ! P.K., a pouffé Zoe Brown, les mains sur ses hanches et la tête qui disait non.

Sur ce, elle a tiré de son sac une pochette en papier.

— Prends ça, aussi, m'a-t-elle offert. Des bonbons acidulés.

— Merci, ai-je répondu en prenant les bonbons. C'est autrement meilleur que les baisers.

— P.K.... a soupiré Zoe Brown. Est-ce qu'il t'arrive de ne pas dire exactement ce que tu penses ?

J'ai réfléchi un moment. Puis j'ai répondu :

— Uniquement quand je mens.

Ça l'a fait rire. C'était la première fois que je l'entendais rire. Ça la rendait toute belle.

— Si jamais tu passes à Frisco, tu dois promettre de venir nous voir.

J'ai fourré un bonbon acidulé sous ma langue & fait signe que oui.

— D'accord.

— Promis ?

— Promis.

Sur ce, elles m'ont laissé & ont remonté la rue. J'ai avisé Sissy et Sassy, les deux juments blanches harnachées au boghei de Sally devant la Maison de Brique de la Grosse Gussie. J'ai regardé Zoe Brown (en noir) et Martha (en rose) grimper à bord du boghei noir étincelant. Elles sont montées à l'avant, Zoe Brown a empoigné les rênes & donné un coup de fouet tandis que Martha me faisait adieu avec son mouchoir neuf.

Je les ai regardées passer devant moi, puis filer vers le sud & enfin disparaître.

FEUILLE DE COMPTES 54

On avait beau être dimanche, les Concasseurs de Quartz martelaient leur chanson, et les cheminées des mines crachaient des nuages de vapeur. Des sifflets ont retenti. Il était midi.

Mon bonbon acidulé avait quasiment fini de fondre quand le Rév. C.V. Anthony s'est approché de moi.

— Prêt pour notre petite excursion ? m'a-t-il demandé.

— Oui, monsieur.

J'ai décidé de ne pas lui avouer que je l'avais brièvement soupçonné de meurtre.

— Bien. Mon épouse pique-nique avec des amies à elles. Nous aussi, nous allons pique-niquer.

Dix minutes plus tard, j'étais assis à côté du Révérend, à l'avant d'une espèce de calèche tirée par un grand rouan et un cheval gris. Nous descendions D. Street vers le sud. La rue s'est ensuite élevée un peu pour rejoindre C. Street et bientôt nous franchissions la Butte. C'est comme une bosse à flanc de montagne qui sépare Virginia du village de Gold Hill. Jusque-là, le

Révérend m'avait parlé du temps qu'il faisait & d'autres banalités, mais soudain il s'est tu. La route descendait fort en suivant des lacets, et je me suis dit qu'il voulait se concentrer. Il a ralenti pour donner une pièce au Péage. Immédiatement après, nous sommes passés entre les immenses rochers démoniaques connus sous le nom de Porte du Diable.

Nous avons poursuivi sur cette route sinueuse, avons franchi Silver City & vu la diligence de Carson City déposer des passagers devant l'hôtel. J'ai pensé qu'on allait peut-être rattraper Zoe Brown et Martha, mais non. Elles devaient sûrement déjà filer vers Frisco.

Après Silver City, nous avons pris à gauche, sur la nouvelle route à péage. Elle était lisse comme du billard, mais aussi tortueuse qu'un serpent. En cet après-midi torride, on se serait cru en été – seuls les peupliers jaunis qui s'agitaient dans le vent indiquaient qu'on était en automne. Le Révérend et moi avions ôté nos manteaux & restions en bras de chemise, la brise sur nos visages, les odeurs des chevaux & de l'armoise dans nos narines et le goût de la poussière dans nos bouches.

Quand enfin la route est redevenue plate et droite, le Révérend a poussé un soupir de soulagement avant d'annoncer :

— J'ai un panier de pique-nique à l'arrière. Sandwichs au jambon & limonade. Tu ne voudrais pas nous le passer ?

J'ai fait comme il disait. Il a enroulé les rênes à son poignet gauche & nous avons mangé nos sandwichs & bu la limonade tandis que la calèche cheminait vers le sud.

Nous finissions de pique-niquer, quand Dayton est apparue devant nous. Le Révérend a repris les rênes en main pour traverser la ville, passer le Péage & le pont qui enjambe la rivière Carson.

— Je voudrais que tu me parles d'Absalom Smith, m'a-t-il demandé alors.

— Son vrai nom était Deforrest Robards. L'idée de devenir soldat lui plaisait, alors il a réuni un groupe de volontaires parmi ses amis. Il est devenu Lieutenant de la Confédération. Mais lorsqu'il s'est retrouvé face à l'ennemi, à Shiloh, il s'est figé de terreur puis s'est enfui, provoquant la déroute de ses hommes, ce qui a entraîné de nombreuses pertes. Il est ensuite venu à Virginia sous le faux nom d'Absalom Smith.

— Absalom, a répété le Révérend. Sans doute le lâche le plus héroïque de la Bible. *Mon fils Absalom, mon fils, mon fils Absalom !* a-t-il cité.

— Il s'est rendu au Topliffe Theatre le vendredi, ai-je continué, où on lui a demandé de remplacer M. Woodhull qui était malade. Sally avait connu Robards à Mobile, dans l'Alabama. Elle se trouvait au Topliffe Theatre ce soir-là. Dès qu'elle l'a vu, elle est allée le saluer. Lui devait terminer le spectacle mais il lui a donné rendez-vous plus tard, à sa crèche. La Petite Sally aimait les hommes courageux et méprisait les lâches. Et sa langue était aussi piquante qu'un bonbon acidulé. Robards a dû lui raconter ce qui s'était passé, et elle, au lieu de le consoler, elle s'est moquée de lui. Martha l'a entendue crier *Vole, vole, Bruant jaune !* C'était la pire insulte que la Petite Sally aurait pu trouver. Deforrest Robards est devenu fou et l'a étranglée.

— La guerre est une chose terrible, a jugé le Révérend. Elle peut faire perdre la raison aux hommes.

— J'aurais dû comprendre plus tôt que c'était lui le coupable. Il a sûrement suivi Martha jusqu'à mon bureau, et a profité du duel entre Farner Peel et Murphy pour tenter de forcer ma porte. Mais elle a tenu bon, alors il m'a suivi jusqu'au Fashion Saloon, où il m'a adressé la parole.

— Tu fréquentes le Fashion Saloon ?

— Ça m'arrive, ai-je avoué en me dépêchant de revenir à mon compte rendu. Bref, Absalom Smith alias Robards s'est figé quand El Dorado Johnny l'a provoqué. Si j'avais mieux su comprendre les gens, j'aurais vu qu'il était pétrifié de peur.

— Tu as assisté à un duel dans un saloon ?

— Pas cette fois-là. Absalom Smith est ensuite parti mais, quand je suis sorti parler à quelqu'un, je pense qu'il se trouvait dans le cabinet voisin. Si j'avais été plus fortiche en contrepèteries, je l'aurais deviné.

— Tu dis ?

— Juste avant de quitter le saloon, Absalom Smith alias Robards a énoncé une moitié de contrepèterie. Il s'est levé en disant *c'est bien beau de participer, mais là*...

Le Révérend a froncé les sourcils un instant avant de glousser.

— Mais là, je dois *partir pisser* !

— Exact, ai-je confirmé. Si j'avais été plus futé, j'aurais su qu'il se trouvait dans le cabinet voisin de celui de Poker... de mon ami. Le Meurtrier en personne se tenait à moins d'un mètre de moi tandis que j'expliquais à cet ami comment je comptais mener mon enquête.

Là, j'ai secoué la tête, stupéfié par ma propre bêtise.

— Quelle ironie... a estimé le Révérend.

Je n'étais pas sûr de savoir ce que signifiait ce mot, mais il sonnait juste, alors j'ai fait signe que j'approuvais & j'ai repris mon récit.

— J'ai commencé à me douter qu'Absalom Smith était en fait Robards quand j'ai senti son tabac dans la crèche de Sal'. Je me suis rappelé qu'il portait sur lui un revolver de la Confédération – autre indice qui confirmait qu'il était bien Deforrest Robards, le lieutenant pétrifié de Shiloh.

— Brillant, a conclu le Révérend. Tout à fait brillant. (Puis, s'adressant aux chevaux :) Allez hop !

Un quart d'heure plus tard, nous arrivions au minuscule hameau de Temperance, au beau milieu du désert torride parsemé de buissons d'armoise.

C'était la première fois que j'y revenais depuis que mes parents adoptifs y avaient été scalpés & tués.

FEUILLE DE COMPTES 55

Le Révérend avait récupéré quelque part une clé de la cabane de mes parents, il en a ouvert la porte & est entré le premier.

Je l'ai suivi. Ça sentait le renfermé, mais j'ai également noté une touche de Lotion Bay Rum & de sang.

Je m'efforçais de ne pas regarder la tache sur le plancher nu. Je me disais qu'on avait dû brûler le tapis que Ma Evangeline aimait tant. Elle l'avait confectionné à partir de vieux bouts de calicots qu'elle avait disposés en spirale pour faire un grand serpent coloré. Il donnait à notre cabane un côté lumineux & douillet. Sans lui, elle paraissait triste & nue. Il y avait déjà des toiles d'araignée au plafond, près du chevron sur lequel je m'étais caché moins de deux semaines plus tôt.

Quelqu'un avait rangé la vaisselle, les ustensiles de cuisine, nos draps & nos couvertures dans des caisses en bois. Dans l'une, il y avait les livres de Ma Evangeline ; j'y ai vu *La Bible*, *La Maison d'Âpre-Vent* & le dictionnaire Worcester par-dessus.

— Qu'est-ce que c'est ? a demandé le Rév. C.V. Anthony en soulevant une boîte en bois plate surmontée d'un couvercle en verre.

— Ma Collection de Bestioles. J'en ai une autre de Boutons. J'aime bien faire des collections. Ma Evangeline disait que c'était une de mes Excentricités.

— Tu voudrais conserver ton lit ? a proposé le Révérend en indiquant le plus petit des deux qu'il y avait là.

— Non, ai-je répondu. Il est trop grand pour ma remise. M. Bloomfield m'a laissé un lit de camp qui me va très bien.

— Comme tu veux. Et la cabane & le mobilier ? Tu les gardes ou tu les vends.

— Je les vends. Je ne reviendrai jamais ici. Si vous en retirez des sous, utilisez-les pour rembourser les frais d'obsèques de mes parents adoptifs – que vous avez avancés. Tout ce qui ne trouvera pas preneur ira au tronc de l'église.

— C'est un geste très chrétien, P.K., m'a assuré le Révérend. Tu te prépares un petit trésor aux Cieux.

J'ai fait signe que oui. J'avais donné une centaine de mes propres dollars pour aider Martha, mais j'en avais récupéré le double quand Hung Lee et moi avions livré Extra Dub au Juge : la récompense était passée à 400 $ après sa première évasion. On n'est jamais plus généreux que le Seigneur.

Nous avons transporté les caisses à l'extérieur & les avons chargées à l'arrière de la calèche. J'ai aussi récupéré mes souliers d'école, quelques coupes, une cruche & une cuvette, une pelle à poussière & un balai. Mais nous avons laissé le grand lit, le petit lit, le buffet, la table, les chaises & le poêle ventru.

Nous sommes remontés sur la calèche, le Révérend a donné un coup de fouet pour faire partir les chevaux & nous avons repris la route poussiéreuse du désert, franchi la rivière Carson, payé le péage, pris à gauche dans la Grand-Rue de Dayton puis filé vers le cimetière.

Le Rév. C.V. Anthony a laissé les bêtes devant un abreuvoir, vu qu'il n'y avait de l'ombre nulle part. N'étant jamais venu là auparavant, je l'ai laissé me guider parmi les pierres tombales. Quand nous nous sommes arrêtés devant l'une d'elles, j'avais la gorge serrée et la vision brouillée. J'ai su que c'était la tombe de Ma et Pa Jones, qui avaient été gentils envers moi, m'avaient aimé & étaient morts à cause de moi. Le refrain de la chanson « Kiss Me Good Night, Mother » m'est venu à l'esprit :

Votre tendre amour, maman, illumine tout ;

Donnez-moi un baiser, maman, avant que je m'endorme.

J'ai cligné des yeux, ma vision s'est éclaircie & j'ai pu lire l'inscription gravée dans la pierre :

EMMET JONES 1818-1862
EVANGELINE WYATT JONES 1822-1862
« J'AI TERMINÉ LA COURSE. »
R.I.P.

J'ai avalé ma salive à grand-peine, pris une bonne inspiration & l'ai relâchée lentement. Leur course était terminée & ils avaient remporté la Couronne du Vainqueur.

J'ai regardé le cimetière nu sur la colline, les montagnes couvertes d'armoise autour de nous et le ciel bleu au-dessus.

J'ai pris une autre inspiration.

— P.K. ? m'a appelé le Révérend C.V. Anthony qui était près de moi sans rien dire.

— Oui, monsieur ?

— Mon épouse et moi, nous avons discuté. Nous pensons qu'il n'est pas bon qu'un enfant de 12 ans comme toi vive seul dans une ancienne boutique de tabac, fréquente les saloons et mène une activité aussi dangereuse que celle de Détective. Nous estimons qu'il te faut quelqu'un pour te nourrir, t'habiller, t'envoyer à l'école et aussi te protéger.

Ne sachant quoi dire, j'ai fixé la pierre tombale sans rien dire.

— Nous comptons fonder une famille prochainement et nous voudrions que tu viennes vivre avec nous.

Stupéfait, je me suis tourné vers lui.

— Et si tu ne souhaites pas vivre à nouveau avec un pasteur méthodiste, m'a-t-il souri, Doc Pinkerton et son épouse m'ont certifié qu'ils seraient eux aussi ravis de t'accueillir. D'après Tom, tu as tout pour devenir un excellent docteur : tu es adroit de tes mains, curieux et la vue du sang ne t'effraie pas. Donc, comme tu le vois, tu as deux familles qui sont prêtes à te recevoir. Laquelle vas-tu choisir ?

J'ai relu l'épitaphe gravée sur la tombe de mes parents adoptifs.

Personne ne pourrait jamais remplacer Pa Emmet ou Ma Evangeline dans mon cœur.

Je dois aussi confesser que j'aime bien être mon propre Patron. Je peux fréquenter des Saloons & des Music-Halls tant que je le veux. Je peux manger au

Colombo Restaurant & prendre du gâteau fourré au petit déjeuner tous les matins si je le désire. Si j'ai besoin de m'acheter de nouveaux habits ou souliers, je n'ai qu'à aller retirer quelques pièces de 20 $ en or chez Wells, Fargo & Co. puis aller faire mon choix au grand magasin Wasserman.

Et puis il y avait aussi ce Secret que je n'avais envie de dévoiler à personne.

— Je me plais comme je suis, ai-je fini par répondre.

J'ai bien vu que ma réponse l'a déçu, car il a légèrement hoché la tête en baissant les yeux & en pressant les lèvres.

J'ai essayé de lui présenter la chose d'une façon qui le réconforte.

— Votre proposition est très gentille. Celle de Doc Pinkerton aussi. Mais j'ai une Course à Terminer – comme Ma & Pa Jones. J'estime que ma vocation est de devenir Détective. Dieu m'a planté une Épine dans le flanc mais Il m'a aussi accordé Sa Grâce en quantité suffisante. En plus, Il m'a doté de facultés qui sont adaptées à cette profession. Où d'autre pourrais-je exploiter ma faculté à identifier plus de cent sortes de tabac à fumer ou à mâcher, sinon pour traduire en Justice un criminel et sauver la vie d'un Témoin Oculaire terrifié ?

— Je dois reconnaître que tu t'es bien débrouillé, a dit le Rév. C.V. Anthony. Tu as fait preuve d'inventivité dans ton raisonnement, et de courage dans l'exécution de ton plan. Toutefois, ton exploit a failli te coûter la vie.

— Notre passage sur cette terre est temporaire. Il ne fait que nous préparer à l'autre vie, qui elle est Éternelle.

— Amen, a conclu le Révérend. Mais bon, tu ne te sens pas seul, dans ta petite chambre, sans personne pour venir te border le soir ?

— Non. J'aime vivre seul et être mon propre patron. En plus, si j'ai envie de compagnie, je n'ai qu'à passer la porte de mon bureau : le Monde entier est là qui m'attend. Même si c'est le Terrain de Jeu du Diable.

— Seigneur Dieu ! s'est-il esclaffé. Tu m'as quasiment convaincu. Je crois bien que tu ferais un excellent pasteur. Ou un excellent Avocat.

— Non, ai-je dit. Mais un jour, je serai peut-être un Bon Détective.

GLOSSAIRE

• **AMBROTYPE** • l'un des premiers types de photographies, inventé dans les années 1850.

• **ANTIETAM** • le 17 septembre 1862, près d'Antietam Creek (Maryland), se déroula la bataille la plus sanglante de la guerre de Sécession. En cette seule journée, les combats firent plus de 23 000 victimes (morts, blessés ou disparus).

• **BALLE MINIÉ** • balle de fusil à chargement par la bouche. Sa forme ogivale lui permet de s'incruster dans les rayures du canon, et d'être stabilisée par la rotation qui lui est imprimée lors de son trajet dans le canon. Elle a été utilisée pour la première fois lors des guerres de Crimée et de Sécession.

• **BUREAU À CYLINDRE** • bureau doté d'un couvercle rotatif amovible constitué de petites lattes de bois.

• **CALIBRE** • diamètre des balles de pistolet, mesuré en centièmes de pouce.

• **CAUTION** • somme d'argent versée en échange de la libération d'un prisonnier dans l'attente de son procès ou de sa remise en liberté. Si le prisonnier en profite pour disparaître, la caution est confisquée.

• **CHAPEAU EN TUYAU DE POÊLE** • type de chapeau cylindrique immortalisé notamment par le président américain Abraham Lincoln.

• **CHINETOQUE** • terme d'argot désignant les Chinois, et parfois par extension les Asiatiques en général.

• **CHIQUE** • morceau de tabac à mâcher.

• **COLOMBE DE SUIE** • dans cet ouvrage, cette expression désigne les femmes qui travaillaient dans les saloons ou les bordels.

• **COMSTOCK** • la couche d'argent située dans le sous-sol de Virginia City avait été baptisée Filon de Comstock en référence à l'un de ses premiers exploitants. Le nom serait par la suite étendu à toute la région.

• **CONCASSEUR DE QUARTZ** • machine équipée de pistons qui pulvérisent la roche afin d'en extraire le précieux métal.

• **CONFÉDÉRÉ** • partisan des États du Sud (favorables à l'esclavage) qui affrontèrent l'Union pendant la guerre de Sécession (1861-1865).

• **CRACHOIR** • ustensile en métal dans lequel les clients des saloons et autres établissements crachaient leur salive lorsqu'ils chiquaient.

• **CRÈCHE** • mangeoire pour les bestiaux ; en argot, ce terme désigne un logement.

• **DAN DE QUILLE** • nom de plume de William Wright, journaliste à Virginia City.

• **DERINGER OU DERRINGER** • petit pistolet à un ou deux coups ; facile à dissimuler, il tirait de grosses balles.

• **FERROTYPIE** • ancien procédé de photographie utilisant les sels de fer.

• **FILLE DE BASTRINGUE** • femme qui travaillait dans les saloons.

• **FILON** • couche de minerai précieux.

• **LAKOTA (OU SIOUX)** • langue et nom d'une nation amérindienne du Dakota du Sud.

• **MINE AURIFÈRE** • où l'on trouve de l'or.

• **MOCASSIN** • chaussure traditionnelle des Amérindiens, en peau de chevreuil ou autre, dépourvue de talon et dotée en général d'une semelle en cuir.

• **MONT DAVIDSON** • montagne à l'intérieur de laquelle se trouvait le Filon de Comstock, et sur laquelle était bâtie Virginia City.

• **MUSTANG** • cheval sauvage d'Amérique qui compense sa petite taille par un surcroît d'énergie.

• **PAIUTE** • tribu amérindienne dont les membres vivaient dans les régions couvertes par les États actuels du Nevada, de l'Oregon ainsi que dans certaines parties de la Californie.

• **PINKERTON DETECTIVE AGENCY** • agence de détectives privés fondée en 1850 à Chicago par Allan Pinkerton.

• **REBELLE** • désigne les Confédérés. Les adversaires de ces derniers, partisans du Nord ou de l'Union, surnommaient les Confédérés « Johnny Reb ».

• **ROBE À CERCEAUX** • robe que les femmes portaient par-dessus leur jupon, à l'intérieur de laquelle étaient cousus des cerceaux.

• **SAC-MÉDECINE** • petite besace dans laquelle certains Amérindiens transportaient des substances magiques.

• **SALSEPAREILLE** • herbe dont on faisait autrefois un sirop.

• **SAM CLEMENS** • (qui se ferait bientôt appeler Mark Twain) reporter pour le *Daily Territorial Enterprise* de 1862 à 1864.

• **STONEWALL JACKSON** • général confédéré célèbre pour sa bravoure et sa piété, et qui aimait sucer des quartiers de citron.

• **TABLEAU VIVANT** • groupe de personnes qui posent en silence afin de représenter un événement historique.

• **TÉLÉGRAPHE** • procédé permettant d'envoyer des messages quasi instantanément sur de longues distances, via des impulsions électriques données à un câble.

• **TERRITORIAL ENTERPRISE (OU DAILY TERRITORIAL ENTERPRISE)** • premier quotidien publié à Virginia City à partir de 1860.

• **VIRGINIA CITY** • ville minière du Nevada fondée en 1859, peu après que de l'argent eut été découvert sur le site.

• **WELLS FARGO** • Wells, Fargo & Co. établissement fondé en 1848 pour le transport et l'entrepôt des sommes d'argent et de l'or.

• **YANKEE** • partisan de l'Union ou des États du Nord pendant la guerre de Sécession.

• **ZÉPHYR DE WASHOE** • expression ironique désignant le vent violent qui balaie Virginia City.

CE ROMAN T'A PLU ?

1
L'Appel du Code

Brodie Bray tourna la carte d'anniversaire vers la fenêtre.

C'est là qu'elle les vit.

Des trous.

Bizarre, vraiment, qu'elle ne les ait pas remarqués plus tôt. Ce n'est que la lumière du jour qui les rendait visibles. De minuscules piqûres d'épingle.

Huit.

Et ces trous n'étaient pas disposés au hasard. L'auteur de la carte les avait placés délibérément.

Armée d'un crayon et d'une feuille de papier, Brodie nota les lettres signalées par un trou. Puis elle lut le message à voix haute.

Mardi 10h

Aussitôt, elle prit peur.

Quelqu'un essayait de lui faire passer un message. Et elle ne voyait franchement pas qui cela pouvait être.

Toute cette histoire était louche. Une carte d'anniversaire anonyme, alors que son anniversaire était encore loin ; son nom de famille mal orthographié ; son âge qui ne correspondait pas. Sans parler des chaussettes orange vif, trois tailles trop grandes, qui l'accompagnaient, et qu'elle avait enfilées.

En voulant poser la carte par terre, Brodie renversa le verre d'eau qu'elle avait l'habitude de laisser au pied de son lit. Elle tenta de l'empêcher de se déverser – trop tard. Le liquide lui éclaboussa les pieds.

Et ce n'est qu'au moment où elle se mit à genoux pour éponger le désastre qu'elle remarqua les taches orange au dos de la carte. De l'encre. Orange comme les chaussettes.

Un plan apparaissait clairement sur le papier cartonné.

Et ces cinq mots.

La lumière est le savoir

*

M. Smithies appartenait à une organisation secrète. Une organisation tellement secrète que l'épouse de M. Smithies elle-même n'en connaissait rien. Elle croyait que son mari travaillait aux impôts. Chaque matin, elle lui préparait ses sandwichs et le regardait partir au bureau en lui faisant signe depuis la fenêtre de la cuisine, ses gants en caoutchouc jaune aux mains. Chaque soir, elle lui servait son dîner à dix-huit heures précises, après quoi ils passaient au salon pour regarder à la télévision ce qui lui faisait plaisir à elle. Ils ne parlaient jamais de son travail. Et quelque part tant mieux, car M. Smithies n'avait pas le droit d'aborder le sujet avec qui que ce soit.

L'organisation pour laquelle il travaillait portait un nom peu banal : la « Chambre Noire ». Des Chambres Noires, il en existait, sous une forme ou une autre, depuis des siècles. Elles œuvraient en secret pour percer des… secrets. Les tout meilleurs cerveaux du pays (M. Smithies n'était pas peu fier de ce point-là) étaient sélectionnés puis formés à cette fin par la Chambre Noire de Grande-Bretagne. Mais la chose n'avait rien de simple.

De fait, le meilleur moyen de garder un secret, c'est de n'en parler à personne.

Sauf qu'il arrive que l'on doive partager certaines informations. Mais pas avec tout le monde. C'est là que l'on utilise des codes. Les messages codés réservent leur contenu aux seules personnes capables de les déchiffrer. Un excellent système pour contrôler qui sait quoi. Quiconque décrypte le code possède un pouvoir.

Les Chambres Noires inventent des codes. Et en décryptent. Des codes qui cachent des secrets. Des secrets parfois excitants ; parfois dangereux ; des secrets qui parfois modifient le cours de l'histoire. En conséquence de quoi, il est capital que les membres de la Chambre Noire ne renoncent jamais à déchiffrer les codes qu'on leur soumet, quelles que soient les difficultés rencontrées. M. Smithies en avait bien conscience. Vraiment. Et il adorait son travail. Du moins jusqu'à un passé récent. Ces derniers temps, en effet, les choses allaient moins bien. La faute à des changements ; or M. Smithies n'était pas un homme de changement.

Reste que, ce jour-là, M. Smithies avait d'autres préoccupations. Un rendez-vous l'attendait, qui le mettait très mal à l'aise.

Il avait accepté de retrouver Robbie Friedman dans un petit café proche de Russell Square. Après s'être assuré que personne ne l'avait suivi, il poussa la porte de l'établissement. Friedman était déjà arrivé. Grand, le teint clair, ses cheveux en bataille lui faisaient comme un halo épais autour du visage. À la base de sa gorge luisait un collier en or.

— Ça me fait plaisir que tu aies bien voulu me revoir, Smithies, commença Friedman.

Smithies ne voyait pas vraiment la chose de cette façon. Si un membre de la Chambre Noire apprenait qu'il avait rencontré Friedman, il aurait des ennuis. Friedman et les ennuis semblaient aller de pair, comme les œufs et le bacon, ou les saucisses et la purée. Smithies commanda un petit déjeuner anglais, et s'assit.

Friedman n'avait pas toujours été une source de problèmes. À une époque, cet homme avait été le plus éminent déchiffreur de codes du pays. Mais c'était avant qu'il ne commette une fort regrettable erreur. Banni de la Chambre Noire, il faisait courir un grand risque à son interlocuteur en lui proposant ce rendez-vous. Mais cela n'intimidait pas Smithies.

— C'est bon, annonça ce dernier. L'Opération Veritas a été réactivée. J'ai envoyé les invitations.

— Tu es sûr que nous pouvons le faire ? demanda Friedman, un éclair d'excitation dans le regard.

— Non. Mais nous savons l'un comme l'autre que nous devons essayer. Nous avons toujours été d'accord sur ce point. Si l'un de nous découvrait une nouvelle info concernant le manuscrit, nous reformerions la section Groupe d'Étude au sein de la Chambre Noire.

— Et donc, tu as demandé à qui ? Aux meilleurs cerveaux du pays ? À des étudiants fraîchement émoulus de l'université ? Combien sont d'Oxford ? Combien de Cambridge ?

Smithies resta figé, la fourchette devant la bouche. Un morceau d'œufs brouillés retomba dans ses haricots sauce tomate.

— Aucun, lâcha-t-il.

Friedman tiqua.

— Écoute, c'est compliqué, Robbie, murmura Smithies. Aujourd'hui, le boulot concerne les ordinateurs, le piratage et la sécurité sur Internet. Qui va s'intéresser à un manuscrit de cinq cents ans d'âge que personne n'a jamais réussi à lire ? Les gens ont tout oublié des travaux du Groupe d'Étude. Il y a quarante ans que Veritas s'est dissous.

Sur ce, il porta à ses lèvres un mug tacheté et ébréché. Lorsqu'il le reposa, il arborait une moustache blanche.

— En plus, ajouta-t-il, le MS 408 est un document interdit. Classification « D ». Personne n'a le droit d'y toucher.

— Alors dis-moi, qui vas-tu recruter ?

La pointe de la moustache laiteuse de Smithies gouttait un peu.

— Des enfants.

Friedman laissa passer quelques instants avant de réagir.

— Tu es devenu complètement marteau, Smithies ?

— Peut-être. Mais ce n'est pas le sujet. Et avec tout le respect que je te dois, je ne pense pas que tu sois bien placé pour faire ce genre de commentaires.

Friedman s'agita sur sa chaise.

— Le fait est, Robbie, que j'ai eu l'inspiration. Comme une étincelle. Nous-mêmes nous n'étions que des gosses quand on est venu nous chercher – pour moi, tout cela se tient.

Son interlocuteur grimaçait à présent comme s'il venait d'avaler un sirop amer.

— Les enfants sont la solution, reprit Smithies. Je le sais. Eux n'ont rien à perdre. Ils ignorent ce qu'il est permis ou non de voir. Ils n'ont aucune pression sur les épaules.

Friedman n'avait pas l'air bien convaincu.

— Et surtout, les enfants n'ont pas été remplacés par des ordis dans leur job. Ils ont peut-être encore la flamme pour ce genre d'énigmes. Tu te rappelles, à notre époque ? Quand nous étions jeunes et que nous ne craignions rien ? Le frisson de la recherche…

Le regard de Friedman s'éclaira un peu mais, lorsqu'il reprit la parole, ce fut d'une voix tremblante.

— Des enfants, Smithies. Est-ce bien raisonnable ? Tu sais… après tout ce qui s'est passé ?

Cette fois, ce fut au tour de Smithies d'être mal à l'aise.

— Il n'y a pas d'autre moyen.

— Mais les risques… Nous mettrions ces petits en danger.

Du bout du doigt, Smithies frotta le bord de son mug.

— C'est soit les enfants… soit on ne fait rien.

Friedman prit le temps de la réflexion. Puis il releva la tête et annonça :

— OK.

— Je les ai choisis avec soin. Des petits-enfants et arrière-petits-enfants de décrypteurs qui officiaient pendant la guerre. Et bien sûr des descendants du Groupe d'Étude Veritas des années 1960. Il y a moins de risques que ces petits-là posent des questions gênantes. Le secret et la discrétion coulent dans leurs veines ! Et puis, il y a davantage de chances pour que des enfants veuillent bien relever un défi. (Une pause.) Nous devrons nous montrer prudents, c'est tout.

Tout en triturant le jaune de ses œufs du bout de la fourchette, Friedman demanda :

— Comment ça va s'organiser ?

— C'est la partie dont je suis le plus fier, s'illumina Smithies. Nous allons gérer l'affaire comme un projet d'école à domicile. Je vais utiliser deux ou trois failles juridiques. Nous mettons sur pied une sorte d'École du Code et du Déchiffrage, où les cours seront dispensés par des spécialistes du décryptage à l'ancienne.

— Des anciens pros comme profs ?

— Voilà. J'ai fait passer le mot – en douce, tu te doutes. Histoire de convaincre des experts à la retraite de transmettre leur savoir. Les vieilles méthodes. Sans assistance informatique. Tu vois le tableau, Robbie. Apprendre aux jeunes à flairer les subtilités, les correspondances et les liens. (Se penchant en avant, il ajouta à mi-voix :) J'ai des entretiens prévus cet après-midi. Nous devrions nous retrouver avec un groupe d'excellents élèves et une équipe enseignante au top. (Là-dessus, il repoussa son assiette vide et conclut :) Cette fois, la chance sera de notre côté, Robbie. Je le sais. L'heure est enfin venue de déchiffrer le MS 408.

Composition Nord Compo

Cet ouvrage a été imprimé en Espagne
par RODESA

« Pour l'éditeur, le principe est d'utiliser des papiers composés de fibres naturelle renouvelables, recyclables et fabriquées à partir de bois issus de forêts qui adopte un système d'aménagement durable. En outre, l'éditeur attend de ses fournisseu de papier qu'ils s'inscrivent dans une démarche de certification environnementa reconnue. »

20.2870.2 – ISBN 978-2-01-202870-8
Dépôt légal 1re publication : mai 2013

Édition 01 – mai 2013

Loi n° 49-956 du 16 juillet 1949
sur les publications destinées à la jeunesse.